# 部分中外名车

凯迪拉克 CTS

宝马 X7

奥迪 A8 L

阿尔法-罗密欧 Giulia

特斯拉 Model S

保时捷卡宴

标致 508

福特野马

丰田 Prius

本田 Insight

红旗 L9

东风 A9

吉利博瑞

比亚迪宋

奇瑞艾瑞泽 7

长城 WEY VV7

# 世界各国汽车商标

奔驰［德］　　宝马［德］　　奥迪［德］　　别克［美］　　凯迪拉克［美］

劳斯莱斯［英］　雪佛兰［美］　法拉利［意］　本田［日］　丰田［日］

日产［日］　雷克萨斯［日］　大众［德］　现代［韩］　起亚［韩］

陆虎［英］　欧宝［德］　阿尔法－罗密欧［意］　福特［美］　林肯［美］

三菱［日］　雷诺［法］　富豪［瑞典］　斯巴鲁　标致［法］

保时捷［德］　绅宝［瑞典］　雪铁龙［法］　菲亚特［意］　铃木［日］

| | | | | |
|---|---|---|---|---|
|  |  |  |  |  |
| 捷豹 | 斯柯达［捷克］ | 马自达［日］ | 迈巴赫［德］ | 大发［日］ |
|  |  |  |  |  |
| 一汽［中］ | 东风［中］ | 荣威［中］ | 奇瑞［中］ | 吉利［中］ |
|  | |  |  |  |
| 比亚迪［中］ | 长安［中］ | 华普［中］ | 东南［中］ | 海马［中］ |
|  |  |  |  |  |
| 长丰［中］ | 长城［中］ | 福田［中］ | 五菱［中］ | 宇通［中］ |
|  |  |  |  |  |
| 江淮［中］ | 哈飞［中］ | 江铃［中］ | 夏利［中］ | 昌河［中］ |
|  |  |  |  |  |
| 中兴［中］ | 金龙［中］ | 东风启辰［中］ | 广汽传祺［中］ | 特斯拉［美］ |

# 汽车工程概论
## （第3版）

主 编　肖生发　郭一鸣
参 编　刘少康　姚胜华　康元春
　　　　邓召文　武少玲　陈　诚
　　　　李行志　罗永革　冯　樱
主 审　张国方

北京理工大学出版社
BEIJING INSTITUTE OF TECHNOLOGY PRESS

## 内容简介

本书紧紧围绕汽车工程,在介绍汽车发展简史、汽车基本工作原理和主要组成及结构、汽车新技术与新能源、汽车性能和相关标准法规等汽车知识的基础上,拓展到汽车用材料、汽车设计与试验、汽车制造技术,以及汽车营销与汽车保险、二手车与汽车再生等汽车后市场的内容,是一部包含内容较为广泛、简明扼要地反映当代汽车及汽车产业链新知识的教材,为读者较为全面地了解汽车工程相关知识提供帮助。

本书可作为高等院校汽车类专业低年级学生用于建立汽车工程基础和非汽车类专业学生了解汽车工程知识的教材,也可作为有关工程技术人员的参考书和汽车爱好者的读物。

**版权专有　侵权必究**

### 图书在版编目(CIP)数据

汽车工程概论/肖生发,郭一鸣主编.—3版.—北京:北京理工大学出版社,2019.1(2022.8重印)

ISBN 978-7-5682-6667-3

Ⅰ.①汽…　Ⅱ.①肖…②郭…　Ⅲ.①汽车工程-概论　Ⅳ.①U46

中国版本图书馆 CIP 数据核字(2019)第 013915 号

| | |
|---|---|
| 出版发行 / | 北京理工大学出版社有限责任公司 |
| 社　　址 / | 北京市海淀区中关村南大街 5 号 |
| 邮　　编 / | 100081 |
| 电　　话 / | (010)68914775(总编室) |
| | (010)82562903(教材售后服务热线) |
| | (010)68944723(其他图书服务热线) |
| 网　　址 / | http://www.bitpress.com.cn |
| 经　　销 / | 全国各地新华书店 |
| 印　　刷 / | 唐山富达印务有限公司 |
| 开　　本 / | 787 毫米×1092 毫米　1/16 |
| 印　　张 / | 17.5 |
| 彩　　插 / | 2 |
| 字　　数 / | 446 千字 |
| 版　　次 / | 2019 年 1 月第 3 版　2022 年 8 月第 4 次印刷 |
| 定　　价 / | 45.00 元 |

责任编辑 / 封　雪
文案编辑 / 封　雪
责任校对 / 周瑞红
责任印制 / 李志强

图书出现印装质量问题,请拨打售后服务热线,本社负责调换

# 第 3 版前言

本书为2005年出版的《汽车工程概论》的第3版。《汽车工程概论》一书问世以来，受到广大读者的欢迎和关注，已发行36 000余册，累计印刷15次来满足读者需求。

随着汽车产业的迅猛发展，其已成为我国国民经济的一大支柱产业。汽车已经得到极大普及，进入寻常百姓家，我国已经实实在在地进入汽车社会。汽车产业已经发展到转型变革的时代，节能与新能源汽车成为新时代的主旋律，智能网联汽车引领时代潮流，在中国逐步成为制造强国的道路上，汽车产业扮演着越来越重要的角色。

为了反映汽车产业链的相应变化，本书对第2版的内容做了相应调整、补充和改写。主要修改部分如下：

(1) 改写了第二章第三节和第四节的内容。更换了汽车分类的图片；进一步简化了第四节的内容。

(2) 改写了第三章的内容，调整了相关章节。删除了"化油器"的内容，增加了"电子控制汽油喷射系统"的内容。

(3) 补充、修改了第四章的内容。增加了"电动助力转向系统""制动防抱死系统"和"车身附属装置"的内容。

(4) 修改了第五章的内容，增加第六节。增加了"微机控制电子点火系统""汽车照明系统新技术"和"42 V及14 V/42 V双电压汽车电气系统简介"的内容。

(5) 改写了第六章。对汽车新技术进行了梳理；增加了"智能网联汽车"和"《中国制造2025》之汽车"两节的内容。

(6) 改写了第七章。增加了新材料的内容。

(7) 补充了第八章和第九章的内容。

(8) 改写了第十章。更新了相关内容。

(9) 调整并改写了第十一章和第十二章的内容。增加了"汽车再生"一节。

本书由湖北汽车工业学院汽车工程学院编写。各章编写分工：第一章（刘少康、肖生发），第二章、第三章、第四章（肖生发、康元春），第五章（姚胜华、肖生发），第六章（肖生发、郭一鸣），第七章

(李行志、康元春),第八章、第九章(郭一鸣),第十章(陈诚),第十一章(武少玲),第十二章(邓召文)。罗永革、冯樱参加了部分内容的编写。全书由肖生发统稿并担任第一主编,郭一鸣担任第二主编。本书由武汉理工大学汽车学院张国方教授审阅。

殷切希望使用本书的高校师生、广大读者对书中误漏之处,予以批评指正。

编 者

# 第 2 版前言

本书为2005年出版的《汽车工程概论》的第2版。本书自2005年第1版出版至今已有近4年的时间。其间已印刷5次。通过教学实践，我们对本书各章节的内容有了更进一步的认识；使用本书的各院校师生也提出了宝贵的建议；加之汽车新技术、新工艺、新法规的应用以及汽车产业链的不断拓展等，综合上述原因，促使我们感到有必要对第1版进行修订。

本书保持了第1版的基本结构与内容，对以下主要方面进行了修改：

（1）充实和调整了第二章的内容。增加了第三节汽车分类的图片和汽车识别代号的内容；简化了第四节的内容，使之更能满足普通读者的需要。

（2）调整了第三章的内容。删减了"二冲程内燃机工作原理"及化油器主要装置的内容。

（3）调整了第四章的内容。将第六节并入第五节。

（4）修改了第五章的内容。改写了第一节、第二节、第三节；将第六节并入第五节。

（5）重新编写了第六章。对汽车电子控制技术进行了梳理，分为"汽车发动机电子控制技术""汽车底盘电子控制技术""汽车辅助装置的电子控制技术"，并编写了"新能源汽车"。

（6）充实和调整了第八章的内容。充实了"汽车标准与法规体系""汽车产品认证制度"等内容。

（7）充实和调整了第九章第二节的内容；第三节中，增加了"汽车虚拟试验"。

（8）在第十一章中，增加了第四节"二手车交易"。

（9）增加了第十二章"汽车保险及消费信贷简介"。为满足读者了解汽车产业链延伸的需要，对汽车后市场的内容做简要介绍，如汽车保险、汽车消费信贷。

（10）调整了附录的内容。充实和修改了"世界主要汽车公司简介"的内容；将附录2"世界各国汽车商标"调整至正文前；删减了附录3。

本修订版由湖北汽车工业学院汽车工程系编写。参加编写者有：刘少康（第一章、第二章、第三章），肖生发（第四章、第五章、第十章），罗永革（第五章第四节、第六章第一节），冯樱（第七章、第八章第三节），郭一鸣（第六章、第八章、第九章、附录），李正桥（第十一章、第十二章）。全书由肖生发统稿并担任主编，副主编为郭一鸣、冯樱、李正桥。本书由武汉理工大学汽车学院张国方教授审阅。

本书在编写过程中得到湖北汽车工业学院教务处、科技处的大力支持，在此一并表示感谢。

恳请使用本修订版的高校师生、广大读者批评指正。

编　者

# 第1版前言

随着我国国民经济的迅速增长，社会的发展与进步促进了汽车的消费需求，越来越多的人需要了解汽车和汽车工业，掌握相关知识，从而为人们的生活添光加彩。

在校大学生进入社会生活之前，学习一些汽车方面的基础知识，无疑会为未来的工作生活奠定一定的基础。对于汽车及相关专业的低年级大学生，较早接触汽车知识，有利于提高专业学习兴趣。

本书紧紧围绕汽车工程，在介绍汽车发展简史、汽车基本工作原理和主要组成及结构、汽车性能和相关法规、汽车电子控制与电动汽车知识的基础上，拓展到汽车用材料、汽车设计与试验、汽车制造技术、汽车营销等内容，是一本包含内容较为广泛、简明扼要地反映当代汽车及汽车工业新知识的教材，为读者较为全面地了解汽车工程相关知识提供帮助。

全书共分十一章，由湖北汽车工业学院汽车工程系编写。肖生发教授任主编，罗永革教授、刘少康教授、冯樱副教授任副主编。参加编写者有：刘少康（第一章～第三章）、肖生发（第四章、第十章）、罗永革（第五章、第六章）、冯樱（第七章、第八章）、郭一鸣（第九章）、李正桥（第十一章）。全书由肖生发统稿。

本书编写过程中得到了李莹同志的协助，谨致谢意。

本书可作为高等院校汽车类专业低年级学生用于建立汽车工程基础和非汽车类专业学生了解汽车工程知识的教材，也可作为有关工程技术人员的参考书和汽车爱好者的读物。

由于编著者水平有限，书中错误和疏漏在所难免，恳请使用本书的高校师生、广大读者批评指正。

编　者

# 目 录
CONTENTS

**第一章 汽车发展史** ·········································································· 1
   第一节 汽车与社会发展 ································································ 1
   第二节 汽车技术发展史概要 ························································· 3
   第三节 世界汽车工业史概要 ························································· 8
   第四节 中国汽车工业史概要 ······················································· 10

**第二章 汽车的基本结构和原理** ··················································· 13
   第一节 汽车的概念 ······································································ 13
   第二节 汽车的基本构造 ······························································ 15
   第三节 汽车的分类 ······································································ 17
   第四节 汽车行驶基本原理 ··························································· 26

**第三章 汽车内燃机** ······································································· 30
   第一节 概述 ················································································ 30
   第二节 内燃机工作原理 ······························································ 32
   第三节 汽车内燃机的类型与总体构造 ········································· 35
   第四节 汽车内燃机的主要性能指标 ············································· 38
   第五节 曲柄连杆机构和配气机构 ················································ 39
   第六节 燃料供给系统和进排气装置 ············································· 45
   第七节 润滑系统和冷却系统 ······················································· 60

**第四章 汽车底盘与车身** ································································· 67
   第一节 汽车传动系统 ·································································· 67
   第二节 汽车行驶系统 ·································································· 76
   第三节 汽车转向系统 ·································································· 81
   第四节 汽车制动系统 ·································································· 84

第五节　汽车车身及附属装置 ·················································· 88

## 第五章　汽车电器设备 ······························································· 96
　　第一节　汽车蓄电池 ······························································ 96
　　第二节　交流发电机 ······························································ 99
　　第三节　发动机起动系统 ······················································· 101
　　第四节　汽油机点火系统 ······················································· 103
　　第五节　汽车灯系与车用仪表 ················································· 107
　　第六节　42V 及 14V/42V 双电压汽车电气系统简介 ···················· 111

## 第六章　汽车新技术与新能源汽车 ················································ 112
　　第一节　汽车新技术 ······························································ 112
　　第二节　新能源汽车 ······························································ 126
　　第三节　智能网联汽车 ··························································· 131
　　第四节　《中国制造2025》之汽车 ············································ 136

## 第七章　汽车材料 ········································································ 141
　　第一节　汽车制造用金属材料 ················································· 141
　　第二节　汽车制造用非金属材料 ·············································· 148
　　第三节　汽车运行材料 ··························································· 153
　　第四节　汽车材料的新进展 ···················································· 162

## 第八章　汽车标准法规与汽车性能 ················································ 169
　　第一节　汽车标准与法规体系 ················································· 169
　　第二节　汽车产品认证制度 ···················································· 175
　　第三节　汽车主要技术性能简介 ·············································· 178

## 第九章　汽车设计与试验 ····························································· 186
　　第一节　汽车设计的特点及要求 ·············································· 186
　　第二节　汽车设计技术 ··························································· 187
　　第三节　汽车试验 ································································· 193

## 第十章　汽车制造技术 ································································· 201
　　第一节　汽车制造的组织 ······················································· 201

第二节　汽车制造方法 ·············································· 204
　　第三节　现代汽车制造技术 ········································· 215

**第十一章　汽车营销与汽车保险** ········································ 223
　　第一节　我国汽车营销发展概况 ····································· 223
　　第二节　汽车营销的模式及展望 ····································· 232
　　第三节　汽车消费信贷 ············································· 239
　　第四节　汽车保险 ················································· 244

**第十二章　二手车与汽车再生** ·········································· 251
　　第一节　二手车 ··················································· 251
　　第二节　汽车再生 ················································· 257

**参考文献** ··························································· 264

# 第一章　汽车发展史

## 第一节　汽车与社会发展

衣、食、住、行——人类生活的四大基本需求，因而也是人类社会经济发展、科学技术进步的中心议题。人类生活质量的提高，也以满足这四项基本需求为基础。

对于行，人们的要求是安全、快捷和方便。安全、迅速而方便地从甲地到乙地，越过河流山川乃至大洋大海。人们逐渐开发出种种水上交通工具、陆上交通工具，然后是空中交通工具。每一种新的交通工具的诞生、成熟和普遍应用，都标志着人类社会的一个重要进步。

汽车的发明和迅速成熟，并且逐渐形成以汽车为主要交通工具的公路交通系统，无疑是近代和现代史上最重要的事件之一。现在已经明确，汽车和公路交通实际上从18世纪就开始了。第一辆真正意义上的汽车是蒸汽机驱动的三轮车辆。直到20世纪初，蒸汽机汽车被19世纪末诞生并迅速成熟起来的内燃机汽车全面超越，1923年最后一辆蒸汽机汽车出厂才退出历史舞台。内燃机汽车以其十分优越的性能掀开现代工业和科学技术史上辉煌的一页，特别是1914年以汽车流水装配线投产为主要标志的大生产方式，创造了20世纪工业生产的奇迹。汽车被应用于国民经济的各个部门，也成为各种人群出门办事、旅行的最方便的工具。

汽车大生产和公路运输业的大发展牵动各个经济部门的高速发展。其上游是为汽车生产提供原料、材料、配件、设备、工具等的部门或行业，其下游是为汽车使用提供保障的部门或行业，例如燃料和润滑油供应网、汽车维修网、通信及各种服务。有人统计，每一个汽车生产岗位将形成7个以上相关部门的就业岗位。

汽车对于现代社会生活的重要性，一方面表现为对国民经济发展的重要性，另一方面表现为在民众日常生活中的不可缺少。因此，公路运输网是一个国家最重要的基础设施之一。当代中国农村用一句十分通俗的话作了贴切的概括："要致富，先修路"。诚然，对农村如此，对一个国家又何尝不是！

汽车对国家的重要性还有一个极其重要的方面，即对国防建设、对军队和军力的意义。可以毫不夸张地说，汽车的数量和质量在很大程度上决定了一个国家的国防，决定了军队的威力。后勤运输尽管可以同时采用陆海空所有形式，但就灵活机动而言，汽车运输是其基本形式，也是所有其他运输方式的前提条件。现代军队的机动性是最重要的军事素质指标，"骑兵"的现代概念是不吃草而喝油的"铁马"，是具有高越野性的各种车辆。汽车已不仅限于后勤,相当部分车辆,如侦察车、突击车、指挥车、通信车、导弹车等是实实在在的战勤车辆。

正因为汽车对一个国家的国计民生有如此重大的意义,因此各国政府及社会各界极其重视汽车工业的发展。在整个20世纪的社会发展过程中,汽车大生产,汽车在社会生活各个方面的广泛应用确实是一个有目共睹的亮丽风景。西方工业国如此,逐渐走上现代化道路的各国包括中国在内,显然也将有汽车的大发展。

汽车,不管是18世纪的蒸汽机汽车,还是19世纪的内燃机汽车都诞生于欧洲,因为当时的科学技术中心在欧洲。但汽车的大生产却诞生在20世纪初的美国。美国也借汽车大生产之强风独霸全球汽车工业整整半个世纪,直到1980年才被三足鼎立的(欧洲、北美、日本各占世界汽车总产量的25%,其余25%由世界其他国家生产)情势取代。

20世纪后半期,汽车逐渐向世界各国各地区扩散,先是汽车产品由西方国家输入非汽车生产国,后来是汽车生产企业向各国扩散。汽车使用和汽车生产在世界各国逐渐成为热潮。汽车运输业和汽车制造业受到极大的重视并在各国发展起来。

使汽车具有无穷魅力的关键因素是,与其他交通工具相比,汽车和汽车交通有其独特的优势——门对门运输方式。以小型客车为代表的小型客运车辆,好像自行车、摩托车一样置于自家院中,开门出去可以直接到达目的地,不必转乘其他交通工具。货物运输则表现为甲地仓库出门之货物装到货运车辆上之后,可以直接运到目的地的乙仓库之门前,中间不再转运和上下装卸,既方便又安全。这种门对门运输是铁路运输、水上运输和空中运输都不可能做到的。公路网络建设的方便性使汽车和公路交通业如虎添翼:对一般公路车辆而言,汽车可以到达一切公路(包括硬实的乡村土路)网络的末端;对高越野性车辆而言,必要时甚至可以到达无路的地方。公路建设投资相对较低,建设相对容易。这也是机场、铁路无可比拟的。正是由于这一点,公路网络和汽车运输构成了其他运输方式的基础条件,即到达机场、车站、港口及从机场、车站和港口疏散人流、物流,都要依赖公路网和汽车运输。

汽车大小的随意性是另一个优势。现代汽车按照运输目的可以做成各种要求的尺寸。适应高速重载的高速公路运输车,可载货拖挂数十吨乃至上百吨货物,或载数十位至上百位旅客;重载矿山、工地用车载重甚至可超过百吨;城市用轻型微型车载重则可低至百公斤,穿小弄而行;迷你轿车只搭载1~2人。

汽车交通甚至成为现代城市交通的最基本、最重要和最广泛的形式。四通八达的公共汽车交通,加上数量庞大的出租汽车成为当代都市交通的主要风景。公共交通为每天城市生活节奏提供基本保证,它们按时运送大量客流,保证机关、企业和各行各业人员上下班。出租汽车则成为所有随机性客流最方便、最合理的交通工具。

不过,由于汽车、汽车运输以及以内燃机为动力的各种机械设备的快速发展,在极大促进社会经济发展的同时，也带来了负面的影响。主要问题有两个：第一个问题是内燃机消耗大量石油，而世界石油能源的储备相当有限。多数权威性石油组织估计，目前已探明石油储量大约只能支持世界石油消耗 30~40 年（按目前每年耗用 30 亿~32 亿 t 水平）。未来可能发生的石油危机迫使人们做出努力，一方面要求现有内燃机提高效率，降低单位功率油耗；一方面开辟新途径，或者找到替代石油的新燃料，或者找到取代内燃机，不用石油的新动力机（例如电动机系统）。第二个问题是内燃机工作过程中会排出众多有害有毒物质，污染了环境，破坏了生态系统平衡。其中主要的是 $NO_x$、CO 和 HC 三种有害气态物质，及一种固态物质——微粒。汽车内燃机排放物的处理特别困难，其原因是汽车不断运动；处理的急迫性又高，因为汽车总是集中于城市和交通干线。汽车排放污染已成为公认的城市和交通干线附近环境污染的主要污染源之一。人类对环境不断改善的要求，将越来越迫切，越来越高，因而汽车排放控制的压力也迅速加重。如果不能有效控制汽车排放，内燃机汽车将有被新的无污染动力取代的趋势。当然，作为交通工具的汽车还将为人们所喜爱。

## 第二节　汽车技术发展史概要

汽车并非空穴来风，它实际上是人类数百上千年幻想和企盼的东西，随着人类科学知识和技术才能的积累，终于一朝瓜熟。

### 一、关于汽车的幻想

幻想或许是人类高明于其他生物的又一特征，尽管没有人能肯定其他生物是否也会幻想。幻想实际上还是人类文明发展的原动力。幻想的本质是人类需要和欲望的表达。

远古的神话中，不论是东方的还是西方的神话，都能找到让人高速行走（或飞行）的神话形象，其中与车或车轮相关，无须人力或畜力而是利用其他神奇自然力，如太阳、风等使人飞速前行的形象，就像是后世汽车的早期幻想。中国古典小说《封神演义》中哪吒太子脚踩的两只风火轮就十分生动而形象。

从神话幻想到科学幻想是巨大然而漫长的进步，是古代哲学家和科学家苦苦求索的结果。中国唐朝著名科学家、僧人一行和尚（俗名张瑞，公元 677—721 年）在其著述中曾设想过"激铜轮自转之法，加以火蒸汽运，名曰汽车"。令人惊叹的是，短短十七个字，勾勒了一台后世蒸汽机汽车的精要，即以火为热源，烧水得汽为工质的"汽车"原型形象。

15 世纪意大利文艺复兴运动一扫中世纪的黑暗，科学技术得以飞速发展。科学、技术并兼艺术巨匠的意大利人达·芬奇将人类关于自动行驶车辆的幻想推进到技术设计的阶段。他留下的一幅以弹簧储能系统为动力，用齿轮作为动力传递机构的车辆的壁画，已不再是一幅艺术画作，而是最早的汽车设计草图。这是当时钟表工业、机械学的必然反映。这幅图画未付诸制作，因而仍属设想。现代儿童玩具车中最广泛的形式恰好是发条–齿轮式，是达·芬奇设计的复活。

## 二、风帆车——汽车的开山鼻祖

16世纪，荷兰人西蒙·斯蒂芬迈出了技术史上伟大的一步，他第一次实践了人类关于自动行驶车辆的理想。

他为一艘双桅帆船装上了车轴和车轮，在风力的驱动下，创造了令人难忘的功绩：28位乘客乘坐其中，该车行驶速度最高达到34 km/h。这辆车切切实实具备现代汽车两个基本要素，一是车，二是有原动机（风帆），因此，它确实是第一辆原型汽车（图1–1）。

由于风力来源不稳定，西蒙的风力汽车不能继续发展，但是，风能的利用至今仍旧是一个研究课题，不排除将来利用风力驱动汽车的可能性，因此，西蒙的风力车具有开创性意义。

图1–1　西蒙的风帆车

## 三、完整的蒸汽机汽车史（1769—1923年）

1765年是蒸汽机诞生之年。随着蒸汽机不断完善化，它迅速被应用于一切可能的场合，将它应用于车辆驱动是十分自然的事。

1769年法国炮兵工程师N·J·库诺首先制成第一辆蒸汽机汽车（图1–2）。这是一辆三轮式车辆，蒸汽机锅炉在前方，准备用于牵引大炮，由于车辆很笨重，操纵困难，在其最初行驶中不幸撞墙而毁坏，引起"全巴黎大笑"。但他并未退缩，两年之后再造两台蒸汽机汽车，他成功了。这是两辆载重4~5 t，时速达到9.5 km/h的车辆。至今这种车仍珍藏于巴黎国家艺术与机械制品陈列馆。

图1–2　法国N·J·库诺的第一辆蒸汽机汽车

随后各种蒸汽机汽车立即发展起来，西方各国纷纷开发和制造了自己的蒸汽机汽车，并开辟了商业运营业务。1831 年英国利物浦至伦敦的蒸汽机公共汽车，乘客达 22 人，车速达 32 km/h。蒸汽机汽车的外形也大为改观（图 1-3、图 1-4）。

图 1-3　美国"格劳特"牌蒸汽机汽车　　图 1-4　1885 年的大型蒸汽机邮车（大客车形式）

最大的蒸汽机汽车生产国是美国。其中美国洛克姆比尔公司属大型工厂，在 1899—1902 年的三年间，生产出 4 000 辆蒸汽机汽车，当时全美国有 8 000 多辆蒸汽机汽车。

迫使蒸汽机退出汽车动力舞台的是它与内燃机竞争的失败。汽车因其总体积和质量的限制，需要体积小而功率大的动力，内燃机的发展很快超过了蒸汽机。1923 年，美国最后一辆蒸汽机汽车出厂，而蒸汽机在其他动力领域仍旧得到极大的发展，直到 20 世纪中叶。

## 四、电动汽车

电磁现象的发现、电动机和发电机的发明以及蓄电池的诞生创造了电动机汽车问世的全部条件。能量存储密度较大的铅酸蓄电池诞生于 1860 年。1873 年英国人罗伯特·戴维森（Robert Davidson）完成了第一台电动汽车。这是一台 4.8 m 长、1.8 m 宽的 4 轮载重汽车，使用硫酸-铁、锌、汞合金制蓄电池。

1880 年以后采用可以充放电的蓄电池，使技术上了一个层次。19 世纪末电动汽车曾有过短暂的辉煌，在 1890 年前后伦敦和巴黎街头行驶着电动大客车。1899 年法国人考门·吉纳驾驶一辆功率为 44 kW 的双电动机后轮驱动汽车曾创造了 106 km/h 的速度纪录。

当时已经问世的内燃机汽车因为还处于幼稚期，性能不佳，故障多，正处于成熟前的发展阶段；另一方面，蒸汽机汽车最成熟，接近尾声。所以，这个时代是三路"英雄"交汇、较劲的时代。据史料，1900 年美国生产的汽车中，电动汽车有 1 575 辆，蒸汽机汽车有 1 684 辆，汽油机汽车有 936 辆。

电动汽车后来迅速被内燃机超越，并开始了持续一百年的历史沉默。主要是因为内燃机技术发展很快，转速提高，功率上升，重量减轻，故障减少。而电动汽车特别困难的问题有两个：一是造价昂贵，特别是蓄电池充电既慢又费；二是一次充电的持续行驶里程短（实质是蓄电池单位质量的能量密度小）。所以电动机汽车退居一隅，在某些特殊环境——不宜采用内燃机的地方，如仓库内，坑道中，电动机汽车（多以小型电瓶车形式出现）继续得到应用。

20 世纪出现的两大问题使人们的眼光重新转向电动汽车：一是石油危机，即世界总的石油储量难以长期支持世界石油消费；二是环境保护，即由汽车排出的有害物质已成为大气污染，特别是城市生态环境恶化的主要根源之一。电动汽车既可广泛利用各种能源（最后以电的形式提供给电动汽车），又在行驶中不产生有害排放，噪声也低，正好可以克服内燃机汽车的缺点。沉默百年的电动汽车又被人们予以高度关注。

## 五、内燃机汽车诞生及其百年辉煌

1862 年法国 B·D·罗杰斯提出一种四行程的内燃机循环理论。1876 年德国青年工程师 N·A·鄂图以曲柄连杆机构实现了罗杰斯的设想，制成了第一台往复活塞式内燃机。这台有 4 马力[①]的汽油机具有 2.5 的压缩比，转速 250 r/min，有效热效率达到 12% ~ 14%，是空前的高效率。之后改进的内燃机迅速出现在欧洲各地，并且被装上了汽车。

究竟谁制成世界第一辆内燃机汽车，法国人和德国人各持己见，本书不作评断。法国人称，1884 年法国人爱德华·德马拉·德布特威尔制出第一辆内燃机汽车。因此 1984 年巴黎举行了内燃机汽车诞生百年庆典。1886 年 1 月 29 日德国人卡尔·本茨申请德国皇家专利局专利（证书第 37435 号）——一辆带煤气发动机的三轮汽车（图 1 - 5）。因此，1986 年德国也举办了汽车百年诞辰庆典。从旁观者角度看，当时有许多人致力于同一件事——把内燃机装到车上去，两年时间在历史上属同一瞬间，因此认为 19 世纪 80 年代是现代内燃机汽车华诞就足够了。

差不多同时，德国人戈特利布·戴姆勒制成了四轮内燃机汽车（图 1 - 6）。

图 1 - 5　卡尔·本茨的三轮汽车

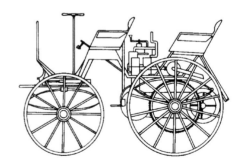

图 1 - 6　戈特利布·戴姆勒的四轮汽车

① 1 马力 = 735.499 W。

1893 年，德国工程师 R·狄塞尔发明了柴油机（压燃式内燃机）。柴油机的实用机型在 1897 年制成，因其笨重，轻量化进展较慢，因此大量用于汽车是在 20 世纪中叶以后。

内燃机汽车诞生之初并非完善，真正辉煌的时代从 1895 年 6 月 11 日开始，这一天在法国巴黎举行世界首届汽车拉力赛。据记录，参赛汽车 22 辆，其中 1 辆是电动汽车，6 辆是蒸汽机汽车，其余为内燃机汽车。竞赛路段是巴黎到波尔多的往返里程。比赛结果有 9 辆汽车跑完全程，其中 8 辆是内燃机汽车，另一辆无记录。这一结果宣告了内燃机汽车的绝对胜利。蒸汽机汽车由此逐渐退出市场，直到 1923 年停止生产。

汽车技术的发展一是其动力——内燃机技术的迅速成熟，二是车辆本身的发展。汽车行驶速度的提高一方面需要发动机功率增加，动力大，加速快，行驶也快；另一方面，要保证高速行驶安全、舒适，就要求车辆有良好的控制，包括方向准确控制和迅速制动，同时要求有良好的减震、避震性能，这些性能都是车辆技术的发展。

表 1-1 显示了早期汽车技术发展的情况。表上第二列表明内燃机结构迅速由单缸过渡到多缸，排量直线上升。第三列表示内燃机自身运转速度迅速提高。第四列是内燃机功率。第五列是最高车速。由表看到，汽车最高速度（实用行驶速度）迅速停止在 100 km/h，不再上升，这是因为实际公路行驶安全的限制，没有必要再提高。实际上，这个时期及稍后用于竞赛的汽车就不受此限制，最高车速很快越过 100 km/h，甚至达到 200 km/h（1909 年赛车创 230 km/h 的纪录）。汽车竞赛作为汽车技术发展的标志性赛事，在商业上和技术上都有重要意义，因此一直延续至今。

表 1-1 汽车技术发展轨迹（戴姆勒-奔驰公司史料）

| 年份 | 气缸数、排量/L | 转速/(r·min$^{-1}$) | 功率/kW | 最高车速/(km·h$^{-1}$) |
| --- | --- | --- | --- | --- |
| 1886 | 单缸、0.460 | 700 | 1.1 | 16 |
| 1887 | 双缸、0.762 | 700 | 1.8 | 20 |
| 1904 | 4 缸、5.320 | 1 200 | 21 | 60 |
| 1907 | 4 缸、9.236 | 1 400 | 44 | 80 |
| | 6 缸、10.179 | 1 280 | 51 | 95 |
| 1910 | 4 缸、5.626 | 1 220 | 32 | 80 |
| 1913 | 4 缸、2.612 | 1 500 | 18 | 65 |

与汽车速度发展对应的变化是汽车外形。按照用途的不同，小客车、大客车和载重汽车都迅速获得自己的大体"标准"外形，除小客车后来更美观、更流线型一点外，基本上已定型。

## 第三节　世界汽车工业史概要

完整的世界汽车生产和汽车交通运输的历史应从1769年蒸汽机汽车诞生算起。从1769—1923年是蒸汽机汽车工业化生产和蒸汽机汽车运输业的完整历史，其规模也是相当可观的。由前一节我们也看到，蒸汽机汽车与新诞生的内燃机汽车在外形上差不多，这是车辆技术，特别是底盘和车身各部分技术继承性的表现。

狭义的现代汽车史通常指内燃机汽车史，实际上电动机汽车史也被暗含其中。从工业生产方式的主要特征看，汽车史可以分为4个时期。

**1. 内燃机汽车幼稚期（1886—1895年）**

内燃机诞生之初显然十分幼稚，性能不高，故障多，排出浓浓的黑烟等，因此受到当时社会人士的怀疑，只有热衷于发明创造的工程师们为之孜孜不倦地工作，直到1895年，它在巴黎首次汽车竞赛中全面彻底地超越了蒸汽机汽车和电动汽车。相对成熟了的内燃机以其体积小、功率大的优势使汽车具有前所未见的优越性能。从此揭开内燃机汽车和汽车运输业辉煌历史。

**2. 单件生产期（1895—1914年）**

内燃机汽车的优势被社会接受，其生产迅速扩大。表1-2为德国汽车生产的情况，可作为当时欧洲汽车生产和被运用情况的代表。

表1-2　1901—1913年德国的汽车生产　　　　　单位：辆

| 年份 | 总计 | 轿车 | 卡车 | 其他车 |
| --- | --- | --- | --- | --- |
| 1901 | 884 | 845 | 39 | |
| 1903 | 1 450 | 1 310 | 140 | |
| 1906 | 5 218 | 4 866 | 352 | |
| 1908 | 5 547 | 5 054 | 493 | |
| 1910 | 14 049 | 8 578 | 790 | 4 681 |
| 1912 | 24 313 | 14 296 | 1 782 | 8 235 |
| 1913 | 21 533 | 12 400 | 1 851 | 7 282 |

从表1-2看到汽车数量逐年增加，品种（"其他"代表有特殊功能的改装车）也在增加，不过增加的速度不算快，这是因为汽车生产停留在订货加工的单件生产方式上。另外，汽车技术进步大，车内设施精美化，这使欧洲汽车走上贵族化道路。

### 3. 汽车大生产（1914—1980 年）

1914 年是现代汽车工业史的另一个里程碑：美国福特公司的汽车流水装配线正式投产，由此开始了汽车大生产的历史。

构成这个里程碑事件的创新包含三大内容。第一是亨利·福特先生受到偶然的启发，萌生了为普通大众开发汽车的思想，并做出一个企业家的重大决策。这个一反汽车贵族化潮流的福特 T 型大众化车型是 1907 年提出的。图 1-7 是 1909 年投放市场的福特 T 型车，其售价仅 850 美元/辆。

图 1-7 美国 1909 年的福特 T 型车

第二是将工业生产中已总结出来的两大创新成果——机械制造的标准化思想和流水化生产组织方式，嫁接到福特 T 型车生产上，从而形成了世界上第一条汽车流水生产线。该流水线于 1914 年正式投产，当年产量 30 万辆，超过当时全美 300 余家汽车制造厂之总和。福特 T 型车售价进一步下降：1914 年 490 美元/辆，产量最大的 1924 年降到 290 美元/辆。

新的汽车大生产方式不仅在汽车行业形成垄断优势，其已影响到整个经济乃至政治生活，也超越国界，影响了世界。美国汽车工业垄断世界汽车市场整整半个多世纪就是从此开始的。美国国内则迅速普及汽车（1924 年已达每 7 人一辆汽车的普及率）。

由于两次世界大战以及 20 世纪 30 年代的全球经济大萧条，汽车大生产方式虽已被欧洲和亚洲的日本所认识，但没有发展的社会环境。欧洲和日本汽车大生产的局面真正开始是在 60 年代。英国工业恢复后，直到 1954 年产量才超过百万辆大关，法国是 1958 年才达到年产百万辆，德国是在 1956 年。日本在 1956 年仅产汽车 11 万辆，1963 年才超过百万辆。

### 4. 汽车生产全球化趋势（1980 年至今）

1980 年可看作世界汽车工业史上又一个有特征的年份。这一年世界汽车生产形成明确的三足鼎立局面：北美、欧洲、日本，各自汽车产量均为千万辆级。

第二次世界大战结束后，日本和原联邦德国相继发生了经济奇迹，其中日本在汽车生产方面更加突出。在形成了汽车大生产的能力之后，日本人最早对石油危机可能降临的估计做出反应，开发了节能型汽车。在 20 世纪 70 年代爆发第一次石油危机之后，日本的经济型汽车风行市场，于是发生了世界汽车市场的大冷门：1980 年日本销售汽车 1 100 万辆，而美国只有 800 多万辆（美国生产能力达 1 200 万辆，近 400 万辆闲置）。

1980年日本、北美和欧洲各占世界汽车总产量的25%左右，其余25%是所有其他国家占比之和。

北美、日本和欧洲工业国家组成的不仅是主要汽车生产地域，同时也是汽车销售的主要市场，称为传统汽车市场。迄今为止，传统汽车市场也仍旧是世界汽车市场的主体。不过到20世纪80年代，传统市场基本上达到了饱和，因而汽车厂商急于向第二、第三世界开拓新市场。另外，许多国家和地区的经济迅速跟上（如20世纪80年代的"亚洲四小龙"），汽车需求大增，形成了汽车工业全球化趋势。

现在看来，1980—1999年是全球化的初期，表现为全球汽车市场扩大，以及汽车生产基地向第二世界甚至第三世界的扩散。许多国家和地区采取多种方式与汽车工业国合作，或请外商直接在本国设厂，或与外资合作设厂，或引进技术装备。亚洲的韩国，拉丁美洲的巴西和欧洲的西班牙是第二批汽车产量较大的国家。中国和印度这时也开始引进汽车和汽车生产技术。

1999年以德国戴姆勒-奔驰公司兼并美国克莱斯勒公司为标志，人们普遍认为一场跨国界的汽车工业资产重组风潮开始了，通俗的说法叫作全球化。一般认为这是20世纪末世界社会经济发展的大趋势，从科学技术上说是寻求进一步规范化，降低汽车成本、扩大市场的必然。目前对全球化趋势及其产生的后果的认识还不太清楚，特别是对欠发达国家是福是祸难以预料，不少政界人士表示不宜乐观。

## 第四节　中国汽车工业史概要

从现有档案查证，中国土地上第一辆汽车是1901年引进的美国产奥斯莫比尔牌小汽车，领得第1号汽车行驶牌照，其所有者为上海富商。同年，犹太富商哈同为他的雷诺牌汽车领得的牌照是第71号。由此推测，当时汽车总量在百辆之数。

现存于北京最早的小客车是1902年袁世凯献给慈禧太后的。

中国制造汽车的尝试由何人在何时、何地进行未曾详考。1928年，沈阳北大营军工厂在张学良将军的支持下，聘请美国技师指导三百多名汽车修理工成功仿造了美国万国牌载重汽车，一年中装出10辆。

1936年中国政府曾有计划与德国奔驰公司合作，成立官办"中国汽车制造公司"，拟先组装汽车、后制造汽车。翌年，抗日战争爆发，此议遂搁置下来。抗日战争期间，一些爱国企业家和知识分子也曾做过类似努力，甚至动手组装出几辆汽车，但战争临近难以持续。直到1949年国民党离开大陆，中国只有汽车使用和修理，没有汽车制造业。

1949年新中国成立。经短暂的经济恢复期，1953年第一汽车制造厂在长春市奠基。1956年从第一汽车制造厂流水装配线上开出第一台解放牌汽车。这一时期，中国汽车技术和工业生产是在苏联的指导和帮助下发展起来的。

1958年左右,中国汽车工业与其他经济部门一起进入自力更生的时期。在初步形成了自己的基础工业之后,我国各地纷纷仿造和试制了多款汽车,逐渐形成了几个较有规模的汽车制造厂。除第一汽车制造厂外,较大规模的还有南京汽车制造厂、北京汽车制造厂等。1964年开始筹建第二汽车制造厂,从当时的政治、军事和经济建设观点出发,选择湖北省西北部山区(现今十堰市)建厂。从1967年动工,到1978年已开始批量投产,80年代中期达到了年产中型载重汽车10万辆以上的规模。

1978年中国社会发生了重大改变,改革开放的政策在中国逐渐实施,与汽车技术、汽车生产向全球扩散的进程恰好同步。中国的汽车生产逐渐开始走上与世界工业经济接轨的道路。第一家大型合资企业是80年代中期在上海兴建的上海大众汽车公司。

20世纪90年代,中国社会经济制度发生了从中央统一计划经济向社会主义市场经济的重大转变,并且开始融入国际经济大循环,加入世界贸易组织(WTO)的谈判取得成功。中国的汽车工业也将逐渐走上国际化大循环的道路。基于种种原因,中国汽车工业在逐渐开放的国内汽车市场上将受到来自国际汽车巨型企业的挑战和压力。尽管有种种担心,但中国汽车界人士还是摩拳擦掌准备奋力拼搏,开创中国汽车工业发展的新局面。

21世纪,中国汽车产销进入快速增长期。我国加入世界贸易组织前,最担心长期受高关税保护的汽车工业会被冲垮。几年来,我国汽车工业经受住了考验,不仅没有被冲垮,还取得了每年产销增长百万辆的突出成绩。2001年全国汽车产量为200多万辆,2006年达到720多万辆。2006年,中国成为世界第三大汽车生产国和第二大汽车销售市场,既是汽车生产大国,也是汽车消费大国。在所有车型中,增长最快的是轿车和微型车,特别是轿车产量5年增长5倍,年均递增40%,尤其私人轿车增长更快。2007年,全国汽车产量为888万辆。2008年,我国汽车产销量分别为934.51万辆和938.05万辆。自2009年起,我国汽车产销量跃居世界第一,一直保持到现在。我国的汽车大国地位已经确定。

早在"七五"时期,国家便已提出将汽车工业列入国民经济支柱产业。1994年,国家计划委员会(计委)公布中国第一部《汽车工业产业政策》,要求到2010年汽车工业发展成国民经济支柱产业,并带动其他相关产业的发展;2004年,国家发展和改革委员会(发改委)公布第二部《汽车产业发展政策》,再次要求到2010年将汽车产业建设成为国民经济支柱产业,为全面实现小康社会做出更大贡献;2009年,国务院办公厅公布了《汽车产业调整与振兴规划》,明确提出,汽车产业是国民经济重要支柱产业。进入21世纪以来,我国汽车工业总产值年均增长20%以上,居机械工业首位,明显高于同期的国民经济增速。2010年,汽车产业实现工业总产值4.34万亿元,占国民经济总产值的 6.13%；直接相关产业从业人员超过 4 000 万人，占全国城镇就业人数的 12% 以上；汽车产业实现税收 9 500 亿元，贡献了全国税收的 13%。今天，无论从汽车保有量和产销量看，还是从国民经济的比重、就业人数看，中国汽车产业已经名副其实地成了国民经济第一支柱产业。汽车已经成为社会大众不可或缺的交通工具，中国已经实实在在地进入汽车社会。

我国不仅要成为汽车制造大国，还要成为汽车强国。近年来，我国确立了实施制造强国的战略目标，2015 年发布了《中国制造 2025》，"节能与新能源汽车"是十大重点发展领域之一。世界汽车技术正向着低碳化、信息化、智能化方向发展，包括产品、工艺、服务综合的趋势。我国汽车产业根据科技变革与产业重构要求推进汽车技术创新发展，加快发展节能与新能源汽车，促进汽车产业转型发展，抢占国际竞争制高点，推动绿色发展，培育新的经济增长点。争取通过我国汽车产业相关各方的共同努力、创新协作，早日实现汽车强国梦。

# 第二章 汽车的基本结构和原理

## 第一节 汽车的概念

尽管汽车已司空见惯,但汽车的确切定义并不容易表达。许多权威词典给出的概念已不太符合当前花样百出的交通工具的状况。

人类的交通工具一是空中交通工具,二是陆地交通工具,三是水上(中)交通工具,如图 2-1 所示。

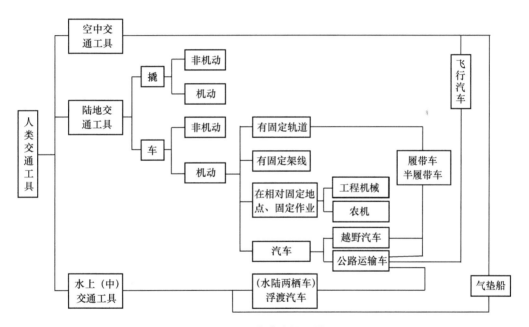

图 2-1 人类交通工具

陆地交通工具有两大类。一类是以腹部平面着地,在地面上滑动的,通常名之为撬。撬适合于在松软的物体(如雪、沙、泥沼等)上,利用其大面积承压以减轻比压便于滑行。撬的动力可以是人拉、畜牵,也可以是机动。第二类是车。车的特点是具有轮轴结构,利用轮在地面上滚动。车用人力或畜力牵拉者为非机动车;利用自然能源的原动机驱动,是机动车。火车、电车、汽车、推土机、拖拉机都是机动车。

有固定轨道(如铁路车辆、地铁等)或有固定架线(如无轨电车)的不属于现代汽车范畴。主要用来在相对固定地点(作业点)从事固定作业的车辆如推土机、铲运机等属于工程机械,主要用于田间作业的拖拉机、收割机等属于农业机械,尽管它们也有短距离运输的功能。

剔除以上各种机动车后,主要用于人员或货物运输的机动车辆,并且不带轨道或(和)不带固定架线,不从事固定地点作业的以运输为目的的交通工具,被定义为汽车。

汽车包括非公路车辆和公路车辆两个分支。非公路车又称越野车,它们可以在未经人工修整的地面上行驶(越野)。在人工修造的路面上行驶的车辆称公路运输车,它包括了汽车和摩托车。

许多汽车被改装成某种单一(专用)功能的车辆,但它不同于工程机械,主要功能是运输,仍属于汽车范畴;如救护车、消防车、运钞车、汽车吊车、通信车等。

由于人类的需要还产生了介于多种交通工具中间的"非驴非马"型交通工具,这基本符合科学技术发展的规律。

以坦克为代表的履带车辆是汽车与火车间的"混杂",坦克实际是自带轨道的汽车。

飞行汽车是近年的发明热点之一,它是汽车与飞机结合的产物,如图2-2。

天才莫勒对 M200X 进行试验

**图 2-2 飞行汽车**

水陆两栖车是从实践中提出并制成的,是汽车兼具"船"性的变形,用以短时间浮渡。迄今许多装甲运兵车仍有浮渡功能。图2-3为现代先进两栖攻击车。

**图 2-3 现代先进两栖攻击车**

气垫船当年曾被称为飘车,后来正式定名为气垫船(图2-4)。它是空、陆和水三栖交通工具,最适合海岸和近海岛屿往来,它最基本的运动是悬浮空中和超低空飞行（50~70 cm），即可行于海滩，又可行于近海。

最后，汽车原是交通工具，但后来派生出一族并不作为交通工具而作他用的汽车，例如小的玩具汽车，现代电动车模型，汽车艺术收藏模型，科学技术研究用的"概念车""科研车"，还有用于月球、火星考察的月球车、火星车。图2-5是高越野性的光学电子侦察车。形成以上"混乱"局面其实正说明汽车的社会影响广泛深刻，功能全面，深得各方喜爱。

图2-4 气垫船

图2-5 高越野性的光学电子侦察车

## 第二节 汽车的基本构造

汽车由成千上万个零部件装配而成，且型号很多，用途与构造各异，图2-6是典型的轿车总体构造。从汽车的整体构造而言，任何一辆汽车都包括四大组成部分：发动机、底盘、车身、电气设备（图2-7）。

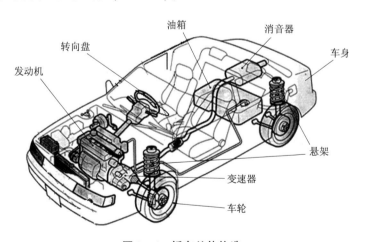
图2-6 轿车总体构造

**1. 发动机**

发动机是汽车的动力装置，其作用是使供入其中的燃料经过燃烧而变成热能，并转化为动能,通过底盘的传动系驱动汽车行驶。

**2. 底盘**

底盘用来支撑车身,接受发动机产生的动力,并保证汽车能够正常行驶。底盘本身又可分为传动系统、行驶系统、转向系统和制动系统四种装置。

传动系统——将发动机产生的动力传给驱动车轮。它由离合器、变速器、万向传动装置、驱动桥中的主减速器、差速器和半轴等组成。

行驶系统——把汽车各总成、部件连接成一整体,支撑全车载荷,保证汽车行驶。它由车架、车桥(前桥和后桥)、车轮和悬架等组成。

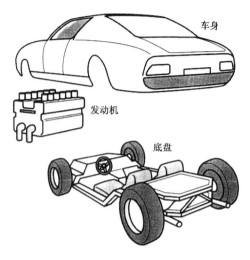

图 2-7 轿车的组成

转向系统——保证汽车能够按照驾驶员所给定的方向行驶。它由带转向盘的转向器总成和转向传动机构(横、直拉杆)等组成。

制动系统——能够对汽车的减速过程进行人为控制,必要时能在最短距离内停车,以保证行车安全。它由车轮制动器、手制动器和制动传动装置等组成。

**3. 车身**

车身用来乘坐驾驶员、旅客或装载货物。轿车有一整体的车身;载货汽车车身一般包括车头、驾驶室与车厢三部分。

**4. 电气设备**

电气设备由电源、发动机起动系以及汽车照明等用电设备组成。在强制点火的发动机中还包括发动机的点火系。

以上所述是当前大多数汽车的总体构造。为了适应不同使用要求及改善汽车某些方面的使用性能,汽车的总体构造和布置形式可做某些变动。例如,为了提高汽车的通过性能,越野汽车做成全部车轮驱动,这时所有车桥都成为驱动桥并在传动系中相应地增设分动器等总成。又如,为了提高汽车的载质量,同时受现有道路允许轴载荷的限制,有的载重车除前后桥外,还加设支持桥。当载质量小时,支持桥被提升机构吊起,全车仅由两桥支撑;当载质量大时,支持桥落下,全车由三桥支撑。

汽车结构的发展过程是不断出现矛盾和解决矛盾的过程,因此在研究汽车总体和部件的构造时,应看到它们只是解决汽车在使用、制造过程中出现的一系列矛盾的结果,其结构形式不是一成不变的。

## 第三节　汽车的分类

分类的目的是从事物的本质特征深刻地认识事物。分类的方法是按照事物的若干本质特征作出逻辑归纳，但选择什么标准（即什么本质特征）分类，则要按研究者主观的需要选择，因此有许多分类的方法。下面举几个重要的例子。

### 一、按汽车社会属性分类

为了研究汽车在国计民生中所起的作用，回答汽车是生产资料，是普通消费品或其他性质的问题，汽车可粗分为三类：一类是军用汽车，一类是生产资料，一类是消费品。

一切汽车，不拘其结构形式和性能，凡用于国家防务者，均属军用汽车。

所有用于社会公务和生产用途者，都属生产资料（如果还要再细分，可以分为社会公务车和生产资料两类）。

凡作为交通工具被用于日常生活，即代步、休闲、娱乐，不具有经营目的者均为消费品。

我国当前许多车的社会属性模糊是社会状况的反映，并非汽车自身属性不清。看清这一点对研究汽车市场很有好处。

虽然汽车制造出来主要是供使用的，但实际上因为人们的喜爱之甚，很多汽车成为不实用的宠物。现代儿童玩具汽车（完全符合汽车的定义）在数量上甚至是最大批量产品，而且其技术先进，社会价值也十分高。科研样车、艺术收藏和竞赛汽车显然具有特殊的价值和意义。

实用汽车的分类可参照汽车管理需要分类。

### 二、按某些技术特征分类

有许多这样的技术特征可以作为区别汽车种类的依据。以下为几个常见的主要特征：

按汽车所用原动机类型可分为热机和电动机汽车两类。热机可再分为外燃机和内燃机。活塞式蒸汽机已过时，斯特林机则是尚未成熟的外燃机。电动机汽车可再按电源形式分为蓄电池式，燃料电池和太阳能电池汽车。

目前常用的汽车又可以按燃料种类分作汽油机汽车、柴油机汽车和其他燃料（压缩天然气、液化石油气、醇类、氢气等）汽车。

按照车轮驱动形式，普通公路运输车常用单轴（或前轴或后轴）驱动，通常也称双前轮或双后轮驱动；另一些车辆则采用全轮驱动，每一个车轮都是驱动轮，吉普车和全驱轿车是四轮,其他大型越野车有6个或8个全驱动轮。

还有许多技术特征可作分类依据,不再枚举。

### 三、按汽车管理需要分类

#### (一)国标 GB/T 3730.1—2001

2001年7月3日由国家质量监督检验检疫总局于发布新的汽车分类标准 GB/T 3730.1—2001《汽车和挂车类型的术语和定义》,已于2002年3月1日正式实施。

新标准参照国际惯例,汽车分类由原来的轿车、客车、载货汽车等类型,分为乘用车、商用车两大类,常说的轿车归属乘用车,载货汽车、客车归属商用车。乘用车(不超过9座)分为普通乘用车、活顶乘用车、高级乘用车、小型乘用车、敞篷车、仓背乘用车、旅行车、多用途乘用车、短头乘用车、越野乘用车和专用乘用车11类;商用车分为客车、货车和半挂牵引车3类。客车细分为小型客车、城市客车、长途客车、旅游客车、铰接客车、无轨客车、越野客车和专用客车等;货车细分为普通货车、多用途货车、全挂牵引车、越野货车、专用作业车和专用货车等。

**1. 乘用车（passenger car）**

乘用车(表2-1)是指在其设计和技术特性上主要用于载运乘客及其随身行李和(或)临时物品的汽车,包括驾驶员座位在内最多不超过9个座位。它也可以牵引一辆挂车。

表2-1 乘用车(部分)分类

| 分类 | 定义 | 图例 |
| --- | --- | --- |
| 普通乘用车<br>saloon（sedan） | 封闭式车身;固定式车顶(顶盖),硬顶。4个或4个以上座位,至少两排。2个或4个侧门,可有一后开启门 | |
| 活顶乘用车<br>convertible saloon | 具有固定侧围框架的可开启式车身。车顶为硬顶或软顶,至少有两个位置:1. 封闭;2. 开启或拆除。4个或4个以上座位,至少两排。2个或4个侧门。4个或4个以上侧窗 | |
| 高级乘用车<br>pullman saloon<br>（pullman sedan） | 封闭式车身。前后座之间可以设有隔板。固定式硬顶。有的顶盖一部分可以开启。4个或4个以上座位,至少两排。4个或6个侧门,也可有一个后开启门。6个或6个以上侧窗 | |

续表

| 分类 | 定义 | 图例 |
|---|---|---|
| 小型乘用车 coupe | 可开启式车身。车顶可为软顶或硬顶，至少有两个位置：第一个位置遮覆车身；第二个位置车顶卷收或可拆除。2个或2个以上的座位，至少一排。2个或4个侧门。2个或2个以上侧窗 | |
| 敞篷车 convertible（open tourer）（roadster）（spider） | 可开启式车身。车顶可为软顶或硬顶，至少有两个位置：第一个位置遮覆车身；第二个位置车顶卷收或可拆除。2个或2个以上的座位，至少一排。2个或4个侧门。2个或2个以上侧窗 | |
| 仓背乘用车 hatchback | 封闭式车身。固定式硬顶。有的顶盖一部分可以开启。4个或4个以上座位，至少两排。2个或4个侧门，车身后部有一仓门 | |
| 旅行车 station wagon | 封闭式车身。车尾外形按可提供较大的内部空间设计。固定式硬顶。有的顶盖一部分可以开启。4个或4个以上座位，至少两排。2个或4个侧门，并有一后开启门。4个或4个以上侧窗 | |
| 多用途乘用车 multipurpose passenger car | 上述车辆以外的，只有单一车室载运乘客及其行李或物品的乘用车。除驾驶员以外的座位数不超过6个；只要车辆具有可使用的座椅安装点，就应算"座位"存在 | |
| 越野乘用车 off – road passenger car | 在其设计上所有车轮同时驱动或其几何特性、技术特性和它的性能允许在非道路上行驶的一种乘用车 | |

## 2. 商用车（commercial vehicle）

商用车是指（表2-2）在设计和技术特性上用于运送人员和货物的汽车，并且可以牵引挂车。

表 2-2 商用车（部分）分类

| 分类 | 定义 | 图例 |
|---|---|---|
| 小型客车 minibus | 用于载运乘客，除驾驶员座位外，座位数不超过16座的客车 | |
| 城市客车 city-bus | 一种为城市内运输而设计和装备的客车。这种车辆设有座椅及站立乘客的位置，并有足够的空间供频繁停站时乘客上下车走动用 | |
| 长途客车 interurban coach | 一种为城间运输而设计和装备的客车。这种车辆没有专供乘客站立的位置，但在其通道内可载运短途站立的乘客。6个或6个以上侧窗 | |
| 旅游客车 touring coach | 一种为旅游而设计和装备的客车。这种车辆的布置要确保乘客的舒适性，不载运站立的乘客 | |
| 铰接客车 articulated bus | 一种由两节刚性车厢铰接组成的客车。在这种车辆上，两节车厢是相通的，乘客可通过铰接部分在两节车厢之间自由走动 | |
| 半挂牵引车 semi-trailer towing vehicle | 装备有特殊装置用于牵引半挂车的商用车辆 | |
| 普通货车 general purpose goods vehicle | 一种在敞开（平板式）或封闭（厢式）载货空间内载运货物的货车 | |
| 多用途货车 multipurpose goods vehicle | 在其设计和结构上主要用于载运货物，但在驾驶员座椅后带有固定或折叠式座椅，可运载3个以上乘客的货车 | |
| 越野货车 off-road goods vehicle | 在其设计上所有车轮同时驱动或其几何特性、技术特性和它的性能允许在非道路上行驶的一种车辆 | |

| 分类 | 定义 | 图例 |
|---|---|---|
| 客车半挂车<br>bus semi – trailer | 在其设计和技术特性上用于载运乘客及其随身行李的半挂车 | |
| 通用货车半挂车<br>general purpose goods semi – trailer | 一种在敞开（平板式）或封闭（厢式）载货空间内载运货物的半挂车 | |

**（二）国标 GB/T 3730.1—1988**

1988 年 6 月发布的国标 GB/T 3730.1—1988 规定了在公路城市道路和非公路上行驶的国产汽车和半挂车的分类标准。由于在实际中该标准有所运用，故简要介绍该标准。

国标 GB 9417—1988 规定汽车的产品型号反映企业名称、车辆类别、主要特征参数等内容，用字母和阿拉伯数字表示。它由首部、中部和尾部构成。

（1）首部用代表企业名称的两个或三个汉语拼音字母表示。

（2）中部用一位阿拉伯数字表示各类汽车的主要特征参数（表 2-3）。

**表 2-3 汽车型号中部 4 位阿拉伯数字代号的含义**

| 首位数字表示<br>汽车类型 | | 中间 2 位数字表示各类汽车的<br>主要特征参数 | 末位数字表示<br>企业自定产品序号 |
|---|---|---|---|
| 载货汽车 | 1 | 表示汽车总质量（单位为 t）的数值；<br>当汽车总质量 <10 t 时，前面以"0"占位；<br>当汽车总质量 >100 t 时，允许用三位数字 | 以 0，1，2，…<br>依次排列 |
| 越野汽车 | 2 | | |
| 自卸汽车 | 3 | | |
| 牵引汽车 | 4 | | |
| 专用汽车 | 5 | | |
| 客车 | 6 | 表示汽车总长度乘以 10 的数字；<br>当汽车总长度 >10 m，计算单位为 m | |
| 轿车 | 7 | 表示发动机的工作容积乘以 10 的数值 | |
| | 8 | | |
| 半挂车及<br>专用半挂车 | 9 | 表示汽车的总质量（单位为 t）的数值；<br>当汽车总质量 <10 t 时，前面以"0"占位；<br>当汽车总质量 >100 t 时，允许用三位数字 | |

（3）尾部用汉语拼音字母或阿拉伯数字表示专用汽车的分类或企业自定代号。其基本型一般无尾部。例如，东风汽车有限公司生产的东风日产第三代轿车，发动机排量为 1.6 L，其型号为 DFL7162。含义依次为：DFL 表示东风汽车有限公司；7 表示轿

车；16 表示发动机排量为 1.6 L；2 表示产品序号。

### (三) 汽车类型

**1. 轿车**

轿车是指用于载送人员及其随身物品，且座位布置在两轴之间的汽车（图 2-8）。

图 2-8 轿车

**2. 客车**

客车是指具有长方箱形车厢，主要用于载送人员及其行李物品的汽车（图 2-9）。

图 2-9 客车

**3. 货车**

货车是载货汽车的简称，又称卡车（图 2-10），主要用于运送货物，有的可牵引挂车。

图 2-10 货车

**4. 越野汽车**

越野汽车是指主要用于坏路或无路地区、具有高通过性的全轮驱动汽车。越野汽车通常采用两个或两个以上的驱动桥（图2-11）。

图2-11　越野汽车

**5. 自卸汽车**

自卸汽车是指以运送货物为主而具有可倾卸货箱的汽车（图2-12）。

图2-12　自卸汽车

**6. 牵引汽车和挂车**

（1）牵引汽车。牵引汽车是指专门或主要用于牵引挂车的汽车。分为全挂牵引汽车和半挂牵引汽车（图2-13）。

图2-13　牵引汽车和挂车

（2）挂车。挂车是指由汽车牵引、本身没有自带动力及驱动装置，用以载运人员或货物的车辆。

### 7. 专用汽车

专用汽车是指为完成特定的载运（货物或人员）或作业任务，装置有专用设备或经过特殊改装的汽车（图2-14）。可分为厢式汽车、罐式车、专用自卸汽车、起重举升汽车、仓栅式汽车和特种结构汽车。

图2-14 专用汽车示意图

## 四、车辆识别代号（VIN）

车辆识别代号（vehicle identification number，VIN）由原机械工业部1996年12月25日发布，从1997年1月1日起实施。车辆识别代号中含有车辆的制造厂家、生产年代、车型、车身形式、发动机以及其他装备的信息。它是由17位字母、数字组成的编码，经过排列组合，可以使车辆生产在30年之内不会发生重号现象，具有对车辆的唯一识别性，故称其为"汽车身份证"。车辆识别代号是汽车管理、汽车营销、汽车维修和配件采购的重要依据。

车辆识别代号由三个部分组成：第一部分，世界制造厂识别代号（WMI）；第二部分，车辆说明部分（VDS）；第三部分，车辆指示部分（VIS）。其具体内容参见GB 16736—2004。对于完整车辆和/或非完整车辆年产量大于500辆的制造厂，其车辆识别代号编码如下所示：

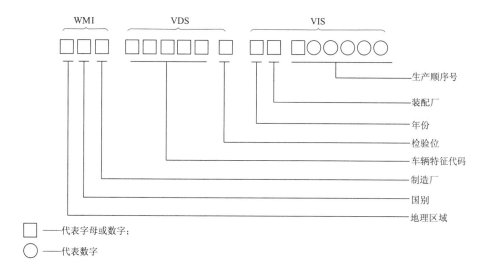

第一部分——世界制造厂识别代号，由三位字码组成：第一位字码是标明一个地理区域的字母或数字；第二位字码是标明一个特定地区内的一个国家的字母或数字（表2-3）；第一、二位字码的组合将能保证国家识别标志的唯一性；第三位字码是标明某个特定制造厂的字母或数字。第一、二、三位字码的组合能保证制造厂识别标志的唯一性。对于年产量小于500辆的制造厂，第三位字码为数字9。

表2-3 国家或地区的字码

| 代码 | 国家或地区 | 代码 | 国家或地区 | 代码 | 国家或地区 |
|---|---|---|---|---|---|
| 1 | 美国 | W | 德国 | V | 法国 |
| 2 | 加拿大 | T | 瑞士 | R | 中国台湾 |
| 3 | 墨西哥 | J | 日本 | Y | 瑞典 |
| 4 | 美国 | S | 英国 | Z | 意大利 |
| 6 | 澳大利亚 | K | 韩国 | | |
| 9 | 巴西 | L | 中国 | | |

第二部分——车辆说明部分，由六位字码组成，如果制造厂不用其中的一位或几位字码，应在该位置填入制造厂选定的字母或数字占位。此部分应能识别车辆的一般特性，其代号顺序由制造厂决定。

第三部分——车辆指示部分，由八位字码组成，其最后四位字码应是数字。第一位字码指示年份，年份代码按表2-4规定使用。第二位字码可用来指示装配厂，若无装配厂，制造厂可规定其他内容。如果制造厂生产的某种类型的车辆年产量大于或等于500辆，此部分的第三至第八位字码表示生产顺序号；如果制造厂的年产量小于500辆，则此部分的第三、四、五位字码应与第一部分的三位字码一起来表示一个车辆制造厂。

表2-4 标示年份的字码

| 年份 | 代码 | 年份 | 代码 | 年份 | 代码 | 年份 | 代码 |
|---|---|---|---|---|---|---|---|
| 2001 | 1 | 2011 | B | 2021 | M | 2031 | 1 |
| 2002 | 2 | 2012 | C | 2022 | N | 2032 | 2 |
| 2003 | 3 | 2013 | D | 2023 | P | 2033 | 3 |
| 2004 | 4 | 2014 | E | 2024 | R | 2034 | 4 |
| 2005 | 5 | 2015 | F | 2025 | S | 2035 | 5 |
| 2006 | 6 | 2016 | G | 2026 | T | 2036 | 6 |
| 2007 | 7 | 2017 | H | 2027 | V | 2037 | 7 |
| 2008 | 8 | 2018 | J | 2028 | W | 2038 | 8 |
| 2009 | 9 | 2019 | K | 2029 | X | 2039 | 9 |
| 2010 | A | 2020 | L | 2030 | Y | 2040 | A |

车辆识别代号中仅能采用下列阿拉伯数字和大写英文字母（字母I、O和Q不能使用）：

1 2 3 4 5 6 7 8 9 0

A B C D E F G H J K L M N P R S T U V W X Y Z

我国乘用车的VIN码大多可以在仪表板左侧、风挡玻璃下面找到。

示例：我国第一汽车集团公司生产的红旗牌轿车VIN中各代码（号）内容含义如下：

| (1) | (2) | (3) | (4) | (5) | (6) | (7) | (8) | (9) | (10) | (11) | (12) | (13) | (14) | (15) | (16) | (17) |
|---|---|---|---|---|---|---|---|---|---|---|---|---|---|---|---|---|
| L | F | P | H | 5 | A | B | A | 2 | W | 8 | 0 | 0 | 4 | 3 | 2 | 1 |

注：(1) 生产国别，L—中国；(2) 制造厂商，F——一汽；(3) 车型类型，P—轿车；(4) 车辆品牌，H—红旗牌；(5) 发动机排量，5—2.1~2.5 L；(6) 发动机类型及其驱动形式，A—汽油机，前置，前轮驱动；(7) 车身形式，B—四门折背式；(8) 安全保护装置，A—手动安全带；(9) 工厂检验数字；(10) 生产车款年型，W—1998；(11) 生产装配工厂，8—第一轿车厂；(12)~(17) 工厂生产顺序号。

## 第四节　汽车行驶基本原理

### 一、行驶驱动力与阻力

汽车要运动，并以一定的速度行驶，必须由外界沿汽车行驶方向施加一个驱动力，用以克服汽车行驶中所受到的各种阻力。

**1. 驱动力 $F_t$**

汽车驱动力 $F_t$ 是由发动机的转矩经传动系统传至驱动轮得到的。汽车发动机产生的有效转矩 $T_e$，经汽车传动系统传到驱动轮上，在驱动轮上作用一转矩 $T_t$，从而产生对地面的一个圆周力 $F_0$，与此同时，引起地面对驱动轮产生一个与汽车行驶方向一致的切向反作用力，此切向反作用力即为汽车的驱动力 $F_t$，如图 2-15 所示。

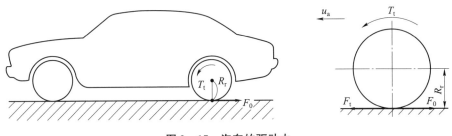

图 2-15 汽车的驱动力

**2. 汽车的行驶阻力**

汽车在道路上行驶时一般有四种阻力（图 2-16）。

图 2-16 汽车的行驶阻力

**滚动阻力 $F_f$**：滚动阻力是当车轮在路面上滚动时，由两者间的相互作用力和相应变形所引起的能量损失的总称。当汽车在硬路面上行驶时，车轮滚动，轮胎圆周的各个部分被不断地压缩、变形，然后又不断地恢复变形。在这个变形过程中，橡胶分子之间发生摩擦，伴随摩擦而发热，且向大气散发。使轮胎变形所做的功不能全部回收,从而消耗了汽车的输出功率。这部分功率损失称为轮胎的弹性迟滞损失。当汽车在软路面上行驶时,其滚动阻力则来自松软路面变形和轮胎弹性变形的迟滞损失。

**空气阻力** $F_w$:汽车是在空气介质中行驶的,汽车相对于空气运动时,空气作用力在行驶方向上的分力称为空气阻力。空气阻力分为摩擦阻力与压力阻力两部分。摩擦阻力是由空气的黏性在车身表面产生的切向力的合力在行驶方向的分力。摩擦阻力与车身表面质量及表面有关,占空气阻力的8%~10%。压力阻力是作用在汽车外形表面上的法向压力的合力在行驶方向的分力。压力阻力中的形状阻力占主要部分,所以车身主体形状是影响空气阻力的主要因素,改进车身流线型体是减少空气阻力的有效途径。

**坡道阻力** $F_i$:汽车在纵向坡道上坡行驶时,汽车质量产生与地面平行的分力,其分力方向与汽车行驶方向相反,即形成汽车的上坡阻力。汽车的上坡阻力与坡度值成正比。

**加速阻力** $F_j$:汽车加速行驶时,克服其质量加速运动时的惯性力,就是加速阻力。汽车的质量分为平移质量和旋转质量两部分。加速时,不仅要克服汽车平移质量在加速过程中产生的惯性力,同时还要克服旋转质量产生的惯性力偶矩。

## 二、汽车行驶的条件

汽车行驶时,必须满足驱动和附着条件,即汽车的驱动力应与阻力相平衡,由此得到汽车行驶方程式:

$$F_t = F_f + F_i + F_w + F_j$$

上述各阻力中,滚动阻力和空气阻力始终作用于行驶的汽车上,坡道阻力和加速阻力仅在相应行驶条件下存在。在水平道路上等速行驶时就没有坡道阻力和加速阻力。汽车下坡时,$F_i$ 为负值,这时汽车重力沿路面方向的分力已不是汽车的行驶阻力,而是动力。汽车减速行驶时,惯性作用力是使汽车前进的力,此时 $F_j$ 也为负值。

为保证汽车在道路上正常行驶,必须具有克服各种行驶阻力的足够驱动力,这就是汽车的驱动条件;使汽车驱动轮与路面不产生滑动与滑移的条件,称为汽车行驶的附着条件。

**1. 汽车行驶的驱动条件**

汽车行驶的驱动条件,即汽车驱动力大于滚动阻力、空气阻力、上坡阻力之和时,汽车加速行驶;驱动力等于上述阻力之和时,汽车等速行驶;驱动力小于上述阻力之和时,汽车减速行驶直至停车。

汽车的驱动条件可写成

$$F_t \geqslant F_f + F_w + F_i$$

**2. 汽车行驶的附着条件**

通常把轮胎不滑转时,地面对车轮的最大切向反作用力的极限值,称为附着力 $F_\varphi$。使附着力大于或等于最大驱动力,这就是汽车行驶的附着条件。

汽车的附着条件可写成

$$F_t \leq F_\varphi$$

式中,$F_\varphi = F_Z \varphi$,$\varphi$ 称为附着系数,是由路面和轮胎决定的;$F_Z$ 为驱动轮法向反作用力。

# 第三章 汽车内燃机

## 第一节 概 述

### 一、汽车对驱动单元的要求

尽管现代工业技术可以提供很多种类的动力机组作为汽车的驱动单元,但其对汽车要求的满足程度,决定了其竞争力。汽车对其动力源的主要要求如下:

**1. 能量密度高**

能量密度含义是指动力机组所能发出的功率与整套机组的体积或重量之比,这是一个重要的相互比较的指标。

活塞式蒸汽机动力缸并不大,但包括燃料仓与锅炉在内的装置又大又重。活塞式内燃机带油料箱和附件时,其尺寸与重量小得多。所以内燃机替代蒸汽机成为汽车动力的基本形式。

**2. 能源供给充足和能源利用率高**

汽车消耗大量能源,因此能源供应是否充足十分重要。依赖石油燃料的内燃机面临石油资源有限的巨大威胁,因此必须努力提高能源利用率,或者开辟其他替代燃料。

各种类型的电动汽车获得电能的途径不同,其原始能量可以是太阳能、热能、核电、水力发电等,因此来源广泛,不依赖石油,是一个优势。但提高能源利用率仍是一个普遍的要求。

**3. 使用安全性高**

在汽车行驶过程中,也包括出现意外事故等不测情况时,动力机组的安全性要高。汽油自燃,碰撞时油箱爆炸,高压容器爆炸等均属于不测情况。对于某些场合,这种情况自身不可避免,则应采取良好的安全保障措施。

**4. 有足够大的自由活动范围**

汽车的自由活动范围通常用一次加足能量后汽车可以续驶的里程来表达。例如目前内燃机汽车一次加油后续驶里程可以相当大,少则 300 km,多则 1 000 km,而且中间加油时间很短。

电动汽车目前有两个较大难题,一是一次充电续驶里程不够长(目前水平约在 100 km),二是充电一次时间长。人们正在努力提高电动车的自由活动半径。

**5. 有利于保护生态环境，符合可持续发展的要求**

要用现代环境科学的认识，全面评估汽车的动力系统对保护生态环境和社会持续发展的影响。这就是，要从它的被制造、被使用的寿命期直到报废处理的完整周期，全面地评估其自然资源的利用率高低，各个时期产生的对环境污染的大小和损害程度，以及资源再生利用率等。要避免强调某一两个优点或缺点的片面性。

内燃机汽车在使用寿命期内的噪声和有害废气排放是主要的环境污染因素。电动机汽车恰好在这方面具有极大的优势。不过，电动车制造和报废处理两个阶段对环境的影响还在研究中，还没有十分明确的结论。

**6. 制造和使用成本较低**

这是成为市场商品的必要条件，其销售和使用费应在顾客可以接受的水平上。

## 二、现实的和未来的汽车动力

从1895年通过公开竞赛获得优胜取得汽车动力的绝对垄断地位以来，内燃机技术不断进步，因此，迄今为止，还没有任何一种其他动力装置能对内燃机的地位提出挑战。

20世纪70年代以来，因为汽车总量猛增到空前的数量（目前世界汽车保有量已超10亿辆），由汽车内燃机排出废气对大气环境污染的比重急剧上升，因此汽车内燃机受到巨大的压力，被要求大幅减少以至完全没有毒性废气排放。另外，石油储量减少，石油供给前景的危机加大。这些都导致新能源汽车的发展潮流不可阻挡，电动汽车因此重新成为研究开发的热点。

由于各大公司不断加大对电动汽车的研发投入，电动汽车本身许多技术难题正在攻克，对内燃机的权威地位正在构成有力的威胁。随着电动汽车技术的逐渐成熟，内燃机本身则要在这个巨大压力下取得新的进展，必将会出现一个激烈的竞争期。

内燃机的发展有两个主要方向，一是保持传统燃料（汽油、柴油）不变，提高燃料经济性，降低有害废气排放。内燃机结构的精益求精加上现代电子技术精确控制发动机工作过程就是主要措施之一。二是开发代用燃料，液化石油气、压缩天然气、醇类（甲醇、乙醇）、二甲基醚、氢气等是目前正在深入研究的课题，有些已成为商品。

电动汽车有许多形式，太阳能汽车实际上也是电动汽车，太阳能转换为电能之后，通过电动机驱动车轮。对于纯电动汽车的蓄电池电动机装置，人们一直在寻求新的突破，力争延长电动汽车一次充电后的续驶里程，在多种蓄电池中，锂离子电池的应用越来越广泛。由于燃料电池-电动机装置有较多突出优点，将成为较有发展前途的电动汽车。

历史上曾有人研究过核能在汽车上的应用前景，结论是否定的。核能还是以固定式发电为宜。除了核动力船舶，陆地移动式装置有许多不安全因素。

还有其他类型动力机组都在研究阶段，此处从略。

# 第二节 内燃机工作原理

## 一、概述

燃料在气缸内燃烧产生的热能直接转变为机械能的机器称为内燃机。内燃机有多种类型。一种是活塞式内燃机、一种是燃气轮机，还有喷气式发动机。后两种机型功率十分强大，在高空使用时，外界温度低，有较高效率；在地面附近，因环境气温高，其热效率不高，所以广泛用于飞机上。

活塞式内燃机常见的是往复活塞式内燃机。旋转活塞式内燃机曾经以其独特的优点（无往复运动惯性力、转速可以很高）备受关注，但20世纪70年代石油危机以后，因其能源利用率不够好而受到冷落。本书的"发动机""内燃机"都仅指往复活塞式内燃机。

按照工作过程的基本原理，活塞式内燃机分为外源点火式内燃机和压缩自燃式内燃机。点燃式内燃机通常燃用汽油，所以俗称汽油机。用天然气、液化石油气、二甲基醚、醇类、氢气工作时，也是外源点火，属于同一类型。

压燃式内燃机燃用柴油，因此俗称柴油机。柴油机的压缩比大，缸内压力很高，因此机器结实，重量大。过去主要用于大型动力和卡车。近年柴油机小型化和高速化进展很快，而且因其很高的燃料经济性，已被部分轿车作为动力。

不论是汽油机或柴油机，在工作循环的组织上都可用两种方法。一种是曲轴两转完成一个工作循环，叫作四冲程内燃机。另一种是曲轴一转，活塞上下各一次完成一个工作循环，叫二冲程循环。还有人提出其他形式的工作循环，因尚未成熟而未广泛使用。

活塞在气缸内上下运动（图3-1），活塞在最高位置处称为上止点，在最低位置处称为下止点。上、下止点的距离 $S$ 称为活塞冲程。活塞每进行一个冲程，曲轴转180°。活塞从上止点到下止点所扫过的容积称为气缸工作容积 $V_h$。各缸工作容积的总和，称为发动机排量 $V_L$。燃烧室容积 $V_c$ 是指活塞在上止点时，其上部所留的空间。气缸总容积 $V_a$ 是指燃烧室容积 $V_c$ 与工作容积 $V_h$ 之和。压缩比 $\varepsilon$ 是气缸总容积 $V_a$ 与燃烧室容积 $V_c$ 之比（图3-2）。压缩比对发动机性能影响很大，压缩比大，压缩终了时的温度、压力高，燃烧速度快，发动机功率大，油耗低。轿车汽油机压缩比一般为7~11，而柴油机压缩比一般为16~22，这就是柴油机省油的主要因素之一。

气缸工作容积 $V_h$ 和发动机排量 $V_L$ 的计算公式如下：

$$V_h = \frac{\pi D^2}{4 \times 10^6} S \quad (\text{L})$$

$$V_L = V_h i$$

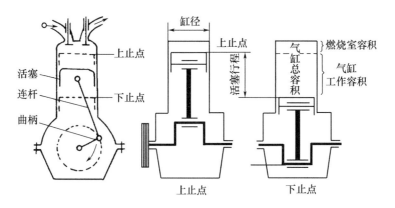

图 3-1 曲柄连杆机构示意图

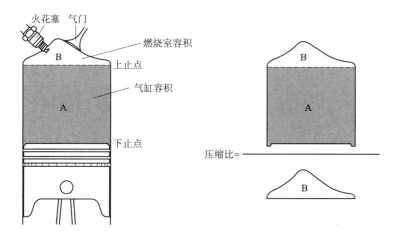

图 3-2 压缩比示意图

式中，$D$ 为气缸直径，mm；$S$ 为活塞冲程，mm；$i$ 为气缸数。

例如：东风 EQ1090F 汽车发动机的气缸直径为 100 mm，活塞冲程为 115 mm，则：

$$V_h = \frac{3.14 \times 100^2}{4 \times 10^6} \times 115 = 0.903 \text{（L）}, \quad V_L = 0.903 \times 6 = 5.42 \text{（L）}。$$

$V_L$ 正是汽车使用说明书上说明的发动机排量。显然，发动机排量越大，每个工作循环吸进气缸的可燃混合气（或纯空气）越多，能够产生更大的动力。

压缩比的计算公式如下：

$$\varepsilon = \frac{V_a}{V_c} = \frac{V_h + V_c}{V_c} = 1 + \frac{V_h}{V_c}$$

式中，$V_a$ 为气缸总容积：$V_a = V_c + V_h$；$V_c$ 为燃烧室容积；$V_h$ 为气缸工作容积。

## 二、四冲程汽油机工作原理

汽油机和柴油机都可按四冲程循环工作。四冲程汽油机工作原理如图 3-3 所示。

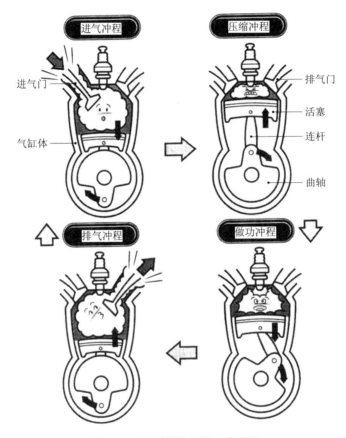

图 3-3 四冲程汽油机工作原理

**1. 进气冲程**

活塞被曲轴带动由上止点向下止点移动（曲轴旋转 180°），气缸内的气压降低，产生真空吸力。此时进气门开启，排气门关闭，汽油与空气混合气被吸入气缸。

**2. 压缩冲程**

随着曲轴转动，活塞由下止点向上止点移动（曲轴旋转 180°）。与此同时，进、排气门均关闭，活塞压缩可燃混合气，使其温度和压力同时升高。

**3. 做功冲程**

当压缩冲程终了活塞接近上止点时，火花塞产生电火花点燃混合气。气缸中燃料燃烧放出热能，压力和温度急剧上升，气体受热膨胀，推动活塞从上止点移动到下止点（曲轴旋转 180°），对外做功。在此冲程中进、排气门均保持关闭。

**4. 排气冲程**

在曲轴飞轮系统惯性力的作用下，活塞又从下止点向上止点移动（曲轴旋转 180°）。此时进气门关闭，排气门开启，燃烧过的废气，被活塞挤出气缸之外。

### 三、四冲程柴油机工作原理

四冲程柴油机和汽油机一样，每个循环活塞也经过四个冲程。由于柴油机所用燃料是柴油，其特点是黏度比汽油大且不易蒸发，但柴油的自燃温度比汽油低，因此，进气冲程吸入的充量为纯空气，压缩冲程接近上止点时，柴油要经喷油泵把燃油压力提高到 20 MPa 以上，然后经喷油器以油雾形式直接喷入气缸，与高温空气混合并自燃，经过做功冲程后，废气被排出气缸，完成一个工作循环（图 3-4）。

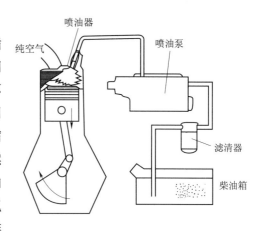

图 3-4　四冲程柴油机示意图

## 第三节　汽车内燃机的类型与总体构造

### 一、汽车内燃机的类型

内燃机可以按照不同特征进行分类。

按活塞运动方式的不同，分为往复活塞式和旋转活塞式两种。前者活塞在气缸内做往复直线运动，后者活塞在气缸内做旋转运动。旋转活塞式发动机（也称转子发动机）主要在日本马自达轿车上应用。本书内容以往复活塞式发动机为主。

内燃机根据所用燃料种类的不同，分为汽油机、柴油机和气体燃料发动机三类。以汽油或柴油为燃料的活塞式内燃机分别称作汽油机或柴油机。目前汽车上使用的活塞式发动机按其所用燃料不同，主要有汽油机和柴油机两大类。汽油机具有轻小价廉，运转轻松及起动、使用简便，现在轿车上大部分装用汽油机。柴油机也发展到较为完善的程度，柴油机的经济性在所有动力机中几乎为最高，因此在货车上广泛使用。近年在部分轿车上也装用柴油机。

使用天然气、液化石油气和其他气体燃料的活塞式内燃机称作气体燃料发动机。汽油和柴油都是石油制品，是汽车发动机的传统燃料。非石油燃料称作代用燃料。燃用代用燃料的发动机称作代用燃料发动机，如乙醇发动机、氢气发动机、甲醇发动机等。

按冷却方式的不同，分为水冷式和风冷式两种。以水或冷却液为冷却介质的称为水冷式内燃机，而以空气为冷却介质的则称为风冷式内燃机。

按在一个工作循环期间活塞往复运动的行程数，分为四冲程和二冲程发动机。在一个工作循环中活塞往复四个行程的内燃机称作四冲程往复活塞式内燃机，而活塞往复两个行程完成一个工作循环的则称作二冲程往复活塞式内燃机。

按进气状态不同，分为增压和非增压两类。若进气是在接近大气状态下进行的，称作非增压内燃机或自然吸气式内燃机；若利用增压器增高进气压力，进气密度增大，则称作增压内燃机。废气涡轮增压柴油机如图3-5所示。

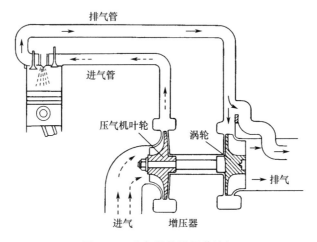

**图3-5　废气涡轮增压柴油机**

根据气缸布置形式的不同，分为L型（直列式）发动机、V型发动机和对置式发动机等（图3-6）。

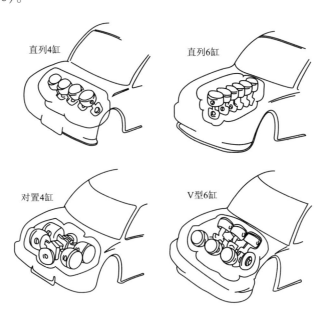

**图3-6　气缸布置形式**

## 二、汽车内燃机的总体构造

发动机工作原理中提到的曲柄连杆机构,只说明了将热能如何转化为机械能的过程。要完成这种能量转化的任务并对发动机的工作进行有效的控制,还必须具有若干必要的配套机构。各种发动机具体构造可能不同,但它们的主要结构大体相同。一台完善的汽油发动机必须包括两大机构和五个系统,见图3-7。

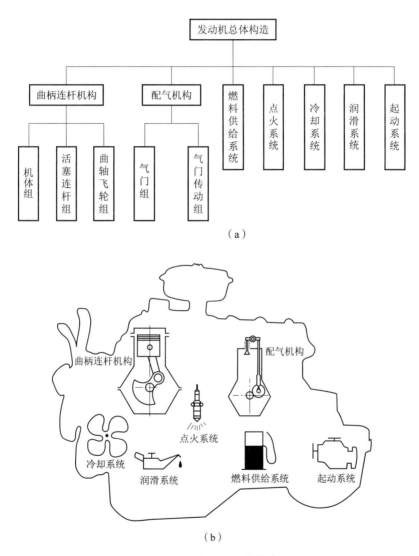

图3-7 汽油机总体构造

如图3-8所示为本田Accord轿车F20B型DOHC(VTEC)汽油发动机。其主要结构特点为:四气缸直列(L4)、16气门(16V)、水冷却、双列凸轮轴顶置(DOHC)、可变配气相位(VTEC)和电子控制燃油喷射装置(EFI)。

图 3-8 本田 Accord 轿车 F20B 型 DOHC（VTEC）汽油发动机

## 第四节 汽车内燃机的主要性能指标

发动机的主要性能指标有动力性和经济性指标。

**1. 发动机转速**

汽车内燃机可以在很大转速范围内工作。当发动机转速提高时，单位时间内完成的工作循环次数增多，因此发动机的动力会随之增大。

在说明发动机的动力大小时，要标明产生此动力时曲轴的对应转速。

**2. 发动机的有效转矩**

发动机通过飞轮对外输出的转矩称为有效转矩 $T_e$，单位为"牛·米（N·m）"。发动机发出的动力，通过发动机的飞轮、底盘的传动系，传给汽车的驱动车轮，用以克服汽车行驶中所遇到的各种行驶阻力。行驶阻力增加，发动机发出的转矩也需要相应加大。这就要靠驾驶员去控制调节发动机的燃料系统，使每个工作循环中投入燃烧的燃料量增加，使气缸中产生更高的爆发压力，活塞能够以更大的推力驱动曲轴旋转，因而使曲轴获得更大的转矩。

**3．发动机的有效功率**

发动机通过飞轮对外输出的功率称为发动机的有效功率 $P_e$，单位为"千瓦（kW）"。它等于发动机有效转矩 $T_e$ 和曲轴角速度的乘积：

$$P_e = \frac{T_e n}{9\,550}$$

式中，$T_e$ 为有效转矩，N·m；$n$ 为发动机转速，r/min。

发动机产品铭牌上标明的功率和相应转速称为额定功率和额定转速。

**4．燃油消耗率（比油耗）**

发动机每发出 1 kW 有效功率，在 1 h 内所消耗的燃油质量（以 g 为单位），称为燃油消耗率，用 $g_e$ 表示。很明显，燃油消耗率越低，经济性越好。

燃油消耗率按下式计算：

$$g_e = \frac{G_f}{P_e} \times 10^3 \quad [\text{g}/(\text{kW}\cdot\text{h})]$$

式中，$G_f$ 为发动机每单位时间的耗油量，kg/h，可由试验测定；$P_e$ 为发动机的有效功率，kW。

## 第五节　曲柄连杆机构和配气机构

### 一、曲柄连杆机构

#### （一）曲柄连杆机构的功用

燃料燃烧放出大量热量，燃气温度和压力急速上升。曲柄连杆机构的功用是把燃气作用在活塞上的力转变为曲轴的转矩，从而对外输出机械能。

#### （二）曲柄连杆机构的构造

曲柄连杆机构，按其结构特点分为机体组、活塞连杆组和曲轴飞轮组。

**1．机体组**

机体组是发动机的骨架，大部分零件和附件都安装其上，要求有足够的强度和刚度。机体组由气缸盖、气缸垫、气缸体和油底壳等组成（图 3–9）。

气缸体中安装活塞的部位称为气缸，各气缸连铸成为整体叫作气缸体。气缸体的作用是支承发动机所有的运动部件和各种附件。气缸盖装在气缸体的上方，用来封闭气缸并构成燃烧室。汽油机的燃烧室是由活塞顶面和气缸盖上相应的凹坑所组成（图 3–10）。为了弥补气缸体和气缸盖接触面的不平，保证气缸密封，防止漏气、漏水、漏油，一般汽车发动机的气缸体和气缸盖的接合面间都装有气缸垫。油底壳是一个冲压件，安装在气缸体下部，其作用是贮存润滑机油并密封曲轴箱。油底壳下部装有放油塞，放油塞一般有磁性。

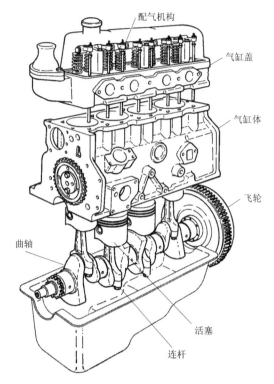

图3-9 机体与曲柄连杆机构总成

**2. 活塞连杆组**

活塞连杆组（图3-11）由活塞、活塞环、活塞销、连杆等零件组成。其零件图如图3-12所示。

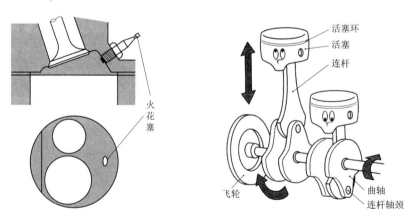

图3-10 汽油机燃烧室　　　　图3-11 活塞连杆组

活塞的基本构造可分顶部、头部和裙部三部分（图3-13）。活塞顶部是燃烧室的组成部分，当发动机做功时，活塞直接承受气体的高压作用，并通过活塞销和连杆将压力传给曲轴。活塞环装在活塞头部的环槽中，它分为气环和油环。气环的作用是密封气缸，防止漏气和帮助活塞散热。油环的作用是刮除缸壁上多余的机油,减少带入燃烧室的机油并将缸壁上的机油刮布均匀。活塞销用来连接活塞和连杆小头,它的中部穿入连杆小头孔中,而两端则支承在活塞销座孔内。连杆的作用是连接活塞和曲轴,将活塞承受的力传给曲轴,并和曲轴配合把活塞的往复直线运动,变为曲轴的旋转运动。

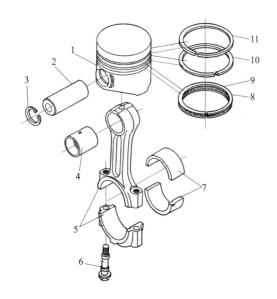

图 3-12 活塞连杆组零件图

1—活塞;2—活塞销;3—卡环;4—衬套;5—连杆及连杆盖;
6—连杆螺栓;7—连杆轴瓦;8,9—组合油环;
10—第二道气环;11—第一道气环

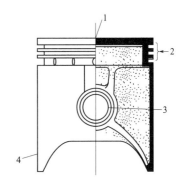

图 3-13 活塞

1—顶部;2—头部;3—销座;4—裙部

连杆由小头、大头和杆身三部分组成(图 3-14),小头套装在活塞销上,大头做成分开式,便于装配,并用螺栓固定在曲轴的曲柄销上。连杆小头随活塞一起上下往复运动,大头随曲轴做圆周运动。

**3. 曲轴飞轮组**

在多缸发动机上,曲轴飞轮组的作用是连续承受从活塞做功冲程经连杆传来的力,并转变为转矩输送给汽车的传动机构。同时,还要通过连杆推动各缸活塞进行进气、压缩和排气工作,并驱动配气机构及其他辅助装置。

曲轴(图 3-15)由主轴颈、连杆轴颈、曲柄、曲轴前端、曲轴后端和平衡块组成。

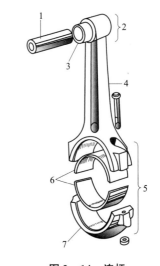

图 3-14 连杆

1—活塞销;2—小头;3—衬套;4—杆身;
5—大头;6—连杆轴瓦;7—连杆盖

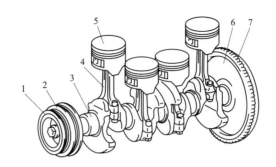

**图 3-15　发动机活塞连杆组与曲轴飞轮组**
1—皮带轮；2—扭转减震器；3—曲轴；4—连杆；5—活塞；6—飞轮；7—齿环

（1）主轴颈。主轴颈是曲轴的支撑点，用轴承盖安装在曲轴箱的主轴承座中，以增强曲轴的强度和刚度。

（2）连杆轴颈。连杆轴颈是用来安装连杆大头的，它的个数同气缸数相等。有的为了减轻重量以减少旋转时产生的离心力，连杆轴颈制成空心的。为了使发动机工作平稳均匀，连杆轴颈之间必须具有一定的配角，四缸的为 180°，六缸的为 120°。各连杆轴颈的排列形式取决于发动机的发火顺序。四缸机发火顺序为 1-3-4-2 或 1-2-4-3。六缸机发火顺序为 1-5-3-6-2-4。

（3）曲柄。曲柄是用来连接主轴颈和连杆轴颈的，曲柄内有油道贯通主轴颈和连杆轴颈。

（4）平衡块。平衡块平衡曲轴旋转时产生的离心力和离心力矩，从而减轻轴承的磨损，保证发动机平稳运转。

（5）曲轴前后端。曲轴前后端用来装置主动正时齿轮、挡油盘、曲轴前油封、驱动风扇的皮带轮、起动爪和曲轴扭转减震器。

飞轮是外边厚、里边薄的质量很大的圆盘，装在曲轴后端，它依靠本身的惯性使发动机平衡运转。飞轮外圈装有齿圈，用起动机起动发动机时，驱动齿轮与齿圈啮合，使曲轴旋转运动。

## 二、配气机构

### （一）配气机构的功用

配气机构的功用是按照发动机每一气缸的工作循环和各缸工作次序，在各缸的进气冲程及时把新鲜混合气充入气缸，并使燃烧完了的废气在排气冲程及时从气缸排出。

### （二）顶置气门式配气机构

顶置气门式配气机构的进、排气门都安装在气缸盖上，见图 3-16。配气机构由气门组和气门传动组构成。顶置气门式配气机构，其凸轮轴布置在气缸盖顶上（图 3-17）。气门组包括气门、气门导管、气门弹簧等；气门传动组则由摇臂轴、摇臂、凸轮轴定时齿轮、同步齿形传动胶带、曲轴定时齿轮等组成。

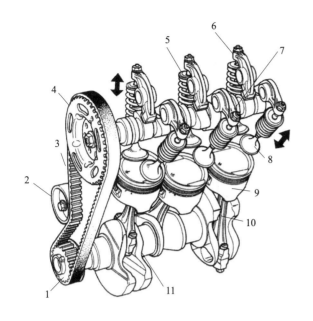

图 3-16 配气机构的组成

1—曲轴正时齿轮；2—张紧轮；3—传动器；
4—凸轮轴正时齿轮；5—进气门；6—摇臂；
7—摇臂轴；8—排气门；9—活塞；
10—连杆；11—曲轴

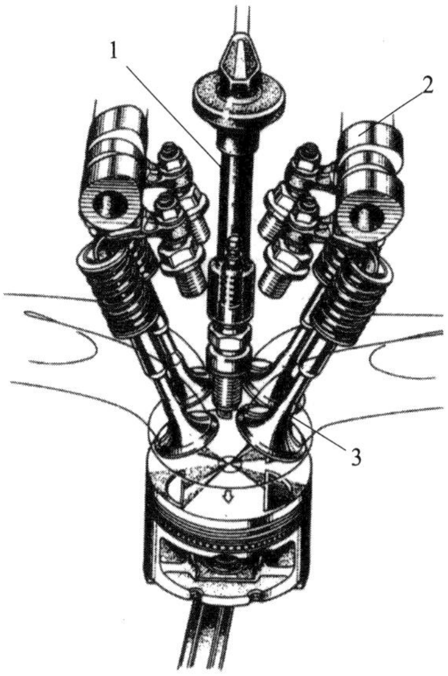

图 3-17 凸轮轴顶置

1—火花塞；2—凸轮及轴；3—气门

如图 3-18 所示，当内燃机工作时，曲轴通过定时齿轮驱动凸轮轴旋转。当凸轮轴转到凸轮的凸起部分顶动气门时，压缩气门弹簧，压下气门使其开启。当凸轮凸起部分离开气门后，气门便在气门弹簧的张力作用下上升而紧压在气门座上，即气门关闭。但由于曲轴与凸轮轴的距离较远，因此凸轮轴的驱动机构较为复杂。

（三）配气机构的主要构件

**1．气门组件**

气门是用来控制进、排气道的开闭，由头部、杆部和尾部组成。头部常用平顶结构，气门与气门座之间的配合面做成锥形面，使接触良好，防止漏气。

气门座可以直接在气缸盖或气缸体上搪出来。有些发动机为了使气门座耐磨，在气缸盖或气缸体上镶入耐热钢或合金铸铁做成的气门座。

气门导管的主要作用是保证气门直线运动，使气门同气门座正确闭合，同时还将气门杆的热量传至气缸体或气缸盖。

气门弹簧一般是用弹簧钢丝制成的圆柱形螺旋弹簧，其作用是使气门同气门座保持紧密闭合，并防止气门在开闭过程中因运动件的惯性而产生彼此脱开的现象。

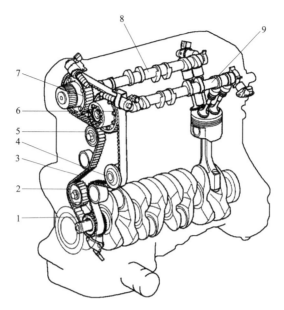

**图 3-18 配气机构的工作情况**

1—曲轴定时带轮；2—中间轴定时带轮；3—定时齿形带；4，5—张紧轮；6，7—凸轮轴定时带轮；
8—凸轮轴（进气门侧）；9—凸轮轴（排气门侧）

**2. 凸轮轴**

凸轮轴用来控制各气缸的进、排气门开闭时刻，使之符合发动机的工作次序和配气相位的要求，同时控制气门开度的变化规律。同一气缸的进、排气凸轮的相对角位置是同既定的配气相位相适应的。发动机各个气缸的进气（或排气）凸轮的相对角位置应符合发动机各气缸的着火次序。凸轮轴通常由曲轴通过一对正时齿轮驱动。小齿轮和大齿轮分别用键装在曲轴和凸轮轴的前端，其传动比为2∶1。在装配曲轴和凸轮轴时，必须将正时记号对准，以保证正确的配气相位和着火时刻。

**（四）配气相位**

气门从开始打开到完全关闭所经历的曲轴转角叫配气相位或配气相位角。相位角的大小影响气缸进气和排气的好坏。

如图 3-19 所示，进气门在上止点前开始打开 $\alpha$ 角，在下止点后，延迟关闭 $\beta$ 角，实际打开角度为 $\alpha + 180° + \beta$。排气门提前打开角 $\gamma$，延迟关闭角 $\delta$，实际打开角度为 $\gamma + 180° + \delta$。这样做的目的是充分利用进气、排气面积和气体惯性充气效应，使气缸进气充足，排气干净，提高发动机动力性。

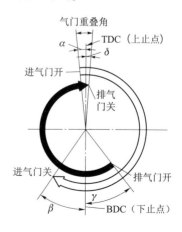

**图 3-19 配气相位图**

由于同缸两只气门都是早开晚关，因此在进气冲程开始前后，进、排气门同时开着，这种现象叫气门重叠，重叠角为 $\alpha+\delta$。

## 第六节　燃料供给系统和进排气装置

### 一、燃料供给系统概述

将燃料和空气按获得最佳燃烧反应的要求适当地混合起来。它在内燃机中具有关键性技术的意义。汽油机和柴油机具有完全不同的两种混合气形成方式。

传统的汽油机是让燃料（汽油）和空气在气缸之外相遇，并使之均匀地混合成具有理想比例的混合气后再进入气缸。所以叫作外部混合气形成方式。

柴油机采用的方式叫作内部混合气形成，即燃料和空气是在气缸内相遇并相互混合的。在气缸之外分别构成一个供给燃油、一个供给空气的系统。

汽油机和柴油机各自独立地发展了一百多年，达到相当高的水平，但也并未满足人们精益求精的要求，而是不断被改进。特别是传统的汽油机采用化油器形成混合气的方式已远远不能满足现代内燃机在节能和降低排放方面的要求，取而代之的是汽油喷射系统。

汽油喷射系统早期采用单点喷射方式，近期多用多点喷射方式。它们在本质上还保留着外部混合气形成的基本特征。20世纪末出现的最新技术是气缸内汽油喷射，这种方式实际上已经转变为内部混合气形成方式了。不过，它仍保留汽油机在压缩终了由电火花点火的特征。

### 二、汽油机燃料供给系统

在汽车内燃机上使用的汽油机燃料供给系统有两种基本形式：化油器式汽油机燃料供给系统和电控汽油喷射式汽油机燃料供给系统。由于化油器式汽油机燃料供给系统在汽车上的运用已经被淘汰，所以主要介绍电控汽油喷射式汽油机燃料供给系统（简称电控汽油喷射系统）。

**（一）化油器式汽油机燃料供给系统的功用与组成**

汽油机燃料供给系统的功用是储备一定数量的汽油，将汽油和空气按一定比例配制成均匀的可燃混合气供给各气缸，在临近压缩终了时，点火燃烧而膨胀做功。

汽油机燃料供给系统由汽油供给装置（包括汽油箱、汽油滤清器、汽油泵和输油管等）、空气供给装置（空气滤清器）、可燃混合气的形成装置（化油器）和进排气装置组成，如图3-20所示。

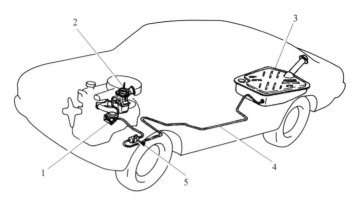

图 3-20 化油器式汽油机燃料供给系统示意图
1—燃油泵；2—化油器；3—油箱；4—油管；5—燃油滤清器

### (二) 电控汽油喷射系统与化油器式燃料供给系统的比较

电控汽油喷射系统（Electronic Fuel Injection，EFI）是利用电子控制技术控制喷油器，将一定数量和压力的汽油直接喷射到进气管道或气缸中，与进入的空气混合而形成可燃混合气的汽油机燃油供给装置。

受到化油器基本工作原理的限制，化油器制造精度再高也难以达到精确计量和控制混合气的理想比例。化油器不能满足对现代汽车提出的降低排放、提高动力性和经济性的迫切要求。自 20 世纪 90 年代以来，电子控制的汽油喷射系统在一些发达国家生产的汽车上已取代了传统的化油器。我国政府也规定，自 2001 年起，新生产的轿车全部取消化油器。

化油器燃料供给系统与电控燃油喷射系统的比较如图 3-21 所示。化油器燃料供给系统的可燃混合气的形成和控制是通过化油器实现的。进入燃烧室的混合气量与发动机负荷成一定的比例关系，混合气浓度可以根据发动机工况调节，但控制精度不高。电控燃油喷射系统通过空气流量计预先测定空气量，然后电控单元根据进气量的多少控制喷油器喷射燃油。吸入的空气与喷油器喷出的雾状汽油混合形成可燃混合气。

与传统化油器式发动机相比，装有电控汽油喷射系统的发动机具有下列优点：

（1）由于进气管道中没有喉管，因此提高了发动机的充气效率，增加了发动机的功率和转矩。

（2）对可燃混合气成分进行精确的控制，使发动机在任何工况下都处于最佳工作状态。

（3）发动机各缸可燃混合气量的分配更加均匀，节省燃油并减少废气排放中的有害成分。

采用汽油喷射系统的发动机与传统的化油器式发动机相比，发动机的功率可提高 5%~10%，油耗降低 5%~10%，废气中有害物排放含量减少 15%~20%，基本能满足严格的排放及燃料经济性法规的要求。

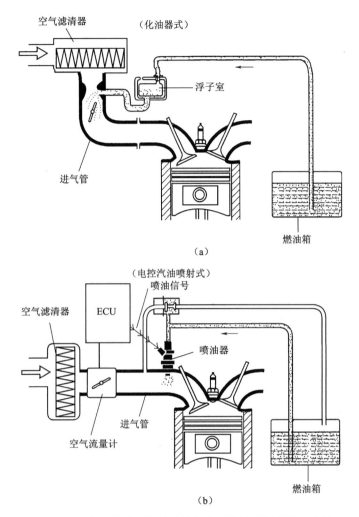

**图 3-21　化油器燃料供给系统与电控汽油喷射系统的比较**

(a) 化油器燃料供给系统；(b) 电控汽油喷射系统

### (三) 电控汽油喷射系统

**1. 电控汽油喷射系统组成**

电子控制汽油喷射系统的类型较多，但其组成基本相同，即由燃油供给系统、空气供给系统、电子控制系统组成。

(1) 燃油供给系统。燃油供给系统是向气缸内供给燃烧时所需一定量的燃油。燃油供给系统的组成如图 3-22 所示，主要由燃油箱、燃油泵、燃油滤清器、燃油压力调节器及喷油器等组成。燃油由燃油泵从燃油箱吸出后经过燃油滤清器，除去杂质和水分，再经燃油压力调节器控制供油总管的油压（一般 0.25~0.3 MPa）后，送至各缸喷油器或低温起动喷油器。喷油器根据电控单元的喷油指令，把适量的燃油喷射到进气门前，在进气行程时，燃油与空气形成的可燃混合气被吸入气缸内。

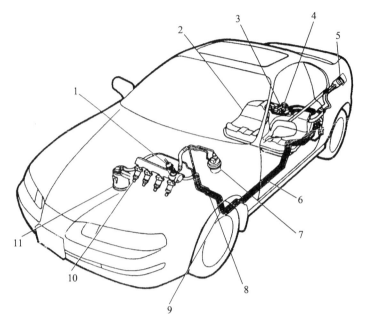

**图 3-22 电控发动机燃油供给系统**

1—调压器；2—油箱；3—燃油泵；4—双通阀；5—油箱盖；6—燃油回流管；7—燃油滤清器；
8—燃油供给管；9—燃油蒸汽管；10—燃油喷射器；11—燃油蒸发控制装置炭罐

（2）空气供给系统。空气供给系统为发动机可燃混合气的形成提供必要的空气，并测量和控制空气量，其组成如图 3-23 所示，主要由空气滤清器、空气流量传感器、进气总管及进气支管等组成。

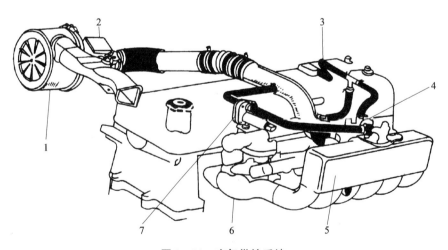

**图 3-23 空气供给系统**

1—空气滤清器；2—空气流量传感器；3—PCV 管；4—怠速开关控制传感器；
5—进气总管；6—进气支管；7—空气阀

(3) 电子控制系统。电子控制系统主要由电控单元（Electronic Control Unit，ECU）、各种传感器及执行器三部分组成，如图 3-24 所示。电控单元是电子控制系统的核心，它的主要功用是控制和检测。电控单元一方面接收来自各个传感器传来的信号，另一方面又完成对这些信息的处理，并发出相应的指令控制执行器的动作。

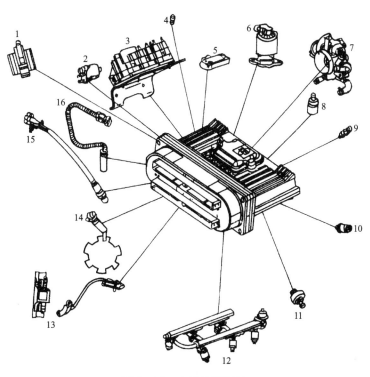

**图 3-24 电子控制系统**

1—空气流量传感器；2—炭罐电磁阀；3—点火模块和点火线圈；4—进气温度传感器；5—进气支管压力传感器；6—废气再循环阀；7—节气门体；8—曲轴箱强制通风阀；9—冷却水温传感器；10—机油压力传感器；11—爆震传感器；12—喷油器组件；13—曲轴转速传感器；14—曲轴位置传感器；15—氧传感器；16—凸轮轴位置传感器

传感器负责把各种反映发动机工况和汽车运行状况的参数转变成电信号（电压或电流）提供给电控单元，使电控单元正确地控制发动机运转或汽车运行。执行器用来完成电控单元发出的各种指令，是电控单元指令的执行者。

**2. 电控汽油喷射系统工作原理和分类**

电控汽油喷射系统以一个电控单元为控制中心，利用安装在发动机上不同部位的传感器，测出发动机的各种运行参数，精确地计算进入气缸的空气量，再按照电控单元中预存的控制程序精确地控制喷油，使发动机在各种工况下都能获得最佳浓度的混合气，以求得最佳的动力性、经济性及排放性。其基本结构和工作原理如图 3-25 所示。

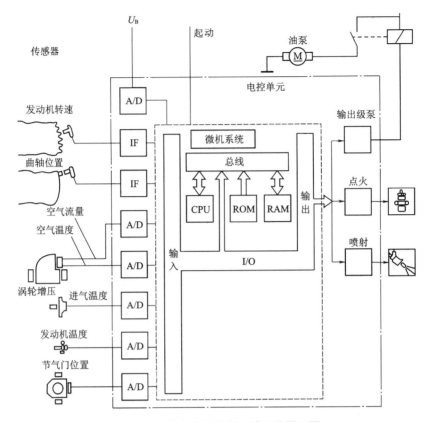

图 3-25 电控汽油喷射系统工作原理图

电控汽油喷射系统分类：电控汽油喷射系统按喷油器位置不同主要分为缸外喷射和缸内喷射。缸外喷射有电控单点汽油喷射系统和电控多点汽油喷射系统（图3-26）两种；缸内喷射有缸内汽油直接喷射系统。

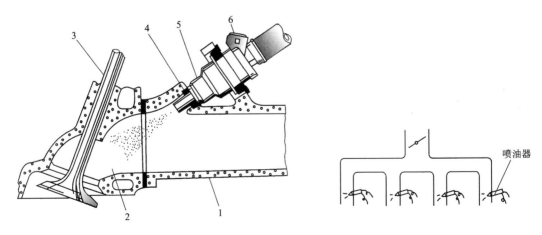

图 3-26 进气道喷射（多点喷射）

1—进气歧管；2—进气道；3—进气门；4—密封圈；5—喷油器；6—接线柱

## 3. L型汽油喷射系统

L型汽油喷射系统是多点、间歇式汽油喷射系统。它以发动机的进气量和发动机转速作为基本控制参数,从而提高了喷油量的控制精度。L型汽油喷射系统的组成如图3-27所示。汽油箱1内的汽油被电动汽油泵2吸出并加压至一定压力(0.25~0.35 MPa),经燃油滤清器3滤除杂质后被送至燃油分配管。燃油分配管与安装在各缸进气支管上的喷油器7相通。在燃油分配管的末端装有油压调节器5,用来调节油压使其保持稳定。发动机的进气量由汽车驾驶员通过加速踏板操纵节气门来控制。节气门开度越大,进气量就越多,安装在进气管上的空气流量传感器12将空气流量转变为电信号传输给电控单元6。

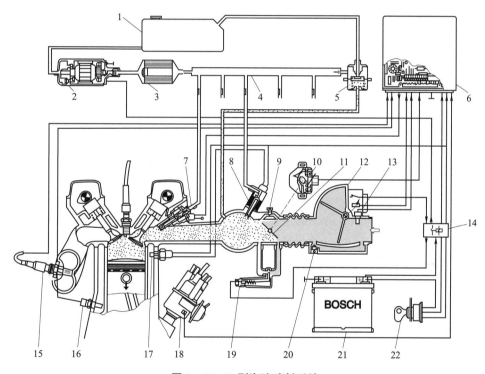

图 3-27 L型汽油喷射系统

1—汽油箱;2—电动汽油泵;3—燃油滤清器;4—燃油分配管;5—油压调节器;6—电控单元;
7—喷油器;8—冷起动喷嘴;9—急速调节螺钉;10—节气门位置传感器;11—节气门;12—空气流量传感器;
13—进气温度传感器;14—继电器组;15—氧传感器;16—发动机温度传感器;17—热时间开关;
18—分电器;19—补充空气阀;20—急速混合气调节螺钉;21—蓄电池;22—点火开关

喷油器的喷油量和喷油时刻由电控单元控制。电控单元首先根据转角传感器确定发动机转速,再根据转速和进气管压力计算出相应的喷油量,并通过控制喷油持续时间来控制喷油量。电控单元根据曲轴转角传感器发出的第一缸上止点信号,控制各缸喷油器在进气行程开始之前进行喷油。电控单元根据空气流量计和发动机转速计算出的喷油量是基本喷油量，尚须根据发动机的运行状况加以修正，以满足发动机各种运行工况对混合气成分的要求。

当发动机在怠速工作时，节气门接近关闭，节气门位置传感器10中的怠速触点闭合，这时电控单元指令喷油器增加喷油量，供给发动机较浓的混合气，以维持怠速运转的稳定性，并将怠速的有害物排放控制在最低水平。发动机在中小负荷下运转时，电控单元根据发动机温度传感器16和进气温度传感器13传输来的发动机温度和进气温度信号，对基本喷油量进行修正，修正后的喷油量满足向发动机供给经济混合气的要求。发动机在全负荷下工作时，节气门全开，节气门位置传感器中的全负荷触点闭合。电控单元按照供给发动机功率混合气的要求增加喷油量，实现全负荷加浓，以使发动机发出最大功率。

### 三、柴油机燃料供给系统

#### （一）柴油机燃料供给系统的功用与组成

柴油机燃料供给系统的功用是完成燃料的贮存、滤清和输送工作，根据柴油机的不同工况，定时、定量供油，形成良好混合气并燃烧，根据负荷调节供油量，稳定柴油机转速，并将燃烧后的废气排出气缸。

一般柴油机燃料供给系统由以下四部分组成：

（1）燃油供给系统：低压油路（油箱、输油泵、柴油滤清器、低压油管等）；高压油路（喷油泵、喷油器、高压油管等）。

（2）空气供给系统：空气滤清器、进气管和气缸盖内的进气道。

（3）混合气形成部分：燃烧室。

（4）进排气系统：进气道、排气管及消声器等。

图3-28是柴油机汽车的燃料供给系统和空气供给系统示意图。

由图看到，空气经过滤清器直接通过进气管进入气缸。燃料则由燃料箱被泵送到高压油泵，在被大大加压之后通过喷嘴喷入气缸。空气和柴油在气缸的燃烧室内相遇。这时燃烧室的空气已被高度压缩，具有很高的温度（高于柴油自燃的温度，自然吸气柴油机750~1 000 K，增压柴油机900~1 100 K）和做强烈涡流运动。喷入的燃料呈细小雾状的液滴，在高温下迅速蒸发汽化，并被涡流卷走扩散到空气中，迅速自行着火燃烧。整个过程是一边形成混合气一边燃烧的连续过程。

#### （二）柴油机燃油供给

图3-29是柴油机的燃油供给系统简图。该系统由油箱、输油泵、低压油管、燃油滤清器、喷油泵（高压油泵）、高压油管、喷油器和回油管等组成。主要部件为喷油泵和喷油器。

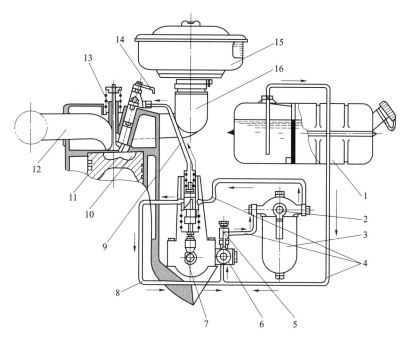

**图 3-28 柴油机汽车燃料和空气供给系统**

1—柴油箱；2—溢油阀；3—燃油滤清器；4—低压油管；5—手动输油泵；6—输油泵；7—喷油泵；
8—回油管；9—高压油管；10—燃烧室；11—喷油器；12—排气管；
13—排气门；14—排油管；15—空气滤清器；16—进气管

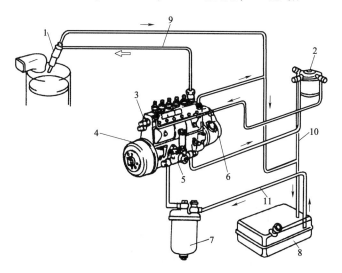

**图 3-29 柴油机燃油供给系统组成**

1—喷油器；2—燃油滤清器；3—直列柱塞式喷油泵；4—喷油提前器；5—输油泵；
6—调速器；7—油水分离器；8—油箱；9—高压油管；10—回油管；11—低压油管

喷油泵的作用是将输油泵输入的低压柴油升压后定时定量送至喷油器。

柱塞式喷油泵的主要构造如图 3-30 所示。其泵油工作原理（过程）如图 3-31

所示。柱塞下移,柱塞套上的进油孔同柱塞上面的泵腔相通,燃油自低压油腔经进油孔进入并充满泵腔。柱塞自下止点上移,柱塞上部的圆柱面将进油孔封堵,柱塞上部的燃油压力增高到足以克服出油阀弹簧的张力,顶开出油阀,柴油便经高压油管,进入喷油器。柱塞继续上移,柱塞体上的斜槽同进油孔开始接通,泵筒内的燃油便从柱塞中心孔经过进油孔流回低压油腔,柱塞顶部压力减小,出油阀在弹簧作用下关闭。

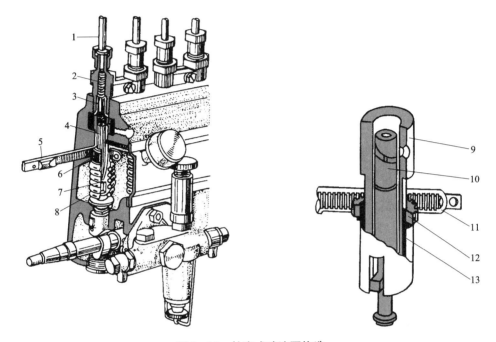

**图 3-30 柱塞式喷油泵构造**

1—高压油管;2—出油阀弹簧;3—出油阀;4,10—柱塞;5,11—调节齿杆;
6,12—调节齿圈;7,13—控制套筒;8—柱塞弹簧;9—柱塞套筒

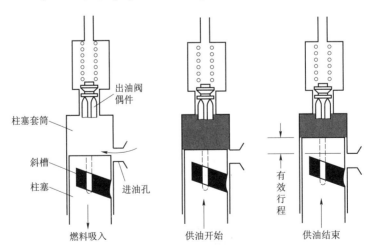

**图 3-31 直列泵泵油过程**

可根据柴油机负荷和转速的变化相应改变喷油泵的供油量。从泵油原理分析可知，改变喷油泵供油量可用转动柱塞，即改变柱塞的有效行程的办法来实现。常见的转动柱塞的机构为调节齿杆式（图3-30）。

喷油器的作用是将喷油泵提供的高压柴油呈雾状喷入气缸。喷入气缸的高压油雾以高速射入气缸中的高压、高温空气中并与之混合、燃烧。目前，中小功率高速柴油机基本上都采用闭式喷油器（图3-32（a））。这种喷油器在不喷油时，喷孔被针阀关闭，将燃烧室与高压油管分隔开。常用的闭式喷油器有孔式和轴针式（图3-32（b）、（c））两种。

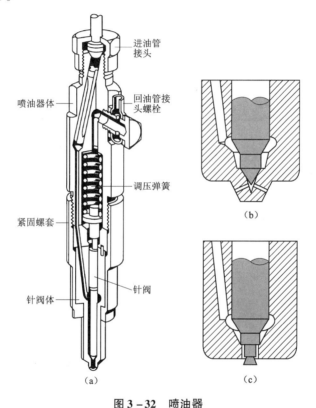

图3-32 喷油器
（a）喷油器总成；（b）多孔式；（c）轴针式

发动机工作时，喷油泵将高压柴油送入喷油器，柴油在针阀体下部的油池中对针阀上的承压锥体作用一个向上的推力，当推力大于调压弹簧的张力时，针阀通过顶杆使弹簧压缩，针阀的密封锥面离开阀座，高压柴油便从喷孔喷入气缸。当喷油泵停止向喷油器供油时，油压对针阀的抬升力下降，针阀便在调压弹簧张力作用下进入阀座，喷油器停止向气缸喷油。

### （三）燃烧室

柴油机燃烧室与汽油机的有很大不同，车用柴油机典型燃烧室如图3-33所示。

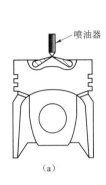
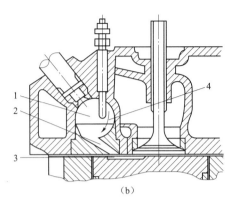

图 3-33 柴油机燃烧室

(a) ω 型直喷燃烧室；(b) 涡流燃烧室
1—涡流室；2—连通道；3—主燃室凹坑；4—涡流方向

ω 型直喷燃烧室的燃烧主要在活塞顶挖出的 ω 型凹坑内进行，喷油器为多孔式，喷射压力高，热效率好，但工作粗暴，载货车应用较多。

涡流燃烧室的燃烧首先在气缸盖的副燃烧室内进行，高温高压燃气经通道进入活塞顶部的主燃烧室继续燃烧，由于节流的影响，涡流燃烧室热效率较差，但工作较柔和，轿车上应用较多。

## 四、进、排气装置与排气净化

### (一) 进、排气装置

进、排气装置的作用是供给发动机新鲜空气，并将发动机燃烧后的废气排至大气。进、排气装置主要由空气滤清器、进排气支管和排气消声器等组成（图 3-34）。在增压式内燃机中，空气供给系统则有增压器。

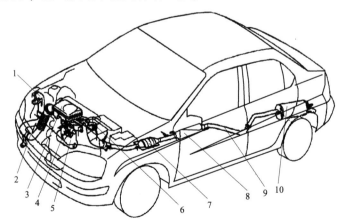

图 3-34 空气滤清器及进、排气装置

1—空气进气口；2—进气管；3—空气滤清器；4—空气流量计；5—进气支管；6—排气支管；
7—三元催化转换器；8—副排气消声器；9—排气管；10—主排气消声器

空气滤清器（图3-35）的作用是清除进入发动机气缸的空气中的灰尘杂质，以减小气缸、活塞和活塞环的磨损。

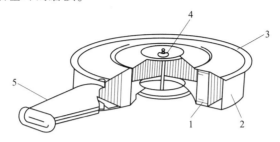

**图3-35　干式纸滤芯空气滤清器**
1—滤芯；2—滤清器外壳；3—滤清器盖；4—蝶形螺母；5—进气导流管

节气门体汽油喷射式内燃机，进气支管的功用是将空气从节气门体分配到各缸进气道。排气支管的作用是汇集各缸工作后的废气，由一个或两个出口接排气消声器。

排气消声器的作用是将高温高速废气在排出时产生的排气噪声减至最低，并消除废气中的火星。排气消声器的消音原理有两种：一种是吸声式，废气管道外包有吸声材料；另一种是驱散式，利用消声器内的挡板使废气扩张发生共振，消耗噪声和能量，达到消声的目的（图3-36）。

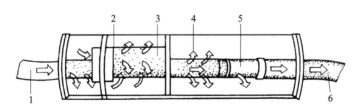

**图3-36　排气消声器**
1—排气管；2—节流管；3—反射管；4—吸声材料；5—干涉管；6—尾管

### （二）排气净化

汽车内燃机排出的废气中有害成分为 CO、HC、$NO_x$、$SO_2$、炭烟等，对人体有极大的危害。一氧化碳（CO）的产生是空气量不足的浓混合气燃烧所致（$2C+O_2 \rightarrow 2CO$）。碳氢化合物（HC）是燃烧室壁面激冷效应使火焰消失、曲轴箱窜气和燃油蒸发所造成的。氮氧化物（$NO_x$）是 NO 和 $NO_2$ 的统称。NO 在燃烧过程的高温条件下生成，其生成量取决于氧的浓度、温度和反应时间（$N_2+O_2 \rightarrow 2NO$），一氧化氮（NO）一旦散至空气中，就会很快地变成二氧化氮（$2NO+O_2 \rightarrow 2NO_2$）。

汽车工程师们都在想方设法减少废气的有害成分，各国对汽车排放也有相应的法规。废气净化通常有内燃机机内和机外两种途径。机内净化是指改善混合气的品质和燃烧状况，使排气中的有害成分减至最少。机外净化是指用设置在内燃机外部的附加装置使排气净化后，再排入大气，如三元催化转换器等。减小汽车公害（大气污染、噪声、电波干扰等）是汽车工业的奋斗目标之一。

催化转换器有两种结构形式（图3-37）。一种是颗粒型催化转换器（图3-37（a）），由直径为2~3 mm的多孔性陶瓷小球构成反应床，排气从反应床流过。另一种是整体型催化转换器（3-37（b）），其中是一个有很多蜂窝状小孔的陶瓷块，排气从蜂窝状小孔流过。转换器内的陶瓷小球或陶瓷块小孔表面有一层薄薄的铂、钯或铑的镀层。小球或陶瓷块均装在不锈钢外壳内。与颗粒型催化转换器相比，整体型催化转换器有体积小、与排气接触的表面积大和排气阻力小等优点。

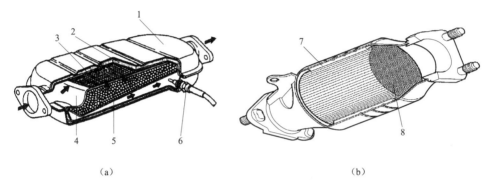

**图3-37 三元催化转换器结构**

(a) 颗粒型催化转换器；(b) 整体型催化转换器
1—转换器外壳；2—隔热层；3—转换器内壳；4—挡板；5—陶瓷小球；
6—排气温度传感器；7—整体隔热层；8—陶瓷块

废气再循环（Exhaust Gas Recirculation，EGR）是净化排气中$NO_x$的主要方法。废气再循环是指把发动机排出的部分废气回送到进气支管，并与新鲜混合气一起再次进入气缸。由于废气中含有大量的$CO_2$，可以使气缸中混合气的燃烧温度降低，从而减少了$NO_x$的生成量。

再循环的废气量由EGR阀自动控制（图3-38）。EGR阀8安装在废气再循环通道上，废气再循环通道的一端连接排气管10，另一端通进气管9。当EGR阀开启时，部分废气将从排气管经废气再循环通道进入进气管。电磁阀6接收发动机ECU的控制信号，电磁阀开启真空通路，在进气管道真空度作用下，EGR阀8上的膜片被吸起，使阀打开，将来自排气管的废气引入气缸，使$NO_x$排放降低。

### （三）增压器

图3-39是带有废气涡轮增压器的内燃机空气供给系统。涡轮被内燃机排出的高温高压废气驱动。涡轮带动装在同一轴上的空气压缩机的叶轮转动，将来自进气道的空气压缩到一定压力后送入气缸。增压的目的是增加进入气缸空气的质量（即氧的数量），以便喷入更多的燃料发出更大的功率。增压的压力高低由设计时设定。压力升高比小于1.6称低增压，1.6~2.5为中增压，高于2.5为高增压。

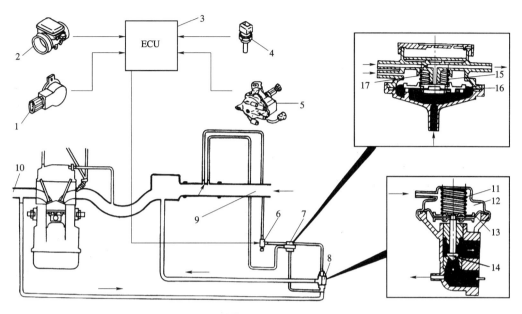

**图 3-38 计算机控制排气再循环系统**

1—节气门位置传感器；2—空气流量计；3—ECU；4—冷却液温度传感器；5—转速传感器；
6—电磁阀；7—真空调节阀；8—EGR 阀；9—进气管；10—排气管；11，15—弹簧；
12，17—真空膜片室；13，16—膜片；14—锥形阀

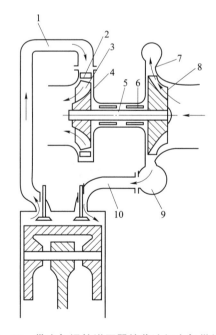

**图 3-39 带废气涡轮增压器的柴油机空气供给系统**

1—排气管；2—喷油环；3—涡轮；4—涡轮壳；5—转子轴；6—轴承；
7—扩压器；8—压力机叶轮；9—压气机壳；10—进气管

# 第七节　润滑系统和冷却系统

## 一、润滑系统

### （一）润滑系统的任务与润滑方式

内燃机工作时，所有产生相对运动的机件摩擦表面必然产生高温和磨损。润滑系统的任务是将机油不断地供给活塞和气缸、曲轴颈和轴瓦等相对运动零件的摩擦表面，除了起润滑、减小摩擦力和磨损作用外，机油还有助于活塞和气缸壁的密封。此外，机油可以把高温部件的热量带走，协助冷却，流动的机油冲洗摩擦表面的金属屑末，延长使用寿命，并能减少零部件润滑表面的锈蚀。

内燃机的润滑方式有三种。第一种是压力润滑。将机油以一定的压力送到摩擦面间隙内，形成油楔，使两摩擦表面分离，二者之间不会因接触而产生干摩擦。采用这种润滑方式的有主轴承、连杆轴承、凸轮轴承等。

第二种是飞溅润滑。利用运动零件（如曲轴连杆）激溅起来的油滴或油雾，或者利用喷射机油的油雾进行润滑。采用这种润滑方式的有气缸壁、凸轮、气门挺杆等。

第三种是润滑脂润滑。给负荷不大的摩擦面定期加注润滑脂（俗称黄油）。采用这种润滑方式的有水泵轴承等。

### （二）润滑系统的组成和油路

内燃机润滑系统由机油泵、限压阀、机油滤清器、机油散热器、机油压力表、油尺、油道等组成。

汽车内燃机润滑系统示意图和机油循环路线如图3-40和图3-41所示。内燃机工作时，机油泵将油底壳内的机油由集滤器吸入泵内，压入粗滤器，滤去较大的杂质，经主油道分别流向上曲轴箱的分油道润滑曲轴主轴承，再经曲柄臂油道到连杆轴承；经三条分油道润滑凸轮轴轴承，然后润滑摇臂和气门；从连杆轴颈缝隙挤出的机油，随同曲轴的转动，甩向气缸壁和活塞。激溅在活塞内表面的油滴，一部分被收集在连杆小头的切槽内润滑活塞销。各部分润滑后的机油，最后流回油底壳。

机油集滤器的功用是防止机油中较大的杂质进入机油泵。集滤器的滤芯由金属丝织成，浮筒将集滤器始终浮在液面上，防止机油盘底层杂质被吸进集滤器。

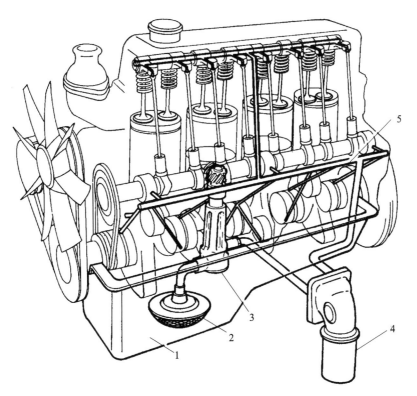

图 3-40 汽车发动机润滑系示意图

1—油底壳；2—集滤器；3—机油泵；4—机油精滤器；5—主油道

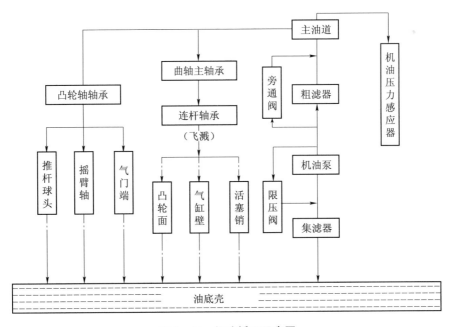

图 3-41 机油循环示意图

丰田SPARKY汽车发动机润滑油路示意图如图3-42所示（图中箭头部分为压力润滑油路）。机油泵1向机油滤清器4供油，过滤后的机油进入发动机主油道6，主油道的机油分别进入曲轴5的主轴颈轴承和连杆轴颈轴承。此外，主油道的机油还流向可变配气机构，一方面通过机油控制阀11向可变配气定时器10供油，另一方面向进气门凸轮轴8和排气门凸轮轴7供油。

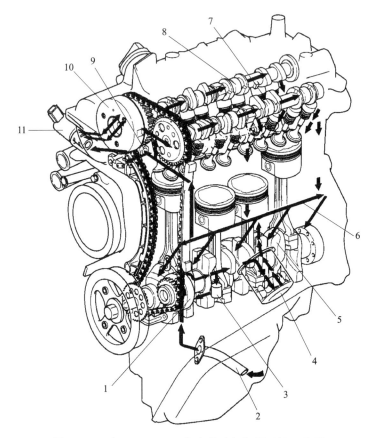

图3-42 丰田SPARKY汽车发动机润滑系统示意图

1—转子式机油泵；2—集滤器连接管；3—机油泵旁通阀；4—机油滤清器；5—曲轴；6—主油道
7—排气门凸轮轴；8—进气门凸轮轴；9—旁通阀；10—可变配气定时器；11—机油控制阀

常用的机油泵有两种类型，即齿轮式和转子式。转子式机油泵的结构示意图如图3-43所示。转子式机油泵具有结构紧凑、质量轻、供油均匀、噪声小、泵油量大、成本低等特点，在中、小功率高速发动机上的应用广泛。

粗滤器串联在主油道前，它的作用是清除机油中的各种杂质。其滤芯用一种经树脂处理的纸制成，这种滤芯无法清洗再用，因此要定期更换。

机油压力、温度传感器通常装在主油道上，且在驾驶室仪表板上显示其值或范围。装传感器的目的就是使驾驶员随时掌握润滑系统的工作情况。如发现故障，应及时排除。有的发动机为了防止油温过高,在机油泵出口处还并联有机油散热器。

机油尺用来测量油底壳内机油的储量,尺上刻有两道横线标记。下面一道标记表示允许的最少机油量,上面一道标记表示允许的最多机油量。正常机油量的液面高度应位于两标记中间略偏上一点的地方。若油底壳内油面过高,将使激溅到气缸壁上的机油增多而被刮入燃烧室,造成机油浪费和燃烧室积炭,使发动机温度增高,动力降低;若油面过低,会影响润滑,将加速机件的磨损。

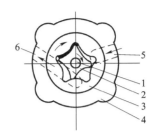

图3-43 转子式机油泵

1—主动轴;2—内转子;3—外转子;4—油泵壳体;5—进油口;6—出油口

我国的润滑油分类法参照 ISO 分类方法。GB/T 28772—2012 规定,按机油的性能和使用场合分为汽油机油和柴油机油。汽油机油有 SE、SF、SG、SH(GF-1)、SJ(GF-2)、SL(GF-3)、SM(GF-4)、SN(GF-5)共8个级别。柴油机油有 CC、CD、CF、CF-2、CF-4、CG-4、CH-4、CI-4、CJ-4 共9个级别。标号越靠后,质量等级越高,适用的机型越新或强化程度越高。

(三)曲轴箱的通风

为了延长机油的使用期限,减少摩擦零件的磨损和腐蚀,防止发动机漏油,必须使发动机曲轴箱保持通风,把漏入曲轴箱中的混合气和废气从曲轴箱内抽出。自曲轴箱抽出的气体直接导入大气的通风方式称为自然通风;导入发动机进气管内的通风方式称为强制通风。现代汽车发动机曲轴箱一般都采用强制通风(图3-44)。这样,可以将窜入曲轴箱内的混合气回收利用,提高发动机经济性。

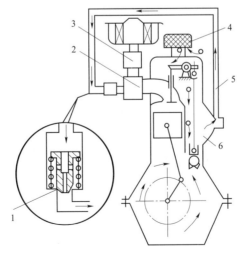

图3-44 强制通风

1—单向流量控制阀;2—进气管;3—化油器;4—进气滤清器;5—抽气管;6—挺杆室

## 二、冷却系统

### （一）冷却系统的任务与冷却方式

内燃机工作时，由于混合气燃烧产生大量热量，最高温度可达 1 800～2 400 ℃。燃烧总热能只有不到30%（汽油机）或40%（柴油机）转为有效功，约有35%的热能通过排气系统排出，约有7%的热能消耗于内摩擦，有相当多的热能要向外界散发。如不及时对高热件进行适当冷却就会导致机械零件材料强度下降，甚至因机件膨胀变形而卡死。此时会带来机油变稀失去润滑性、混合气密度下降、发动机功率减小等危害。当然，过分的冷却会降低热效率，且因机油黏度过大，会增加内摩擦阻力等。因此冷却系的任务就是保证发动机在最适宜温度范围内工作。

冷却方式通常有两种，即风冷式和水冷式。风冷式就是将空气吹向带有散热片的缸体和缸盖，这种方式在摩托车发动机上应用较多。水冷式就是利用冷却水在发动机气缸、燃烧室周围的水套内流动吸热，带走热量，然后再流到散热器，将热量散发到空气中，如此不断循环。冷却水的合适温度为80～90 ℃。水温过高、过低对发动机工作都不利。

### （二）水冷却系统的组成和工作原理

水冷却系统主要由散热器、风扇、水泵、节温器、水套、百叶窗等组成，系统图见图3-45。冷却系统用水泵强制地使水在冷却系统中循环流动，称为强制循环式水冷系统。现代汽车均采用这种系统。

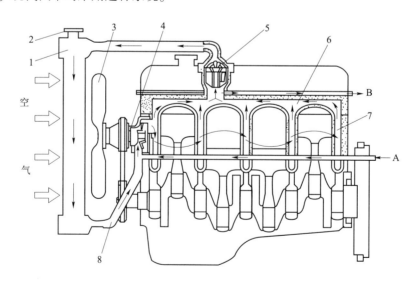

图3-45　发动机强制循环式水冷系统示意图

1—散热器；2—散热器盖；3—风扇；4—水泵；5—节温器；6—气缸盖水套；
7—气缸体水套；8—散热器出水软管；A—自暖风机出口；B—至暖风机进口

强制循环式水冷却系统，通过水泵提高冷却液的压力，促进冷却液在冷却系统中循环流动，将发动机内部的热量输送到发动机外部，经散热器散发到大气中去。如图3-45所示，水泵4在发动机曲轴皮带轮的带动下，通过出水软管8将散热器1下部的冷却液吸入并压送至气缸体水套7，冷却液从气缸壁吸热而升温，然后流向气缸盖水套6，吸热升温后的冷却液经节温器5，通过进水软管流入散热器1。冷却液流经散热器1芯部时，冷却液携带的热被流过芯部的空气带走，温度下降，冷却液再次被吸入水泵4的进水口。如此循环往复，不断地将发动机内部的热量散发到大气中去，使在高温条件下工作的发动机零部件得到冷却。

### （三）冷却液流量调节与电动风扇

冷却液流量调节是通过节温器来控制的。如图3-46所示，节温器2装置在发动机气缸盖水套3出口处。当内燃机冷起动时，冷却液温度低，为使内燃机迅速达到适宜的温度，节温器将通往散热器的通道关闭，使冷却液不流经散热器，而经旁通管流入水泵入口。这样，冷却液在发动机水套—节温器—水泵—水套之间循环，把这种循环称为冷却液小循环。当发动机冷却液温度升高到一定值时，节温器关闭直接通往水泵入口的通道，使冷却液流经散热器冷却。此时，冷却液在发动机水套—节温器—散热器—水泵—水套之间循环，把这种循环称为冷却液大循环。

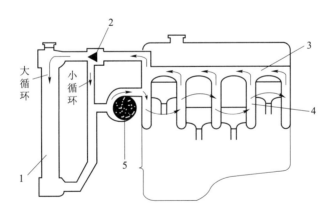

**图3-46 冷却液流量调节**

1—散热器；2—节温器；3—气缸盖水套；4—气缸体水套；5—水泵

如图3-47所示，电动风扇是将风扇装置在电动机驱动轴上，电动机通电时风扇随驱动轴转动，风扇转速与内燃机转速无关。电动风扇由水温传感器4感知内燃机冷却液的温度，并将温度变化信号传输给温度开关8。当冷却液温度达到一定值时，温度开关8将导通电路向电动风扇离合器1供电，风扇2随之转动；当冷却液温度低于一定值时，温度开关将切断电路，风扇停止转动。由于电动风扇具有结构简单、布置方便、不消耗内燃机功率等特点，故在现代轿车上普遍采用。

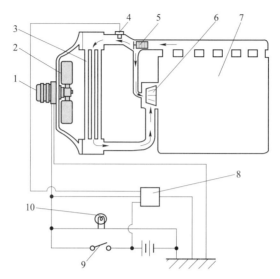

图 3-47 电动风扇

1—电动风扇离合器；2—风扇；3—散热器；4—水温传感器；
5—节温器；6—水泵；7—水套；8—温度开关；
9—开关；10—指示灯

# 第四章　汽车底盘与车身

汽车底盘由传动系统、行驶系统、转向系统和制动系统组成。汽车底盘接受发动机的动力，使汽车产生运动，并保证汽车按照驾驶员的操纵正常行驶。

## 第一节　汽车传动系统

### 一、汽车传动系统概述

**1. 汽车的行驶阻力与驱动力**

汽车行驶过程中会遇到各种阻力。这些阻力统称为行驶阻力。汽车的行驶阻力包括四个部分：滚动阻力、上坡阻力、加速阻力和空气阻力（图4-1）。这些阻力与骑自行车所遇到的阻力类似：在平路上行驶时，若不踏动脚镫子，自行车就会逐渐减速直至停车，这是遇到滚动阻力和空气阻力所致；上坡比下坡费力，需要克服上坡阻力；加速时则需要克服因改变车速而产生的惯性作用力，即加速阻力。

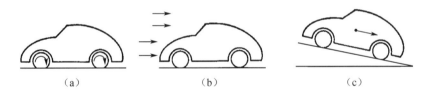

图4-1　汽车行驶阻力
(a) 滚动阻力；(b) 空气阻力；(c) 上坡阻力

汽车行驶时必须克服行驶阻力，才能使汽车前进或者后退。汽车靠什么来克服行驶阻力呢？就是靠汽车的驱动力来抵抗行驶阻力。发动机提供的动力，经汽车传动系统传给驱动车轮，使驱动车轮对地面产生一个作用力$F$，地面则反过来对车轮产生一个推动力。这个推动汽车运动的力就是驱动力（图4-2）。驱动力大于行驶阻力时，汽车就加速；反之就减速；驱动力和行驶阻力相等时，汽车行驶速度不变。

驱动力的大小除与发动机提供的动力大小有关外，还与轮胎和地面之间的摩擦力有关。这个摩擦力称为附着力。附着力大时，可使驱动力充分发挥，但驱动力不会超过附着力。其道理如同人在混凝土路面跑步可以跑得很快，而在冰面上跑步就很困难一样。驱动力大于附着力时，车轮便会打滑。

## 2. 传动系统的组成及布置形式

传动系统的基本组成有：离合器、变速器、万向传动装置、驱动桥（图4-3）。其动力传递路线为：发动机动力经离合器传给变速器，然后经万向传动装置传给驱动桥内的主减速器、差速器和半轴，最后传给驱动车轮（图4-4）。

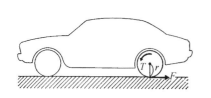

图4-2 汽车驱动力

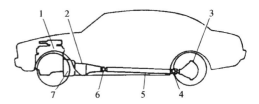

图4-3 汽车传动系统的基本组成

1—发动机；2—变速器；3—驱动桥；4，6—万向节；
5—传动轴；7—离合器

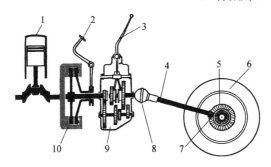

图4-4 传动系统动力传递示意图

1—发动机；2—离合器踏板；3—变速杆；4—传动轴；5—差速器；6—驱动车轮；
7—主减速器；8—万向节；9—变速器；10—离合器

传动系统的布置形式常见的有两种：一种为发动机、离合器、变速器等构成的整体置于汽车前部，驱动桥则置于汽车后部，称之为前置后驱动，简称为FR型（图4-5（a））；另一种为发动机、离合器、变速器等构成的整体置于汽车前部，驱动桥也置于汽车前部，称之为前置前驱动，简称为FF型（图4-5（b））。前置前驱动形式尽管布置较复杂，但给汽车性能带来诸多优点且所占比例越来越大。

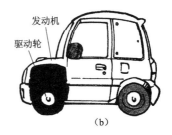

图4-5 传动系统的布置形式

(a) FR型；(b) FF型

## 二、离合器

### 1. 离合器的功能

当汽车处于静止状态时，若发动机与驱动轮及各传动装置刚性相连，则发动机一起动，汽车就会立即运动起来，产生较大冲击，且发动机带着负荷起动是困难的。因此，发动机动力的传动路线中需要设置如同"开关"一样的装置，这个装置就是离合器，用来接合或切断发动机的动力传递。离合器接合时，发动机的动力经离合器传给变速器；离合器分离时，则将发动机的动力传递切断，发动机能正常运转，而驱动轮却得不到从发动机传来的动力。

离合器不完全是简单的动力"开关"，需要起到使汽车平稳起步、便于换挡和防止传动系统过载的作用。汽车平稳起步，意味着发动机传给驱动车轮的动力是由小逐渐增大的，否则汽车仍然会产生冲击；需要变换挡位时，只有切断发动机的动力，换挡才顺利，此时需要使离合器分离；汽车紧急制动时，汽车的惯性作用会使汽车传动系统载荷急剧增加，容易造成汽车传动系统过载，离合器具有保护传动系统的功能。

### 2. 离合器基本构造与工作原理

离合器的种类较多，常见的为摩擦式离合器。摩擦式离合器主要由两大部分组成：一是离合器本体（图4-6(a)），二是离合器操纵机构（图4-6(b)）。

为使离合器操纵轻便，轿车的离合器操纵机构均采用液压式。液压式离合器操纵机构由离合器踏板、总泵、分泵和分离拨叉等组成。

离合器本体主要由从动盘、压盘、分离杠杆、压紧弹簧、离合器盖和分离拨叉等构成（图4-7(a)）。

离合器的工作原理如图4-7所示。动力的输入部分是发动机的飞轮和离合器中的压盘，动力的输出部分是从动盘和与之通过花键连接的从动轴（变速器第一轴）。从动盘位于压盘和飞轮之间。离合器盖固定在飞轮上；压紧弹簧装在离合器盖内，径向分布，对压盘产生压紧力。分离杠杆的支点在离合器盖上，一端作用于压盘，另一端被分离轴承作用。若要切断发动机动力输出，只需将压盘离开从动盘，使从动盘处于自由状态即可，这就是离合器的分离（图4-7(a)）。当从动盘被压盘和飞轮夹紧形成一个整体

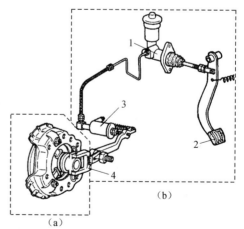

**图4-6 液压式离合器**
(a) 离合器本体；(b) 操纵机构
1—总泵；2—离合器踏板；3—分泵；4—分离拨叉

时，发动机的动力通过飞轮以及离合器盖、压盘传给从动盘，由从动轴输出，这就是离合器的接合（图4-7（b））。

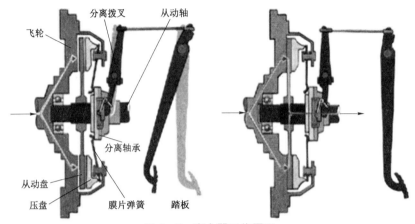

图4-7 离合器工作原理
(a) 离合器分离时；(b) 离合器接合时

离合器的分离过程：踩下离合器踏板，通过机械传动件或液压传动件使分离拨叉拨动分离轴承，分离轴承作用在分离杠杆的内端并前移，致使分离杠杆的外端后移并带动压盘离开从动盘，同时使膜片弹簧变形，此时压盘与从动盘之间留出间隙，从动盘不再被压盘和飞轮夹紧，动力输出中断。

离合器的接合过程：放松离合器踏板，则分离杠杆内端作用力消失，压盘在膜片弹簧作用下将从动盘压紧在飞轮上，直至离合器完全接合停止滑磨为止，发动机的动力经从动轴输出。

**3. 离合器的操纵机构**

如图4-6所示，液压式操纵机构主要由总泵和分泵构成。只需驾驶员轻踩离合器踏板，通过液压传动装置，可以经分泵产生足够大的作用力推动分离拨叉工作，从而减轻驾驶员的劳动强度。

## 三、变速器

### （一）变速器的功能

根据不同的道路和交通情况，需要改变汽车的驱动力和汽车行驶速度，可以通过变换挡位来完成；在不需要传给驱动车轮动力而需要发动机仍然保持运转的场合，即离合器接合的情况下，可以利用变速器的空挡切断发动机的动力传递；汽车的倒车也是通过变速器来控制的，在不改变发动机转动方向的情况下实现汽车倒车。

### （二）变速器的工作原理

变速器大多采用齿轮式机械变速器。通过不同齿数齿轮对的啮合传动，改变输出轴的转速和转矩。如以大齿轮带动小齿轮，则输出转速升高、转矩下降；如以小齿轮带动大齿轮，则输出转速降低、转矩增大。

如图4-8所示，发动机的动力经离合器传给变速器中的a齿轮，a齿轮将动力传给与之啮合的b齿轮。由于b齿轮齿数多于a齿轮，则与b齿轮相连的轴转速降低。同时与b齿轮同轴的c齿轮将动力传给d齿轮。同样因d齿轮齿数多于c齿轮，与d齿轮相连的轴转速再次降低，其输出转矩同时增大。这就是变速器的减速增矩作用。

减速增矩值的大小用传动比来衡量。参加传动的齿轮啮合对中，所有被动齿轮齿数的连乘积与所有主动齿轮齿数的连乘积之比就是传动比。传动比越大，减速增矩作用越强。

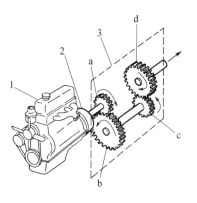

图4-8 变速器传动原理

1—发动机；2—离合器；
3—变速器；a~d—齿轮

### （三）变速器的构造

变速器除壳体、盖以外，主要由齿轮传动机构和操纵机构组成。

**1. 变速器的齿轮传动机构**

如图4-9所示，齿轮传动机构由各传动齿轮对、轴和轴承组成。变速器有4根轴：第一轴（动力输入轴）、中间轴、第二轴（动力输出轴）和倒挡轴。

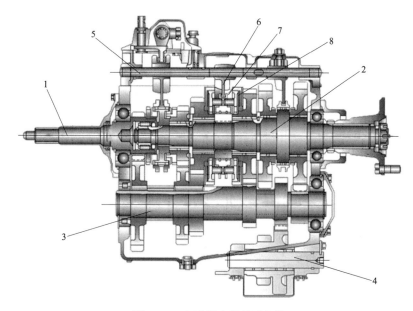

图4-9 变速器齿轮传动机构

1—第一轴；2—第二轴；3—中间轴；4—倒挡轴；5—换挡杆；6—换挡拨叉；7—接合套；8—同步器

换挡的过程就是改变不同齿轮对的啮合，从而改变变速器的传动比。以图4-9为例，第二轴和中间轴上有多对相啮合的齿轮，但第二轴上的齿轮不传动。如果要挂上挡位，只有移动换挡杆，带动拨叉移动，使其接合套推动相应的同步器工作，保证所挂齿轮参加啮合传动，动力由第二轴输出。

**2. 变速器的操纵机构**

不同的汽车，其变速器的挡位各异。每辆汽车都设有挡位位置示意牌。图4-10是设有4个前进挡、1个倒挡的变速器。

操纵机构由变速杆、拨叉、拨叉轴和锁止装置等组成（图4-11）。拨叉固定在拨叉轴上，拨叉轴由变速杆控制。变速杆如同一根"杠杆"，移动变速杆上端可进行选挡和换挡的过程。选挡就是选择其中的一根拨叉轴，对与之固定连接的拨叉进行控制。拨叉插在换挡齿轮或接合套相应的槽内。移动拨叉轴，则拨叉带动换挡齿轮移动，使之与相应的齿轮完全啮合，换挡过程结束。

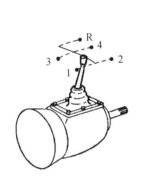

图4-10 变速器挡位示意图

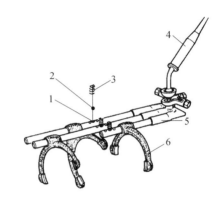

图4-11 变速器操纵机构

1—自锁槽；2—自锁钢球；3—弹簧；4—变速杆；
5—拨叉轴；6—拨叉

操纵机构的锁止装置设有自锁、互锁和倒挡锁。自锁装置用来防止啮合齿轮脱离而造成脱挡；互锁装置用来防止同时挂入两个挡而使变速器不能工作；倒挡锁用来防止误挂倒挡而造成事故。

**3. 同步器**

换挡时，齿轮啮合的条件是待啮合齿轮的切向速度相等。若不相等时，就会出现齿轮碰撞挂不上挡。为满足切向速度相等的条件，在现代汽车上装有同步器，而不再凭驾驶经验来保证等速条件。

大多数同步器采用摩擦原理，通过摩擦元件的相互作用，使待啮合齿轮达到同步（等速），并使换挡顺利。

## 四、万向传动装置

### （一）万向传动装置的功能

由于变速器动力输出轴与驱动桥的动力输入轴不在同一直线上（图4-12），即两轴存在夹角,且由于道路和汽车载荷变化使驱动桥产生位置变化,驱动桥需绕着导向杆及变速器输出端铰接点运动。在变速器和驱动桥之间设置万向传动装置,就可以满足这样一些特殊要求,保证动力输出轴和动力输入轴之间轴线不重合的动力传递。

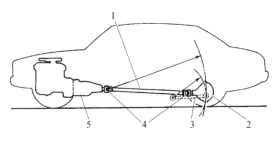

图 4-12　万向传动装置

1—传动轴；2—后桥；3—导向杆；4—万向节；5—变速器

### (二) 万向传动装置的构造

万向传动装置主要由万向节、传动轴等组成。

**1. 万向节**

万向节如同人体的"关节",可以实现不同方向的动力传递。常见的万向节有不等速万向节和等角速万向节。

(1) 不等速万向节。常见的不等速万向节为普通十字轴万向节,它的工作特性是当主动轴等角速度旋转时,从动轴的转动角速度不相等,即从动轴相对于主动轴的转动有规律性地忽快忽慢。若要等角速度传动,传动轴两端需要安装两个万向节,且要满足两个条件：传动轴两端的万向节叉在同一平面内；主动轴和从动轴分别与传动轴的夹角相等 (图 4-13)。

(2) 等角速万向节。前轮驱动汽车的前轮既是转向轮,又是驱动轮,需要较大的传动夹角。普通十字轴万向节传动夹角较小,不能满足前轮驱动轿车的性能要求,因此前轮驱动轿车大多采用等角速万向节,使主动轴与从动轴转速完全相等。前轮驱动轿车万向传动装置的布置如图 4-14 所示,一般采用性能良好的球笼式等角速万向节,如富康、桑塔纳等轿车

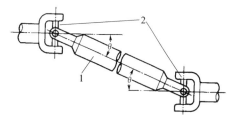

图 4-13　普通十字轴万向节

1—传动轴；2—十字轴万向节

就采用了此种万向节。球笼式等角速万向节的构造如图 4-15 所示,它由球形壳体、球笼、星形套和钢球等组成。

**2. 传动轴**

发动机前置后轮驱动汽车的传动轴大多采用空心钢管,其上一般带有可伸缩的花键轴,以便满足驱动桥的位置变化。

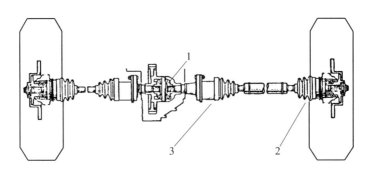

**图 4-14 前轮驱动万向节布置**

1—差速器；2—球笼式万向节；3—伸缩式万向节

发动机前置前轮驱动汽车的传动轴一般与等角速万向节制成整体，采用实心轴。

## 五、车桥

汽车的车桥又称车轴。车桥分为驱动桥、转向桥、转向驱动桥和支持桥四种类型。对汽车而言，若传动系统采用前置后驱动的传动形式，一般前桥为转向桥，后桥为驱动桥；若采用前置前驱动，则前桥为转向驱动桥，后桥为支持桥。

驱动桥除桥壳外，还包括主减速器、差速器和半轴等部件。

**1. 主减速器**

（1）主减速器的功能：主减速器是将变速器的输出转速进一步降低，从而增大传给驱动车轮的转矩；若主减速器输入轴转动方向与驱动车轮转动方向不一致，主减速器则有改变输入轴传动方向的功能。

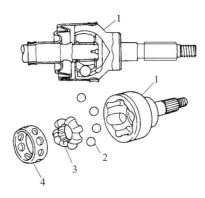

**图 4-15 球笼式等角速万向节**

1—球形壳体；2—钢球；
3—星形套；4—球笼

（2）主减速器的构造及工作情况：如图 4-16 所示，这种传动形式的主减速器采用了一对锥齿轮传动。与传动轴相连的输入轴上的主动齿轮为小锥齿轮，与之相啮合的从动齿轮为大锥齿轮。动力经小锥齿轮传给大锥齿轮，然后传出。这样既起到了减速作用，又改变了传动方向。

**2. 差速器**

汽车在转弯或在凹凸不平的道路上行驶

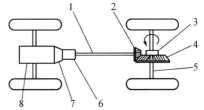

**图 4-16 主减速器传动示意图**

1—传动轴；2—主减速器主动齿轮；3—差速器；
4—主减速器从动齿轮；5—半轴；6—变速器；
7—离合器；8—内燃机

时，由同一车桥相连的两侧车轮在同一时间内行驶的距离不相等（图4-17），会造成车轮拖滑，影响汽车使用性能，并增加轮胎磨损。因此，在这样的情况下，应使两侧车轮以不同的转速转动。

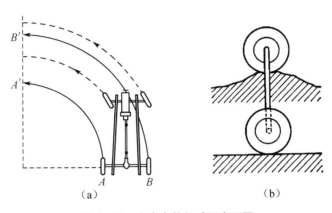

**图4-17 左右车轮行驶距离不同**
(a) 汽车转弯时；(b) 在不平道路上行驶时

（1）差速器的功能：满足汽车转弯和在不平道路上行驶的需要，使两侧车轮以不同的转速转动。

（2）差速器的构造及工作原理：差速器由差速器壳、行星齿轮、行星齿轮轴和半轴齿轮等组成（图4-18）。

差速器壳与主减速器的从动锥齿轮刚性连接，差速器壳上固连着行星齿轮轴，行星齿轮安装在轴上并与两侧的半轴齿轮相啮合。汽车直线行驶时，行星齿轮随差速器壳及从动锥齿轮一起转动，此称为行星齿轮公转（图4-19（a））。行星齿轮公转时，动力经从动锥齿轮、差速器壳、行星齿轮轴、行星齿轮传给两侧的半轴齿轮，然后通过半轴将动力传给驱动车轮，两侧车轮转速相等。

汽车转弯时，两侧车轮所遇阻力不同，内侧车轮比外侧车轮所遇阻力大，其结果使行星齿轮既公转又绕着行星齿轮轴转动。行星齿轮绕着行星齿轮轴转动，称为行星齿轮自转（图4-19（b））。当行星齿轮自转时，使位于内侧的半轴齿轮转速减慢，同时使位于外侧的半轴齿轮转速加快。例如，从动锥齿轮的转速为100 r/min，如果内侧半轴齿轮转速为80 r/min，则外侧半轴齿轮转速为120 r/min。

利用差速器的工作原理实现了内侧车轮转速慢而外侧车轮转速快的使用要求。

**3. 半轴**

半轴为一根实心轴，一端与半轴齿轮通过花键相连，另一端与驱动车轮相连（图4-19）。

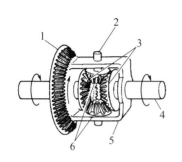

图 4-18 差速器的构造
1—主减速器从动齿轮；2—行星齿轮轴；
3—半轴齿轮；4—半轴；5—差速器壳；
6—行星齿轮

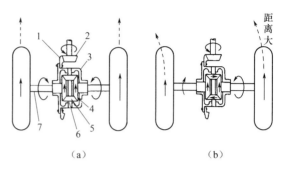

图 4-19 差速器工作原理
（a）直线行驶；（b）转弯行驶
1—主减速器从动齿轮；2—主减速器主动齿轮；
3—差速器壳；4—半轴齿轮；5—行星齿轮；
6—行星齿轮轴；7—半轴

## 第二节 汽车行驶系统

汽车行驶系统包括四个部分：车桥、车架、车轮和悬架。

### 一、车桥

驱动桥的内容已在第一节中涉及，这里介绍转向桥和驱动转向桥的内容。

#### （一）转向桥

转向桥除支撑汽车前部载荷外，还配合汽车转向系统实现汽车顺利转向。

汽车的转向车轮支撑在转向节上，随转向节一道偏转一定的角度，实现汽车转向。转向节绕着转向主销转动，如同门上"合叶"的铰接关系（图 4-20）。为保持汽车稳定直线行驶和使转向轻便，转向节、转向车轮和前轴三者之间的安装具有一定的相对位置，这就是前轮定位。前轮定位对汽车的使用性能有较大的影响。它包括：主销后倾、主销内倾、前轮外倾和前轮前束。

**1. 主销后倾**

从汽车侧面看，转向主销上端向后倾斜，与铅垂线呈一定夹角，这个夹角就称为主销后倾角（图 4-21）。转向主销的延长线交点 $O$ 与铅垂线交点 $M$ 之间的距离为 $OM$，使汽车转向轮具有自动回正的能力，从而提高直线行驶时的稳定性。

**2. 主销内倾**

从汽车前方看，转向主销上端向内倾斜，与铅垂线呈一定夹角，这个夹角就称为主销内倾角（图 4-22）。转向主销延长线交点 $O$ 与铅垂线交点 $M$ 之间的距离为 $OM$，能使汽车转向轻便和使汽车直线行驶稳定。

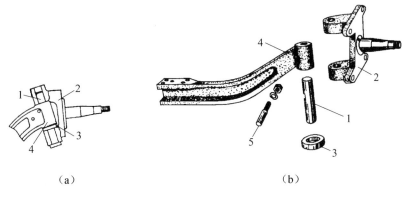

（a） （b）

图 4-20 转向节的铰接关系

（a）装配关系；（b）分解图

1—主销；2—转向节；3—推力轴承；4—前轴；5—定位销

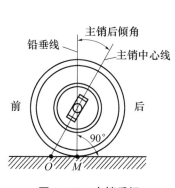

图 4-21 主销后倾

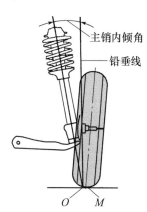

图 4-22 主销内倾

### 3. 前轮外倾

从汽车前方看，转向车轮上端向外倾斜，略呈一个开口向上的倒"八"字。车轮中心平面与铅垂线之间的夹角称为前轮外倾角（图 4-23）。前轮外倾的目的是保证汽车行车安全，并能使转向轻便。

### 4. 前轮前束

从上向下看，前轮的前端距离比后端距离短，即 $A$ 小于 $B$（图 4-24），此称为前轮前束。因为存在前轮外倾，将造成两前轮背向行驶，即朝着图 4-25 中 $a$ 的方向行驶。前轮前束可以使两前轮朝着 $b$ 的方向行驶。前轮外倾与前轮前束的综合结果是使两前轮朝着直线方向行驶。

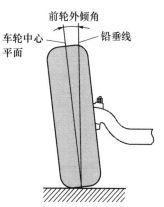

图 4-23 前轮外倾

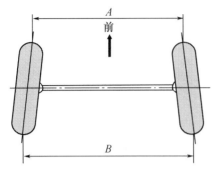
图4-24 前轮前束

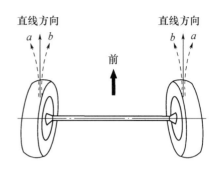
图4-25 前轮前束的作用

汽车行驶一定的里程后,前束值会发生变化,因此需要定期检查调整。若调整不当,易造成轮胎加剧磨损,严重时会影响汽车使用性能。

**(二)转向驱动桥**

前置前驱动形式具有很多优点,如使结构紧凑、乘坐舒适、减轻车重、降低车身及重心高度,提高汽车的操纵稳定性和节省燃油,这种驱动形式在轿车上应用广泛。

前置前驱动轿车采用的转向驱动桥既具有转向功能,又具有驱动功能。它的基本结构如图4-5(b)所示,发动机动力经主减速器的从动锥齿轮传给差速器,然后经差速器传给两侧的等角速万向节装置,最后传给驱动车轮。汽车转向则是靠转向系统控制驱动车轮偏转一定角度。

## 二、车架

车架如同汽车的"骨架"。它是整个汽车的装配基体,汽车上的大小零部件都直接或间接地装在其上。

前置后驱动轿车仍有独立的车架结构。如图4-26所示,采用的结构为X形,主体为两根侧梁,在中间部位靠拢,使车架具有较好的抗变形能力。

前置前驱动轿车大多采用非独立的车架结构,车架与车身形成一个整体,以车身兼代车架的作用,即所谓的承载式车身(图4-27)。

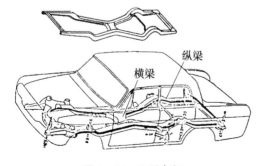
图4-26 X形车架

图4-27 承载式车身

## 三、车轮和轮胎

### 1. 车轮

车轮起着支撑全车重量使汽车正常行驶的作用。它由轮毂、轮辋和连接部分组成，是一个旋转组件。

车轮的类型主要根据轮毂与轮辋的连接部分来划分。轿车车轮主要有辐板式（图4-28）和辐条式（图4-29）。

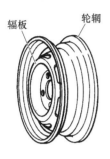
图4-28 辐板式车轮

图4-29 辐条式车轮

辐板式车轮结构不易变形。有的辐条式车轮用钢丝做辐条，车轮重量轻，有一定的缓冲作用，且车轮的散热能力好。

### 2. 轮胎

汽车轮胎能够吸收汽车行驶中的振动，使汽车行驶平稳，并通过与地面接触产生足够的附着力，使汽车产生相应的驱动力。

轮胎的种类和规格较多。轿车上常采用无内胎子午线轮胎。子午线轮胎的基本构造如图4-30，帘布层和带束层呈子午线排列。无内胎轮胎的安装如图4-31所示，轮胎套装在轮辋上，通过装在轮辋上的气嘴直接向轮胎内充气。

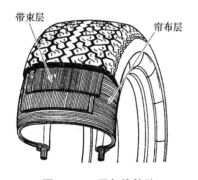
图4-30 子午线轮胎

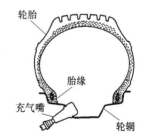
图4-31 无内胎轮胎的安装

## 四、悬架

汽车在不平的道路上行驶，车轮会随着跳动，同时路面对汽车产生冲击，地面的冲击一部分被轮胎吸收，其余的就会传给车身，引起车身的振动，乘坐者极不舒适，还会导致汽车零部件的损坏。所以在车轮和车架（承载式车身）之间要设置缓冲装置，使汽车能平稳行驶（图4－32）。

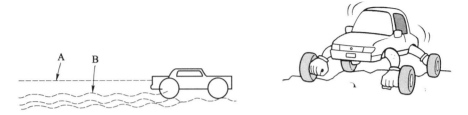

A
B
车轮虽以B的波幅跳动，但车身必须以A线平稳前进

**图4－32　悬架装置的作用**

悬架就是将车轮和车架（承载式车身）连接起来，并传递各种力的装置的总称。

悬架分为非独立悬架（图4－33（a））和独立悬架（图4－33（b））。非独立悬架左、右车轮的运动会影响到车身的运动，汽车行驶感到很不平稳。

图4－34所示是前置后驱动轿车的悬架形式，前桥采用独立悬架，后桥采用非独立悬架。图4－35所示是前置前驱动轿车的悬架形式，前、后桥均采用独立悬架，其舒适性好，车内噪声小，汽车的使用性能优良。

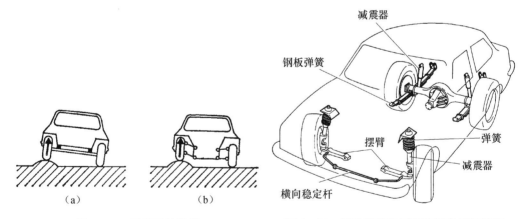

(a)
(b)

**图4－33　悬架系统种类**

（a）非独立悬架；（b）独立悬架

减震器
钢板弹簧
摆臂
弹簧
减震器
横向稳定杆

**图4－34　发动机前置后驱动轿车悬架装置**

非独立悬架由钢板弹簧和减震器组成。钢板弹簧可以起到导向、缓和冲击和传力的作用。减震器用来吸收振动能量。独立悬架主要由弹簧、减震器、摆臂、横向稳定杆等组成。横向稳定杆在轿车高速行驶转向时减小车身产生的横向倾斜。

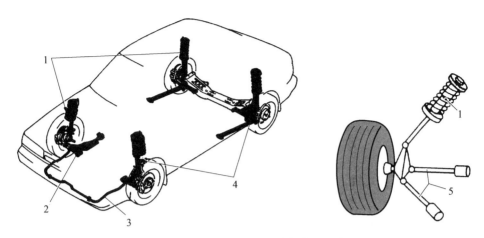

图 4-35　发动机前置前驱动轿车悬架装置

1—弹簧；2—纵摆臂；3—横向稳定杆；4—减震器；5—摆臂

## 第三节　汽车转向系统

### 一、汽车转向系统的功能

汽车转向系统的功能就是按照驾驶员的意愿控制汽车的行驶方向。汽车转向系统对汽车的行驶安全至关重要，因此汽车转向系统的零件都称为保安件。

### 二、汽车转向基本原理

若使汽车转向，须两侧转向轮同向偏转，两转向轮分别绕各自的转向主销转动。两侧转向轮偏转行驶时形成一个转向中心，即汽车的四个车轮均绕着一个点转动，汽车转一圈可以回到原地，这是实现汽车顺利转向的基本条件（图4-36）。

如图4-37所示的转向传动装置称为梯形机构，它可使两侧转向轮偏转行驶时形成一个转向中心。梯形转向传动装置，使内、外侧转向轮偏转角度不一致，内侧车轮比外侧车轮偏转角度大。转向节上装有转向车轮。横拉杆、转向节臂构成转向传动装置。横拉杆将两侧的转向节连接起来。

图 4-36　汽车转向示意图

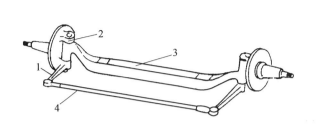

图4-37 转向传动装置

1—转向节臂；2—转向节；3—前轴；4—横拉杆

## 三、汽车转向系统组成及工作情况

汽车转向系统主要由操纵装置、转向器、传动装置组成（图4-38）。

转向操纵装置包括转向盘、转向轴；转向器由齿轮、齿条组成；转向传动装置包括横拉杆、梯形臂、转向节等。

如图4-39所示，转动转向盘，转向轴随之转动，转向轴与转向器齿轮相连，齿轮转动带动与之啮合的齿条移动，推动左、右横拉杆向一侧运动，从而带动转向节及车轮朝同一方向偏转，实现汽车转向。

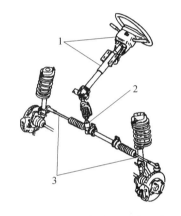

图4-38 汽车转向系统组成

1—操纵装置；2—转向器；3—横拉杆

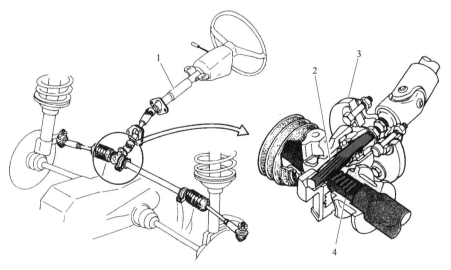

图4-39 齿轮齿条式转向系统

1—转向轴；2—齿轮；3—联轴节；4—齿条

为便于驾驶员操作，转向盘的安装倾角及高度是可以进行调整的（图4-40）。

## 四、动力转向装置

在某些轿车上，也采用了动力转向装置，借助发动机的动力增大转向时的作用力，减小驾驶员的操纵力，使转向轻便。

动力转向装置主要由转向控制阀4、转向油罐7、转向液压泵8和转向动力缸6等组成（图4-41）。

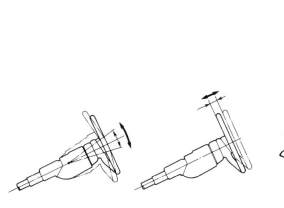

图4-40 可调式转向盘

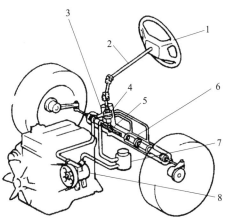

图4-41 液压动力转向系统示意图

1—转向盘；2—转向轴；
3—齿轮齿条式整体动力转向器；
4—转向控制阀；5—齿轮齿条式转向器；
6—转向动力缸；7—转向油罐；8—转向液压泵

转向液压泵在发动机带动下，将转向油罐的油经转向控制阀向转向动力缸的左油缸或右油缸输送，推动横拉杆向左或向右运动，增大横拉杆对转向节臂的作用力。

当转动转向盘时，可以导通转向控制阀的相应油路，使来自转向油罐的油输入转向动力缸的左油缸或右油缸，达到增大转向力的作用。

## 五、电动助力转向系统

电动助力转向系统（EPS）在1985年首次被日本丰田克雷西达采用，它完全抛弃了液压助力转向系统的助力执行机构，是在传统机械转向系统的基础上增加了助力电动机、传感器和电子控制单元等装置。

EPS是一种直接依靠电力提供辅助转矩的动力转向系统，它用电动机提供助力，助力大小由电控单元控制，系统主要由转矩传感器、车速传感器、电动机、电磁离合器、减速机构和电子控制单元等组成，如图4-42所示。

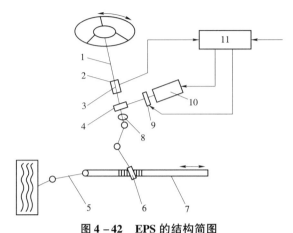

**图 4-42　EPS 的结构简图**

1—转向柱输入轴；2—转矩传感器；3—扭杆；4—减速机构；5—转向横拉杆；6—转向齿轮；
7—转向齿条；8—输出轴；9—电磁离合器；10—助力电动机；11—ECU

EPS 的基本工作原理是：当汽车处于起动或者低速行驶状态时，操纵转向盘转向，装在转向柱上的转矩传感器不断检测作用于转向柱扭杆上的转矩，并将此信号与车速信号同时输入电控单元，处理器对输入信号进行运算处理，确定助力转矩的大小和方向，从而控制电动机的电流和转向，电动机经离合器及减速机构将转矩传递给转向柱输出轴，为驾驶人员提供辅助转向力。当车速超过一定的临界值或者出现故障时，为保持汽车高速时的操控稳定性，EPS 退出助力工作模式，转向系统转入手动转向模式。不转向的情况下，电动机不工作。

## 第四节　汽车制动系统

### 一、汽车制动系统的功能

汽车在行驶过程中会遇到各种情况，需要汽车减速甚至停车；汽车在某处停放时，要求停得稳、不溜滑，保证有良好的驻车性能。汽车制动系统必须满足这些要求，使汽车能安全高速地行驶。

汽车制动系统对汽车行驶安全同样重要，因而组成汽车制动系统的各零部件也称为保安件。

### 二、汽车制动系统的组成及工作原理

图 4-43 所示是轿车常用的制动系统。它有两套制动装置：一套为汽车在行驶中经常使用的行车制动装置；另一套为在驻车时使用的驻车制动装置。前者又称为脚制动装置，后者又称为手制动装置。

图4-44所示为行车制动装置示意图。这个行车制动装置采用的是液压制动系统，它由制动踏板、制动总泵、制动管路及车轮制动器构成。

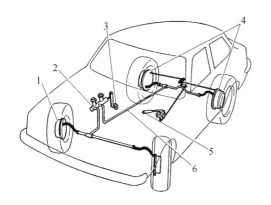
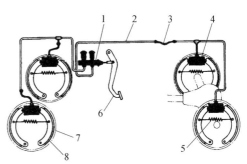

图4-43　轿车的制动系统

1—前轮制动器；2—制动总泵；3—制动踏板；
4—后轮制动器；5—手制动杆；6—制动管

图4-44　双管路液压制动系统

1—制动总泵；2—制动管路；3—制动软管；
4—制动分泵；5—回位弹簧；6—制动踏板；
7—制动鼓；8—制动蹄

图4-44中的车轮制动器是鼓式制动器。它由制动鼓、制动蹄及摩擦片、制动分泵、制动底板和回位弹簧等组成（图4-45）。

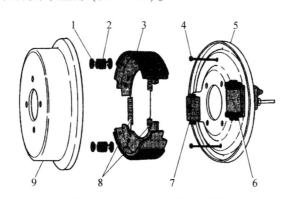

图4-45　液压式车轮制动器

1—弹簧座；2—弹簧；3—制动蹄及摩擦片；4—定位销；5—制动底板；
6，7—制动分泵；8—回位弹簧；9—制动鼓

液压式制动系统的工作原理如图4-46所示。

制动时，驾驶员踩下制动踏板，使制动总泵内的制动液通过制动管路分别进入各车轮制动器的制动分泵，分泵中的活塞使制动蹄及摩擦片张开，摩擦片与制动鼓接触产生摩擦力，阻止与制动鼓固连的车轮转动，从而产生制动力。

松开制动踏板，制动蹄及摩擦片在回位弹簧作用下回到原位，制动分泵的制动液经制动管路流回到制动总泵，制动即解除。

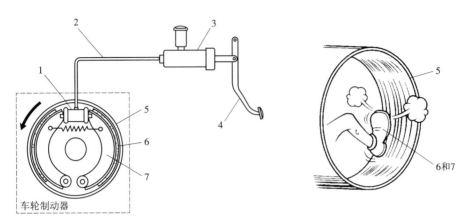

**图 4-46 液压式制动系统工作原理**

1—制动分泵；2—制动管路；3—制动总泵；4—制动踏板；5—制动鼓；6—制动摩擦片；7—制动蹄

车轮制动器的液压管路若分属于两个独立的回路就称为双回路制动系统。图 4-46 的制动系统属于双回路制动系统。这可以提高制动系统的可靠性，若其中一个管路失效时，另一个管路仍能起作用，不至于完全丧失全车的制动能力。

## 三、钳盘式制动器与真空助力器

### 1. 钳盘式制动器

前置前轮驱动轿车的前轮制动器，大多采用钳盘式制动器。

钳盘式制动器的结构示意图如图 4-47 所示。它由制动盘、制动钳支架、活塞、摩擦片、制动油管组成。制动盘与车轮固连，随车轮一并转动。制动时，从制动总泵流至制动分泵的制动液作用在制动盘两侧的活塞上，活塞推动摩擦片与制动盘接触，如同"钳夹"将制动盘钳住，阻碍制动盘转动，即在车轮上产生制动力。

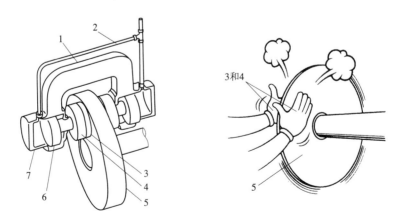

**图 4-47 钳盘式制动器**

1—支架；2—制动油管；3—摩擦片；4—制动块；5—制动盘；6—活塞；7—活塞缸

钳盘式制动器制动效能稳定,散热较好。

**2. 真空助力器**

为减轻驾驶员的劳动强度,增大汽车的制动力,在制动系统中加入助力装置。常见的有真空助力器(图4-48)。在制动踏板和制动总泵之间,加装有真空助力器。真空助力器的真空源来自发动机进气管。踩下制动踏板时,在真空助力器内部的膜片两侧分别引入大气和真空,形成较大的压力差,这个压力差作用在制动总泵的推杆上,增大对制动总泵活塞的作用力,从而增加了制动总泵输出的制动液压力,最终增大制动力。

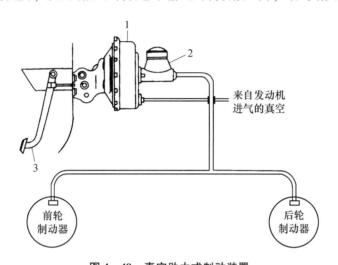

图4-48 真空助力式制动装置
1—真空助力器;2—制动总泵;3—制动踏板

## 四、制动防抱死系统

电子控制制动防抱死系统(ABS)实质上是实现制动器制动力的自动调节,这种装置使汽车制动系统结构发生了质的变化,它可充分发挥制动器的制动效能,提高制动减速度和缩短制动距离,并能有效地提高车辆制动时的方向稳定性,从而大大提高汽车行驶的安全性,所以发展迅速。

ABS主要由传感器、控制器和压力调节器三部分组成,图4-49是以车轮角减速度作比较量的ABS调节系统简图。

无论气制动还是液压制动,均是靠控制器送来的电信号控制电磁阀动作,从而调节制动压力的减弱或加强,使车轮的滑动率接近最佳值。在汽车正常制动时,液力蓄能器的高压油将球阀4推开,高压油作用在减压活塞8上方,使球阀9处于常开状态,制动分泵与制动总泵直接相通。制动过程中,控制器不断分析传感器送来的信息。当减速度达到某一门限值时,控制器发出指令,电磁线圈5通电产生吸力,铁芯连同推杆6向右移动,使球阀4关闭高压油道,同时使减压活塞8上方与低压泄油道相通而

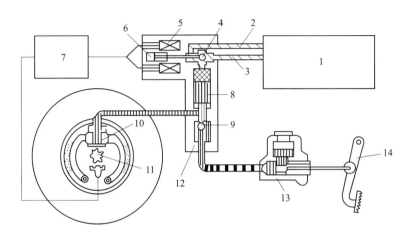

图 4-49 电子控制防抱制动系统简图

1—液力蓄能器；2—低压回路；3—高压管路；4，9—球阀；5—电磁线圈；6—推杆；7—控制器；
8—减压活塞；10—分泵；11—角速度传感器；12—制动压力调节器；13—总泵；14—制动踏板

上移，球阀9关闭，分泵与低压泄油道相通，油压降低，制动器制动力下降。松开制动器后，车轮转速增加。当其角加速度达到设定的门限值时，控制器又发出指令，切断电磁线圈电流，在液力蓄能器高压油的作用下，铁芯左移，球阀4关闭减压活塞8上方与低压回路2的通道，蓄能器中的高压油迫使减压活塞8下移，顶开球阀9，分泵压力重新上升，又开始制动，如此循环，直至停车。

## 第五节　汽车车身及附属装置

### 一、概述

汽车车身为整车的基础结构，为各种功能部件提供安装和固定的位置，保证所有部件相互位置的正确与稳定；为驾驶员提供操纵控制汽车的空间和工作条件；为完成载客或载货提供最佳厢体、座位或容器。

按照汽车用途，汽车车身主要分为载货汽车车身、客车车身和轿车车身。

从技术发展渊源上看，汽车车身分别从三种马车演变而来。原先用以搭乘少数乘客的豪华马车是现代轿车的鼻祖，现在被视为第一辆汽车的卡尔·本茨车的造型就是例子。第二类是从马车、货车演变而来的载重汽车，这方面的例子是与卡尔·本茨同时研制汽车的戈特利布·戴姆勒的四轮载货车。第三类是由已营运多年的蒸汽机公共汽车演变而来的内燃机公共汽车。在技术发展早期，汽车的车架是不可少的，不论哪类车辆，车架都是基础结构件，作为整车的骨架。只有到了20世纪50年代，为了减轻汽车自身质量，产生了承载式车身，即将车架作为骨架的功能由车身壳体（轿车）或车厢构架（大客车）来承担。因此，现代汽车中，只有载货汽车完全保持车架、驾驶室、车厢三大件明确独立；客车和轿车的主流是驾驶室、车厢和车架融为一体的结构。

不论哪种结构，汽车车身的功能还是清晰一致的，它们是：

（1）作为整车的基础结构，为各种功能部件提供安装和固定的位置，并有足够的强度和刚性，保证所有部件相互位置的正确与稳定。

（2）为驾驶员提供操纵控制汽车的空间和工作条件，保证操作方便，灵活。

（3）为完成设计规定的基本功能——载客或载货提供最佳厢体、座位或容器。

车身除完成以上基本功能外，还要满足以下要求：

（1）要保障乘客或者货物在整个运输过程中的安全。对安全性的要求导致汽车车身结构类型和技术的迅速发展。

（2）汽车车身应为驾驶员和乘客提供良好而舒适的旅行环境。低振动、低噪声、适宜的温度、湿度，乃至生活和文化娱乐设施都在此列。

（3）社会对汽车的美学要求。汽车已是现代社会生活舞台上的重要角色。人们对汽车的形象要求也越来越多，汽车车身的艺术化及其社会效果已是一个重要课题。军用越野车和矿山汽车等因其特殊适用场合而例外。

## 二、载货汽车车身

载货汽车清楚地保持着车架、驾驶室和车厢三大特征，这种形态将继续保持下去。

载货汽车的车架俗称大梁，框架式车架使用最广。它由左右两根纵梁和许多横梁适当铆接成一个框架（图4-50）。载货汽车的车架是整车安装的基础，因此有良好的强度和刚度。

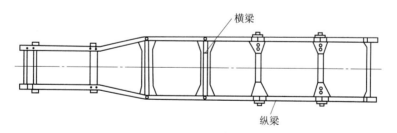

**图4-50 框架式车架**

驾驶室是载货汽车驾驶员的工作场所又是生活空间。良好的工作环境、操作方便灵活、室内环境舒适宜人，对行车效率和安全性都有重要影响。因此现代汽车驾驶室设计布置十分考究，不少车辆还配备卧铺，供驾驶员轮换休息之用。驾驶室主要有长头驾驶室和平头驾驶室之分。长头汽车的车头和驾驶室互相分开，平头汽车两者融合为一体。平头驾驶室位于发动机上方，视野良好，同样车长情况下车厢载货面积大（图4-51（a））。长头汽车驾驶室在发动机后方，视野较差，发动机维修较方便，安全性好，行驶振动小（图4-51（b））。

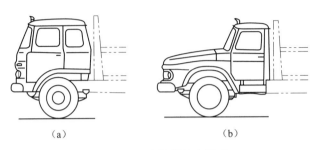

图 4-51 两种驾驶室型式

(a) 平头车；(b) 长头车

载货汽车的车厢用于装载货物，其形态各异。最普通车厢是由四边栏板加底板围成的槽式车厢。这种货厢的优点是结构简单，成本低廉，适用于多用途装载。为一些有特殊要求的货物而建造的各种各样的车厢，构成了一个由基本车型派生的多型号系列，通常称为改装车系列，也可以称为"专用车"车厢（图 4-52）。

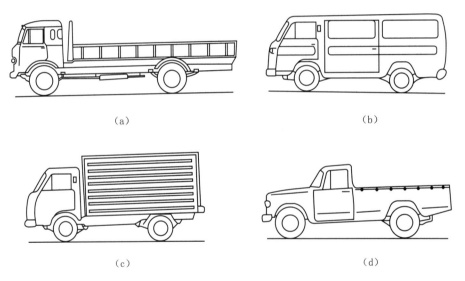

图 4-52 不同类型车厢

(a) 普通载货车厢；(b) 客货两用型车厢；(c) 箱型车厢；(d) 轻型载货车厢

特别值得一提的是集装箱运输方式的诞生和它使汽车车厢产生重大影响。

集装箱运输方式是世界运输史上的一个重大创新，它把原先各自独立的公路运输、铁路运输和水上运输连接为一个连续的网络。通过这个网络可以实现物资一次装卸而被输送到世界任何地方。公路—铁路—航运构成连续的运输带。集装箱方式取消了各辆汽车的车厢，因此集装箱运输车实际上是无车厢的汽车，它的任务是从一个地方接收标准货箱，将此标准箱运输到卸货地点卸下。

## 三、客车车身

**1. 概述**

大客车主要是指以客运为目的而制造的 9 座位以上的汽车（图 4 – 53）。按照用途的不同，大客车（主要在车身外形尺寸和内部设施上）可分为城市客车、长途客车、旅游客车和专用客车几大类。在现代客车向微型发展的同时，现代轿车也在向多座位、大型化发展，使客车与轿车之间的界线模糊起来，俗称子弹头式汽车就是一例。

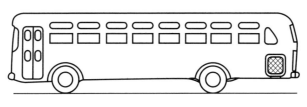

图 4 – 53　客车车身

为了追求高效运输，客车的基本外形是一个长方体。这种形状的空气阻力较大，因而适用于较低行驶速度。20 世纪 50 年代可见到驾驶室与乘客车厢分开的客车，俗称长头客车。现今大小客车流行整体结构。驾驶员座位安排在前面，视野广阔，整体造型完整美观。随着城市人口的迅速增加，城市公共交通日益紧张，用于城市公交的双层客车逐渐增多。双层客车大大提高了客车的面积利用率，通过在前、后桥上安装横向稳定杆来提高其横向稳定性。

现代大客车发动机布置形式有三种：发动机前置、中置（地板之下）和后置。目前广泛采用的是发动机后置。

**2. 现代客车车身结构特点**

早期许多客车是由某种载货汽车底盘改装而成。这类客车通常有原载货车的车架，或者是专为客车设计的车架与载货车的主要总成配装，这类客车叫有车架式的车身。车身的厢体部分承受的载荷不大，载荷主要由车架承担。汽车设计的术语称这类车身为非承载式车身。

整个车身与车架浑然一体，不再有单独的车架，车身框架以至内外蒙皮所有部件都有效地参与承担载荷，称为承载式车身。这种车身重量小，刚性好，地板高度低，整车重心也低。缺点是外界振动直接作用在车身上，所以要求有良好的隔振、消声技术。

客车车身外形要求尽量减少行驶阻力，并要追求艺术方面的美学效果。通过适当的流线型、完美的工艺加上艺术形式（包括线条、油漆、色彩的运用），可以表达现代科学技术与现代艺术的完美结合。

安全性是客车车身的首要问题。随着公路交通的迅速发展，因交通事故造成人员伤亡和经济损失已成为现代化社会的重大问题。搭乘人数多的客车事故往往产生最惨烈的人员伤亡。保障乘员安全对车身结构而言，主要指被动安全性，即在发生事故时尽量减少人员伤亡的能力。车身结构刚度大是主要的方面，车身内部构件不对乘员构成危险，如尽量避免各种可能伤害人体的坚硬物等也是一个要求。舒适性的要求高低与乘员人群的社会经济地位有关。现代技术已有可能为不同的需要提供所需的各种舒适性服务。基本的舒适性要求是较小的振动、较低的噪声、合适的乘坐空间、舒适的乘坐体位等；进一步的要求是舒适的生活环境，即旅行时车厢内的小气候、防尘、防暑、基本生活服务。高级的要求是提供舒适完备的物质服务之外，还提供优质的精神服务或营造特殊环境，如旅行中的办公环境、现代通信手段。

## 四、轿车车身

轿车车身是现代汽车工业最引以为自豪的创新之一，也是现代社会最吸引人们目光的事物之一。川流不息、五光十色的各种轿车成为现代都市一景。虽然因为汽车数量大增造成现代社会严重的交通问题和生态环境恶化，但轿车车身造型作为一种现代优秀文化是无可否认的。它还包含内部空间布置、车身构件的设计。人机工程学是车身内部布置的指导原则之一，它要求营造合理、舒适的驾驶工作场所和乘员旅行环境。车身构件设计既要尽量减轻重量，还要有良好的制造工艺性，因而是一个复杂的机械工程。

轿车车身一般由前车身、后车身、边车身、车顶盖、车底板、翼子板、发动机罩、行李箱盖、车门、前保险杠、后保险杠、散热器罩等组成（图4-54）。

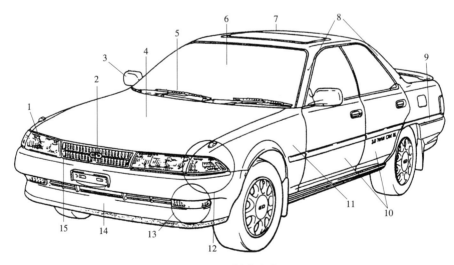

图4-54 轿车车身

1—前大灯；2—汽车商标；3—后视镜；4—发动机罩；5—雨刮器；6—挡风玻璃；7—车顶盖；8—前后柱；9—车身护条；10—前后门；11—翼子板；12—前小灯；13—指示灯；14—前保险杠；15—散热器罩

## (一)轿车车身的分类

按车身型式及使用性能,轿车一般可分为普通轿车、高级轿车、轻型轿车、篷顶轿车、硬顶轿车、旅行车等。图4-55(a)为普通轿车,是轿车中最常见的形式,具有2门或4门,两排座位,闭式车身,可乘4~6人;图4-55(b)为高级轿车,4门、两排座位并带辅助座位,可乘4~9人,后座十分宽敞豪华,并在驾驶座和后排座席间用隔声玻璃隔开;图4-55(c)为轻型轿车,尺寸比普通轿车小,一般为2门,车高比较低,前座比后座要考究,空间也比后座宽敞,前座为轿车的主座;图4-55(d)为篷顶轿车,车顶为可折叠式的软篷,顶篷支开时可形成完全封闭的车身,利用手动或液压装置将顶篷折叠缩放于行李舱前部的车身内,便成为一辆敞篷轿车,有2门或4门型式;图4-55(e)为硬顶轿车,其外形新颖,与轻型轿车相似,但没有中支柱,有的车顶可以拆卸;图4-55(f)称旅行车,它的前半部与普通轿车相似,顶盖延伸到行李箱的后上方,后部可乘人或堆放行李,后部也设有车门。

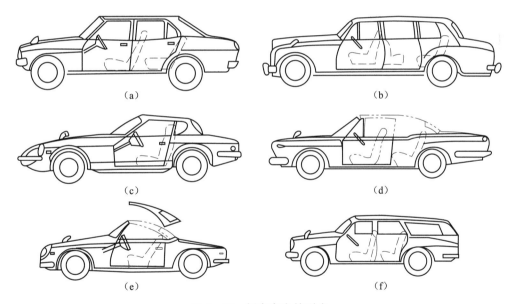

**图4-55 轿车车身的型式**

(a)普通轿车;(b)大型高级轿车;(c)轻型轿车;(d)篷顶轿车;(e)硬顶轿车;(f)旅行车

轿车按其车身外形特征,一般可分为厢型、流线型和敞篷型。另外,从轿车的外形和空间利用率来考虑,又可分为单厢式轿车、两厢式轿车和三厢式轿车(图4-56)。三厢车的"三厢",指一个发动机舱,一个乘员舱,一个行李舱,3个厢很明显分开,捷达轿车,就是所谓的三厢车。两厢车是把后行李舱和乘员舱合为一体,使其减少为发动机舱和乘员舱两"厢",富康轿车就是两厢车。发动机舱、乘员舱和行李舱像一条贯穿下来的线条,3个厢没有明显的区分,就是单厢车,毕加索轿车就是单厢车。另外,行李舱非常短的车,也被称为两厢半,雪铁龙塞纳轿车便是如此。

图 4-56 轿车车身分类

### （二）轿车车身本体（白车身）

车身本体是指车身结构件及覆盖件的焊接总成，并包括前翼子板、车门、发动机罩和行李舱盖在内的未涂漆的车身，形成车身的封闭刚性结构，如图 4-57 所示。

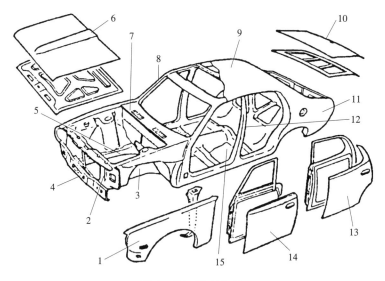

图 4-57 轿车车身

1—前翼子板；2—散热器支架；3—前轮护板；4—前平衡板；5—前边梁；6—发动机盖板；7—通风盖板；8—前柱；9—车顶板；10—行李箱盖板；11—后轮罩；12—中柱；13—后门；14—前门；15—车底板

## 五、附属装置

车身的附属装置主要有外饰件、内饰件及其他附件等。

车身的外饰件是指车身外部具有对车身起保护或装饰作用的部件,以及具有独立功能的车外附件。主要有前后保险杠、车门防撞装饰条、散热器面罩、外饰件、玻璃、车门机构及附件、密封条和车外后视镜等,以及装饰条、车轮装饰罩、标志等装饰件。

车身的内饰件是指车身室内对人体起保护作用或起装饰作用的部件,以及具有独立功能的车内附件。主要有仪表板、座椅、安全带、车门、车顶、地板及侧壁的内饰、遮阳板、扶手、车内后视镜等及地毯等表面覆饰物(图 4-58)。在轿车上,目前广泛采用天然纤维或合成纤维的纺织品、皮革及人造皮革或多层复合材料等装饰材料;在客车上则大量采用纤维板、工程塑料板、铝板、花纹橡胶板、纸板和复合浆饰板等装饰材料。

车身附件有门锁、门铰链、玻璃升降器、各种密封件、风窗刮水器、风窗洗涤器、遮阳板、无线电收放机及杆式天线等。

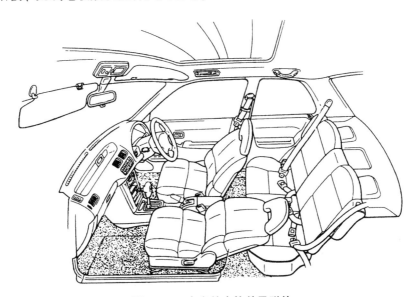

图 4-58 车身的内饰件及附件

现代轿车装置着越来越多的附件,如各种汽车电子系统、安全带、安全气囊等。

安全带、安全气囊是在汽车发生碰撞后,阻止乘员脱离座位的措施(图 4-59)。汽车被撞击后,乘员空间尽量保持不变以保护乘员是最受关注的特性。这方面的研究工作就是撞车试验的主要内容。较好的设计是车身结构其他部分能吸收大部分撞击能量,而乘员空间周围变形较少。发生撞击后车门能被打开也是安全性的重要内容。

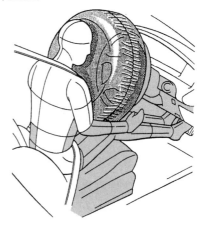

图 4-59 安全带与安全气囊

# 第五章 汽车电器设备

汽车电器设备主要由电源设备（蓄电池和发电机）和用电设备（起动机、点火装置、照明及灯光信号、仪表及报警装置、辅助电器等）组成。它分布于全车各个部位，综合起来有如下两个共同特点（图5-1）：

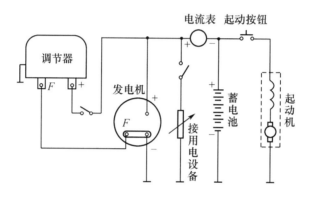

图5-1 汽车并联电路

（1）直流供电：蓄电池和发电机协调供电，直流电压为12 V或24 V。

（2）并联单线：汽车电器设备采用并联连接，以车架及与其相通的金属机件为各种电器的公共端（负极搭铁），另一端用导线连接成单线制。

## 第一节 汽车蓄电池

### 一、蓄电池的功用与构造

汽车的用电设备是由发电机和蓄电池并联供电的。蓄电池是一个化学电源。在充电时，靠内部的化学反应，将电源的电能转变为化学能储存起来；用电时，再通过化学反应将储存的化学能转变成电能，输出给用电设备。

蓄电池为一可逆直流电源，它在汽车上与发电机并联。在发动机正常工作时，发电机的端电压都会高于蓄电池的电动势，由发电机单独向用电设备供电，同时若蓄电池存电不足时，发电机还对蓄电池进行充电，只有当发电机不工作或怠速运转时，用电设备才由蓄电池供电。当用电设备同时接入较多、发电机过载时，蓄电池协助发电机供电。另外，蓄电池还相当于一个较大的电容器，能吸收电路中随时出现的瞬时电压（浪涌电压），以保护电子元件不被击穿，延长其使用寿命。

按电解液的成分及电极材料不同，蓄电池可分为酸性蓄电池和碱性蓄电池。铅酸蓄电池按性能可分为干式荷电蓄电池和免维护蓄电池两类。

蓄电池的基本构造由极板与极板组、隔板、电解液和壳体等组成（图5-2）。

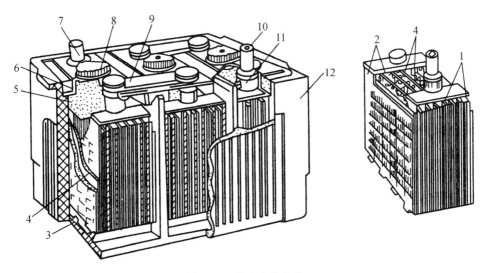

图5-2 蓄电池的结构

1—正极板；2—负极板；3—肋条；4—隔板；5—护板；6—封料；7—负极柱；8—加液孔盖；
9—连条；10—正极柱；11—极柱衬套；12—蓄电池容器

**1. 极板与极板组**

正极板上的活性物质是二氧化铅（$PbO_2$），负极板上的活性物质是纯铅（$Pb$）。在充足电的状态下，正极板呈深棕色，负极板呈深灰色。将一片正极板和一片负极板浸入电解液中，便可得到2 V左右的电压。为了增大蓄电池的容量，将多片正极板和负极板并联起来，组成正极板组和负极板组，构成单格电池，单格电池的标称电压为2 V。一个12 V的蓄电池由6个单格电池串联而成。实际单格电池电压约2.4 V，6格电池是14.4 V，充满电量后约14.8 V。单体蓄电池的连接根据控件布置不同，有如图5-3所示的几种常用的连接组合类型。

**2. 隔板**

隔板的功用是将正、负极板隔开，防止相邻正、负极板接触而短路。隔板可使正、负极板尽可能靠

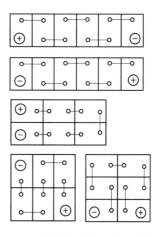

图5-3 单体蓄电池连接组合类型

近，以减小蓄电池内阻和尺寸。

**3. 电解液**

电解液的作用是使极板上的活性物质发生溶解和电离，产生电化学反应。电解液由纯净的硫酸与蒸馏水按一定的比例配制而成，其相对密度一般为 1.24～1.30。

**4. 壳体**

壳体用于盛放电解液和极板组，蓄电池壳体由电池槽和电池盖两部分组成，壳内用间壁分成 3 个或 6 个互不相通的单格，底部的突棱用以搁置极板组，突棱间的凹槽则可积存从极板上脱落的活性物质，以避免沉积的活性物质连接正、负极板而造成短路。

## 二、蓄电池的工作原理

铅酸蓄电池的核心部分是极板和电解液，蓄电池建立电动势、放电和充电就是通过极板上的活性物质与电解液的电化学反应实现的。

在蓄电池充放、电过程中，发生的化学反应是可逆的。蓄电池的工作过程就是化学能与电能的转换过程。放电时，蓄电池将化学能转换为电能供用电设备使用；充电时，蓄电池将电能转换为化学能储存起来备用。

蓄电池中参与化学反应的物质，正极板是二氧化铅（$PbO_2$），负极板上是海绵状铅（$Pb$），电解液是硫酸水溶液（$H_2SO_4$）。当蓄电池和负载接通放电时，正极板上的二氧化铅和负极板上的铅都将转变成硫酸铅（$PbSO_4$），电解液中的硫酸成分减少，相对密度下降。当蓄电池接通直流电源充电时，正、负极板上的硫酸铅又将分别恢复成原来的二氧化铅和纯铅，电解液中的硫酸成分增加，相对密度增大。若不考虑蓄电池化学反应的中间过程，其充、放电时总的化学反应方程式为：

$$PbO_2 + 2H_2SO_4 + Pb \underset{充电}{\overset{放电}{\rightleftharpoons}} PbSO_4 + 2H_2O + PbSO_4$$

（二氧化铅）（硫酸）（纯铅）　　　（硫酸铅）（水）（硫酸铅）
　正极　　　电解液　　负极　　　　　正极　　电解液　　负极

## 三、蓄电池的型号

蓄电池的种类很多，由于铅蓄电池的内阻小，电压稳定，可以短时间内供给起动机强大的电流（汽油机为 200～600 A，柴油机有的高达 1 000 A），加之结构简单，价格较低，所以在汽车上被广泛采用。根据机械工业部标准 JB 2599—1985《起动型铅蓄电池标准》规定，国产蓄电池型号的含义如下：

|   Ⅰ    |    Ⅱ    |    蓄电池特征    |    Ⅲ    |
|---|---|---|---|
| 串联单格电池数 | 蓄电池类型 | | 额定容量 |

其中：Ⅰ——指一个整体壳体内所包含的单格电池数，用阿拉伯数字表示；

Ⅱ——根据蓄电池的主要用途划分,用汉语拼音字母表示,起动型蓄电池用字母 Q 表示;

Ⅲ——用阿拉伯数字表示,其单位为 A·h。

有的蓄电池在额定容量后用一字母表示其特征性能:G 表示薄型极板,高起动率;S 表示塑料外壳;D 表示低温起动性能好。

例如:东风 EQ2102 型越野汽车用 6 - QW - 180 型蓄电池,表示由 6 个单格电池组成,额定电压为 12 V,额定容量为 180 A·h 的起动型免维护蓄电池。

蓄电池的特征为附加说明,也以汉语拼音字母表示。如果产品同时具有两种特征,原则上按表 5 - 1 的顺序将两个代号并列表示。

表 5 - 1 蓄电池产品特征代号

| 特征代号 | 蓄电池特征 | 特征代号 | 蓄电池特征 | 特征代号 | 蓄电池特征 |
| --- | --- | --- | --- | --- | --- |
| A | 干电池 | J | 胶体电解液 | D | 带电式 |
| H | 湿电池 | M | 密闭式 | Y | 液密式 |
| W | 免维护 | B | 半密闭式 | Q | 气密式 |
| S | 少维护 | F | 防酸式 | I | 激活式 |

## 第二节 交流发电机

在发动机正常工作情况下,发电机除对点火系统及其他用电设备供电外,还对车上蓄电池充电。现代汽车所用的发电机,大多为硅整流发电机(即装有半导体整流电路的交流发电机)。发电机与蓄电池共同为汽车用电设备提供能量,汽车用电设备分为持续用电设备、长时间用电设备和短时间用电设备。持续用电设备包括点火装置、燃油泵、电控喷油系统等,长时间用电设备包括仪表照明、前大灯、导航系统、电子冷却风扇等,短时间用电设备包括电动车窗、起动机、座椅加热、倒车灯等。

交流发电机由电压调节器控制,使发电机发出的电压稳定在一定范围内。

汽车用硅整流交流发电机的工作特点是传动比大、工作转速变化范围大。对于一般汽油发动机来说,其转速变化为 1:8,对于柴油发动机,其转速变化为 1:5。

### 一、交流发电机的工作原理

**1. 发电原理**

交流发电机工作原理如图 5 - 4 所示。发电机的转子为旋转磁场,磁场和定子绕组之间产生相对运动,在三相绕组中产生正弦交流电动势。通过改变磁场线圈电流的大小,即可控制交流发电机输出电压的高低。

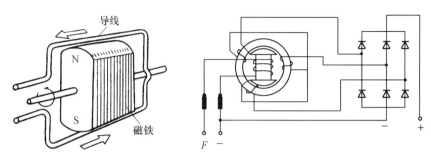

图 5-4 交流发电机工作原理

### 2. 整流过程

硅二极管具有单方向导电特性。当二极管处于正向电压时，即二极管正极电位高于负极电位，管子呈低电阻，处于"导通"状态；而加反向电压（正极电位低于负极电位）时，管子呈高电阻，处于"截止"状态。利用硅二极管的这种单向导电性，就可以组成各种形式的整流电路，把交流电变成直流电。

## 二、交流发电机的构造

汽车所用的交流发电机，多采用三相同步交流发电机，由 6 只二极管构成三相桥式全波整流器。交流发电机主要由定子、转子、滑环、电刷、整流二极管、前后端盖、风扇及皮带轮等组成（图 5-5）。

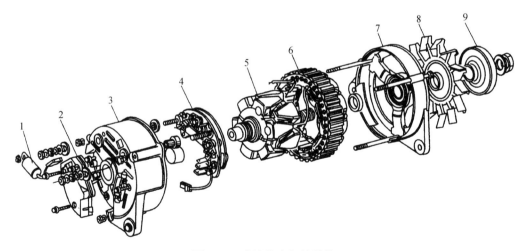

图 5-5 交流发电机的结构

1—电容器；2—调节器和电刷组件；3—电刷端盖；4—整流器总成；
5—转子总成；6—定子总成；7—驱动端盖；8—风扇；9—驱动带轮

### 1. 转子

汽车交流发电机的转子是发电机的磁极部分，其功用是产生磁场。转子由爪极、磁场绕组、铁芯和滑环组成。两块爪极上制有 6 个鸟嘴形磁极，压装在转子轴上，爪极间的空腔内装有铁芯，铁芯压装在转子轴上，磁场绕组绕在铁芯上。

**2. 定子**

交流发电机的定子是发电机的电枢部分，其功能是产生交流电。由定子铁芯与对称的三相电枢定子绕组组成。定子铁芯由相互绝缘的厚度 0.5 mm 的硅钢片叠成环状，环的内圆表面开有线槽，电枢三相绕组按一定规则对称嵌放在槽内。

**3. 整流器**

交流发电机整流器的作用是将三相定子绕组产生的交流电变为直流电。整流器一般由 6 个整流二极管和二极管的散热板组成。

**4. 端盖与电刷组件**

交流发电机的前、后端盖均用铝合金压铸而成，铝合金为非导磁材料，可减少漏磁，并具有质量小、散热性能好等优点。

## 第三节　发动机起动系统

所谓发动机起动就是用外力旋转静止的曲轴，直至曲轴达到能保证混合气形成、压缩和燃烧能顺利进行的转速，使发动机进入自行运转。一般起动转速要在 50 r/min 以上。

常用的起动方法有手摇起动和起动机起动。手摇起动就是把手摇臂嵌入曲轴前端的起动爪内，用人力转动曲轴。为了节省人力和起动方便，现代汽车都采用起动机起动，它是利用直流电动机低速时转矩大的特点，通过驱动齿轮与发动机飞轮周缘的齿环啮合，由电动机带动飞轮和曲轴转动，直至发动机起动为止。

起动机起动装置主要由电动机、操纵机构和离合机构组成。

电动机的作用是将电能转变为机械能，驱动起动机小齿轮。

操纵机构的作用是驱动小齿轮与飞轮齿轮啮合并接通电动机电路，使发动机旋转，常见的操纵机构为电磁式。

离合机构的作用是保证起动齿轮只在起动时啮合，起动后即与飞轮的齿环脱离，防止发动机起动后倒传动，使电动机高速运转造成损坏。常用的离合机构有自由滚柱式、摩擦片式和弹簧式三种。

### 一、起动系统的工作原理

**1. 起动机的工作原理**

起动机为直流串激电动机，这种电动机在低速时输出转矩很大，随着电动机转速升高，转矩逐渐减小，非常适合发动机的起动要求。直流电动机主要由绕组、激磁绕组、电刷、整流器等组成（图 5-6）。电动机一般装 4 组激磁绕组，激磁绕组通电后形成 N-S 极磁场。电极绕组与相互绝缘的铜片连接，组成电极的整流器。电流由与整流器发生接触的固定电刷输向电极线圈，该线圈也形成 N-S 极磁场，激磁线圈和电极线圈的 N-S 极的吸引与排斥，立刻驱动该电极旋转，电刷把电流通过整流器依次输至每个电极线圈，电极也就不停地旋转，向外输出功率。

**2. 起动系统的工作原理**

起动系统由蓄电池、起动机、起动继电器、点火开关等组成，如图 5-7 所示。

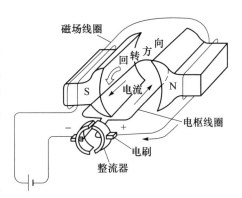

图 5-6 起动机工作原理示意图

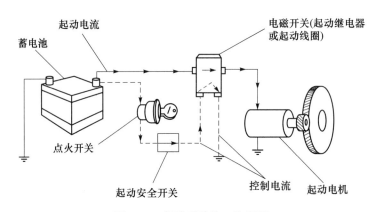

图 5-7 起动系统的工作原理

图中实线表示起动大电流；虚线表示起动控制电流

起动系统的工作过程是：当点火开关放在起动挡，起动机控制电路先接通，才能接通起动机供电电路，让蓄电池电流经电磁开关流入起动机，并使其转动起来；与此同时，电磁开关还将起动机的驱动齿轮向外推出，使其与发动机飞轮齿圈相啮合，拖转发动机。待发动机被拖转到自己完成爆发并加速运转后，飞轮有反过来带动起动机驱动齿轮运转的趋势，起动机上的单向离合器使起动机的驱动齿轮相对于起动机电枢轴空转（以保护起动机）。驾驶员应及时将点火开关转到点火挡，切断起动机控制电路，在控制机构弹簧恢复力作用下，驱动齿轮退回原处，脱离与飞轮齿圈啮合。由于供电电路同时被切断，起动机停止运转。

## 二、起动机的构造

起动机是起动系统的主要组成部分，一般由直流串励式电动机、传动机构、电磁开关等部分组成。如图 5-8 所示为东风 EQ1090E 型汽车采用的 QD124 型起动机的结构图。QD124 型起动机额定功率为 1.84 kW，额定电压为 12 V，它由直流串励式电动机、传动机构和控制装置三部分组成。

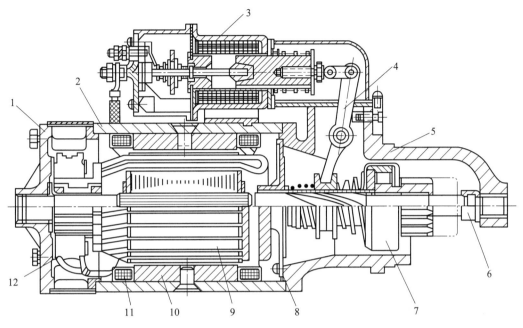

**图 5-8 QD124 型起动机结构图**

1—前端盖；2—外壳；3—电磁开关；4—拨叉；5—后端盖；6—限位螺钉；
7—单向离合器；8—中间支撑板；9—电枢；10—磁极；11—磁场绕组；12—电刷

### 1. 直流串励式电动机

其作用是产生转矩，即将蓄电池的电能转变为机械能的装置。

### 2. 传动机构

其作用是在发动机起动时，使起动机驱动齿轮啮入飞轮齿环，将起动机转矩传给发动机曲轴；而在发动机起动后，使驱动齿轮自动打滑，避免起动机发生电枢飞散的"飞车"事故。

### 3. 控制装置（即电磁开关）

其作用是接通和切断电动机与蓄电池之间的电路，控制起动机驱动齿轮与发动机飞轮的啮合与分离。

## 第四节 汽油机点火系统

### 一、点火系统的作用

点火系统的作用是将蓄电池或发电机输出的低压电流，经点火线圈变为高压电流，通过分电器按照发动机各缸的点火顺序，在一定时间内轮流配送给各火花塞，产生电火花，点燃气缸内的混合气。

## 二、点火系统的工作原理

### （一）传统点火系统工作原理

点火系统包括蓄电池、发电机、点火开关、电流表、点火线圈、电容器、分电器、高压导线和火花塞等（图5-9，图5-10）。

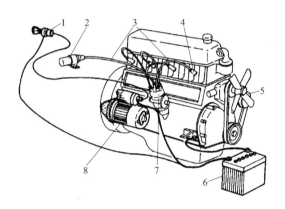 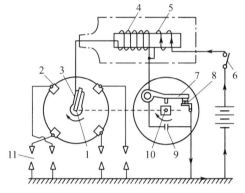

图5-9　点火系统装置图
1—点火开关；2—点火线圈；3—高压导线；
4—火花塞；5—发电机；6—蓄电池；
7—分电器；8—起动机

图5-10　点火系统电路原理图
1—配电器的中心电极；2—侧电极；
3—分火头；4—次级绕组；5—初级绕组；
6—点火开关；7—活动触点臂；8—固定触点；
9—电容器；10—凸轮；11—火花塞

点火系统的高、低压电路电流的流动顺序如下：

低压电路：蓄电池→电流表→点火开关→点火线圈的低压线圈→断电器活动触点（闭合时）→断电器固定触点底盘搭铁→蓄电池。

高压电路：点火线圈的高压线圈的一端→点火线圈附加电阻→点火开关→电流表→蓄电池正极→蓄电池负极搭铁→火花塞跳火→分电器的分火头→分电器盖中央孔→点火线圈中央插孔→高压线圈另一端。

**1. 点火线圈**

点火线圈的作用是将蓄电池的低压电（12 V）转变为高压电（10 000～15 000 V）。当点火开关接通电源后，断电器触点闭合，低压线圈有电流通过，线圈周围产生磁场。当断电器触点张开时，低压线圈里电流消失，磁场也减弱并趋于消失。由于这个磁场的变化，高压线圈感应产生高压电流。当此电流经分电器配送到各气缸的火花塞时，便产生电火花，点燃气缸里的可燃混合气。点火系统的低压线路上还有附加电阻和电容器。

（1）附加电阻：附加电阻串联在低压电路中，其电阻值可随温度升高而增大，用来自动调节低压电路的电流强度。发动机低速运转时,由于断电器触点闭合时间长,电流强度大,因此电阻温度升高,阻值随之增大,低压电流减小,点火线圈不会过热;发动机高速运转时,断电器触点闭合时间短,电流强度小,附加电阻温度下降,其阻值随之下降,使通过低压线圈的电流强度增大,从而使点火线圈产生足够的高压电流。

起动发动机时,由于大量放电而使蓄电池电压降低。为了补偿低压线中的电压,在起动机上附设一个开关,接通起动机电路后,能使点火线圈的附加电阻自动短路。此时,低压线圈中电流强度增大,磁场增强,高压线圈产生的感应电压增高,火花塞产生的火花也增强。

(2)电容器:电容器的作用是收容低压线圈的感生电流,防止触点过早烧蚀,同时帮助点火线圈提高点火电压。电容器是用两条铝箔中间夹有绝缘性很好的蜡纸卷制而成。其中心引线为正极,外表皮为负极。

**2. 火花塞**

火花塞是利用高压放电原理,在保持一定距离(间隙)的两个电极间产生电火花,点燃混合气。火花塞装在发动机气缸盖上。

点火线圈产生的高压电流经分电器配送至火花塞电极时,高压电流击穿混合气而产生电火花,从而点燃混合气。火花塞电极间隙应保持正常,绝缘磁体应绝缘良好。

**3. 分电器**

分电器是用来接通和切断低压电路,使点火线圈产生高压电流,并按照发动机的点火顺序,在规定的时间内,将高压电分配给各气缸的火花塞,点燃混合气。分电器包括断电器、配电器、电容器和点火提前装置等。

(1)断电器:用来接通和切断低压电路。由一对装在底板上的触点(固定触点和活动触点)和凸轮组成。触点最大断开位置时的正常间隙为 0.35~0.45 mm(可以用偏心螺钉调整)。凸轮和拨板制成一体,装在分电器轴上部,由分电器轴带动。分电器轴则通过配气机构凸轮轴上的齿轮驱动。发动机曲轴转两圈,分电器轴转一圈,凸轮共顶开活动触点四次(四缸机)或六次(六缸机)。

(2)配电器:配电器的作用是按发动机的点火顺序分配高压电。分电器盖的中央有一插孔,内部装有接触炭棒和小弹簧,接触炭棒靠弹簧张力同分火头导电片接触。盖的圆周还有几个旁插孔,用以接插通往火花塞的高压电线。

(3)点火提前角调节装置:点火提前角调节装置是根据发动机转速变化或燃烧过程的需要,自动调整点火提前角度。点火提前装置包括离心调节器和真空调节器。离心调节器随发动机转速的增加而增大点火提前角度;真空调节器随发动机负荷的增大而减小点火提前角度。

为克服上述缺点,新型点火系统在现代高速多缸发动机和转子发动机上运用越来越多。

## （二）无触点电子点火系统工作原理

无触点电子点火系统用传感器代替断电器触点，产生点火信号，克服了触点常出故障的弊端，而且点火能量提高，可实现高能稀燃。如图5-11所示，传感器是一个磁脉冲式点火信号发生器，当分电器转子转动时，信号转子8的凸齿与传感线圈9的铁芯间的空气间隙不断发生变化，根据电磁感应原理，线圈中将产生感应电动势脉冲，使晶体管导通和截止。当晶体管导通时，点火线圈的低压线圈有电流通过，线圈产生磁场。当晶体管截止时，低压线圈里的电流消失，高压线圈产生高电压，经配电器送到各缸的火花塞，产生电火花并点燃气缸里的可燃混合气。

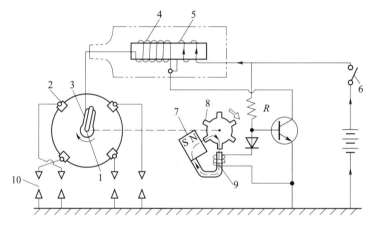

图5-11 磁感应式无触点电子点火系统

1—配电器的中心电极；2—侧电极；3—分火头；4—次极绕组；
5—初级绕组；6—点火开关；7—永久磁铁；8—信号转子；
9—传感线圈；10—火花塞

## （三）微机控制电子点火系统

前述的点火系统的点火提前角控制均采用离心调节器和真空调节器完成，存在着机械系统的滞后效应，不能保证点火时刻处于最佳，由此逐步取而代之的是微机控制电子点火系统。

微机控制电子点火系统分为有分电器式和无分电器式两种。有分电器式微机控制电子点火系统又称为非直接点火系统（图5-12）。该系统中，点火线圈产生的高压电经分电器的配电器按照点火顺序分配到各气缸，使各缸火花塞依次完成点火工作。无分电器式微机控制电子点火系统又称为直接点火系统。该系统没有分电器，其点火线圈上的高压线直接与火花塞相连，工作时点火线圈产生的高压电直接送给火花塞，由发动机电控单元根据各传感器输入的信息，依据发动机的点火顺序适时地控制各缸火花塞完成点火工作。直接点火系统中，如果两个气缸合用一个点火线圈为同时点火方式；如果每个气缸配一个点火线圈为单独点火方式（图5-13）。

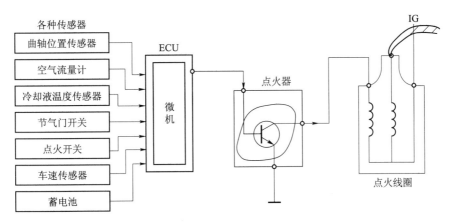

图 5-12 日产汽车 ECCS 点火控制系统

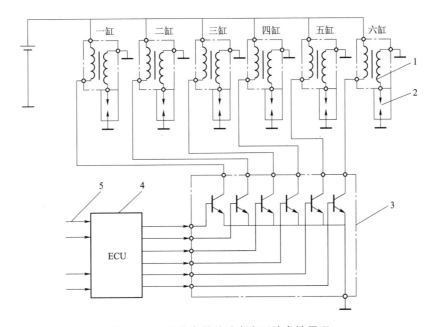

图 5-13 无分电器单独点火系统电控原理

1—点火线圈；2—火花塞；3—点火器；4—电控单元；5—各传感器及开关输入信号

## 第五节　汽车灯系与车用仪表

### 一、汽车灯系

汽车灯系一般分为装在车身外部及装在车身内部的照明和信号灯两组。外部的主要有：前大灯、前小灯、后灯、转向信号灯、制动信号灯、雾灯和防空灯等。内部的主要有：驾驶室顶灯、车厢照明灯、发动机罩下灯、仪表板照明灯等。

（1）前大灯：用来照明汽车前方的道路，均采用双丝灯泡，具有远光和近光两种照明方式。

（2）前小灯：主要用来在夜间近距离照明，还可显示车身宽度，又称示宽灯。

（3）后灯：玻璃是红色的，以警示后方车辆。

（4）转向信号灯：分别装在车身前部和后部的左右两侧，在其电路中装有闪光继电器，使转向信号灯的亮度自动地忽强忽弱地闪光。

（5）制动信号灯：装在尾部，制动时发亮。

（6）防空灯：在越野车上装备。

（7）发动机罩下灯：用于夜间检修发动机时照明。

（8）指示灯：仪表板上的指示灯，可显示转向信号灯和前大灯中远光灯的工作情况。

图 5-14 所示为汽车前部照明与信号灯示意图。

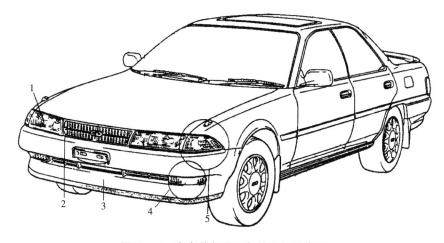

图 5-14  汽车前部照明与信号灯示意图
1—前照灯；2—散热器罩；3—前保险杠；4—转向信号灯；5—前小灯

## 二、汽车照明系统新技术

**1. 自适应前大灯系统 AFS（Adaptive Front-Lighting System）**

汽车自适应前大灯系统或者智能前照灯系统，亦称随动转向大灯或自动头灯，能够根据汽车转向盘角度、车辆偏转率和行驶速度，不断对大灯进行动态调节，适应当前的转向角，保持灯光方向与汽车当前的行驶方向一致，以确保对前方道路提供最佳照明，并对驾驶员提供最佳可见度，从而显著增强黑暗中驾驶的安全性。在路面照明差或多弯道的路况中，扩大驾驶员的视野，而且可提前提醒对方来车。如 Audi 汽车先进的头灯照明系统已经用在 Audi A8 豪华汽车和其他的一些汽车上。其特点是：前灯照明系统与速度输入的响应、前灯旋转及前灯光束形状随周围环境的变化而变化,甚至在汽车开始拐弯以前就可以照到周围的拐角。

**2. BMW 汽车照明系统**

德国汽车制造商 BMW 公司正在研究前灯的 BMW 像素照明系统,这是采用 480 000 个独立控制的显微镜片取代传统的发射镜,光束的形状完全可以通过编程来实现,即更先进的 "BMW Pixel Light" 系统。这种方法形成的前灯光柱形状完全符合驾驶者的驾驶条件,同时不会产生耀眼的远光照明,并且根据不同的情况具有独特的照明效果,另外,其侧光还可以照亮道路标志。

BMW Pixel Light 前灯系统可以给驾驶者提供特别的提示和警告信息。例如,左转时光束显示出相应的左转箭头指示信息。

**3. LED 前大灯**

LED 拥有高亮度、反应时间短与寿命长等优点。采用高亮度的 LED 做光源,又没有 HID 的炫目,加上 LED 的辅助照明,使车辆能拥有全方位的照明能力。

为了提供一致的颜色,当前的 LED 设计需要进行一系列复杂的计算。目前面临着两个最大的问题,一是需要考虑不同生产编码的 LED 性能规格的差异;二是 LED 在不同温度下的性能降低(如光输出量、波长等)。

**4. 尾灯**

虽然尾灯系统不如前灯的发展那样引人关注,但同样发生着大的变化,向智能化方向发展。所谓尾灯系统智能化就是使汽车尾灯自动地执行工作,利用照明系统中的传感器探测透镜周围的环境状况、污染物、速度和交通信息,从而改善与其他道路使用者之间的交流功能。例如,如果频繁地忘记关闭或者误用雾灯就会自动地用尾灯取代,不过这还要取决于具体天气条件;当有汽车尾随时,输入信息经分析后,尾灯的工作方式自动改为"有雾"状态,减少尾灯的亮度,避免发生车祸;采用脉冲宽度调整 LED,尾灯的亮度可以用低成本的方式在很大范围内改变;当汽车紧急制动后,紧急尾灯就会自动亮起。

## 三、车用仪表及报警装置

**1. 车用仪表及报警装置**

为了使驾驶员及时了解汽车各系统的工作状况,避免事故的发生,保证汽车安全、可靠地运行,汽车上均装有各种检测仪表和报警信号装置,经线路连接后,集中安置在驾驶室的仪表板上(图 5-15)。

现代汽车,随着其电气设备不断增加,电气系统也变得越来越复杂。特别是在汽车上大量应用电子控制技术之后,常规指针式仪表已远远不能满足现代汽车技术发展的要求。因此,汽车电子显示装置的使用比例正在逐年增加。其主要优点如下:

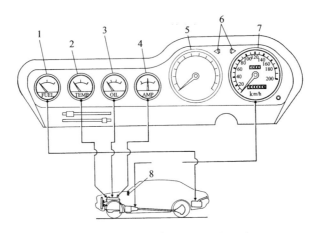

图 5-15 仪表、报警指示灯连接示意图

1—燃油表；2—水温表；3—机油压力表；
4—电流表；5—转速表；6—转向指示灯；7—车速里程表；8—仪表板安装位置

① 电子显示装置能提供大量、复杂的信息，显示直观清晰。

② 为满足汽车排气净化、节能、安全性和舒适性的要求，汽车电子控制装置必须能迅速、准确地处理各种复杂的信息，并以数字、文字或图形显示出来，供汽车驾驶员了解，并及时处理。汽车电子显示装置作为信息终端显示已经是大势所趋。

③ 能满足小型、轻量化的要求。为了能使有限的驾驶室空间尽可能地宽敞些，用于汽车的各种仪表及部件都必须小型、轻量化。电子显示装置不仅能适应各种传感器或控制系统的电子化，而且可能实现小型轻薄化。这样既能加大汽车仪表台附近的空间利用率，还能处理日益增多的信息。

④ 具有高精度和高可靠性。由于实现汽车仪表电子化，因此可为操纵者（或使用者）提供高精度的数据信息；由于没有运动部件，因此反应快、准确度高。

⑤ 具有一"表"多用的功能。采用电子显示器显示易于用一组数字去分时显示几种信息，并可同时显示几个信息，不必对每个信息都设置一个指示表，故使组合仪表得以简化。

**2. 汽车常用电子显示器件**

电子显示器件大致分为两大类，即主动显示型和被动显示型。主动显示型的显示器件本身辐射光线，有发光二极管（LED）、真空荧光管（VFD）、阴极射线管（CRT）、等离子显示器件（PDP）和电致发光显示器件（ELD）等；被动显示型的显示器件相当于一个光阀，它的显示靠另一个光源来调制，有液晶显示器件（LCD）和电致变色显示器件（ECD）等。这些均可作为汽车电子显示器件使用。

## 第六节　42 V 及 14 V/42 V 双电压汽车电气系统简介

近年来,在以节能、环保和安全为中心的现代汽车中,电气设备越来越多,电气负荷越来越大,汽车电器设备的使用量以大约每年 6% 的速率增加,电器产品的成本每年以 10%~30% 的比例下降。为了提高汽车的各种性能和减轻车辆自身质量,将会使用更多更复杂的电子设备替代机械部件。车载电器设备的拥有量可能在下一个 10 年以更快的速度增长,高档豪华车辆中电器产品将会达到车辆成本的 40% 左右。车载电器产品的增加使汽车上所使用导线的数量、长度、质量、种类增加,特别是信号线的增加速度更快。在 20 世纪 50 年代中期,汽车上的导线仅有 75 m 长;而今天,一个高档车辆的导线束长度超过 2 km,质量为 35 kg。在一些新式车辆中,导线数量超过 5 600 根,在特殊的轿车线路中至少要使用 200 多种不同的导线,以便完成不同的功用要求。这些新的特点对车载电气系统提出了更高的要求和挑战,特别是对提高车载电源系统输出功率的要求更是明显。

在传统的 14 V 电压供电系统中,因电压太低,新的电器设备的应用受到很大的限制。因为若满足用电设备所需的更大功率,就需要增大电流,这不仅不利于整个电气系统的稳定,而且也使电线中的耗电量增加。解决此问题的唯一方法就是提高供电系统的供电电压,使之满足电器设备的需要。同时,在同等功率的情况下,提高额定电压值,可以大大降低额定电流,这样不仅可以减小电气设备本身的体积、质量和损耗,也有利于控制装置的小型化和集成化。

14 V/42 V 双电压电气系统主要是由 42 V 交流发电机、36 V 电压标准的起动机、36 V 蓄电池以及 42 V 电气总线组成的。单 42 V 电气系统的方案在纸上讨论很容易,但是要获得成功的应用则相当困难,且 42 V 单电压方案也很昂贵,因为它使汽车所有的电气元件都必须按照 42 V 的电压标准重新设计。因此,最现实、简单可行的方案就是采用双电压车载电气系统。在这种方案中,存在 42 V 和 14 V 两种总线。根据对两种电气标准的电压的不同,系统中的交流发电机、蓄电池、AC/DC 和 DC/AC 变换器等设备的配置与连接也将不同。

# 第六章　汽车新技术与新能源汽车

## 第一节　汽车新技术

随着社会发展提出的新需求，以及科学技术的不断进步，对汽车各方面性能的要求越来越高，传统汽车的系统与装置无法满足这些需求，科技创新促进了现代汽车技术的发展，围绕"节能、环保、安全、智能"的世界汽车技术发展趋势，各种新的系统与装置应运而生。以下扼要介绍相对成熟的燃油汽车新技术。

### 一、汽油机缸内直喷系统

为了进一步提高汽油机的经济性，降低有害气体排放，各汽车公司大力开发缸内直喷燃烧（Gasoline Direct Injection，GDI）系统，如图6-1所示。GDI发动机，将汽油直接喷入气缸中，且喷射正时精确。

这种缸内直喷燃烧系统的主要特点如下：

（1）汽油直接喷射，使缸内充量得到冷却，可以使用较大的压缩比，怠速及部分负荷燃油消耗率可以降低。

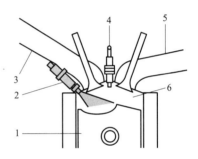

**图6-1　缸内直喷燃烧系统**
1—浅碗活塞；2—高压喷油器；3—进气支管；
4—火花塞；5—排气支管；6—燃烧室

（2）与缸外喷射系统汽油机相比，由于提高了燃油雾化质量和降低了泵吸损失，功率可以增加。

（3）缸内汽油直接喷射发动机可大幅降低$CO_2$、$CO$、$HC$及$NO_x$的排放。

缸内汽油直接喷射发动机为达到省油及高输出目的，相比一般喷射发动机采取了特殊结构。

（1）高压涡流喷油器。装在气缸盖上，配合高压燃油泵，将汽油直接喷入气缸中，喷油压力在0.5~1.20 MPa之间。

（2）进气涡流产生装置。丰田汽车公司采用两条进气道，一条为直线孔道，一条为螺旋孔道，直线孔道中设涡流控制阀，低负荷时关闭，空气经螺旋孔道进入气缸，可形成强烈涡流，如图6-2所示。日产汽车公司采用两条进气道，其中一条进气道装设涡流控制阀，如图6-3所示。

 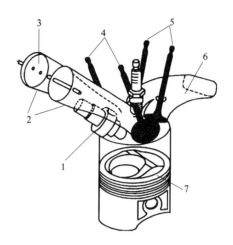

图 6-2 丰田汽车采用的进气涡流产生装置

1—垂直进气道；2—纵涡流

图 6-3 日产汽车采用的进气涡流产生装置

1—高压喷射器；2—进气管；3—涡流控制阀；4—进气门；5—排气门；6—排气管；7—浅碗活塞

（3）特殊活塞：活塞顶部凹陷为浅碗或深碗形，并削成不规则形状，如图 6-4（a）与图 6-4（b）所示分别为三菱 GDI 发动机及日产发动机所采用的活塞构造。

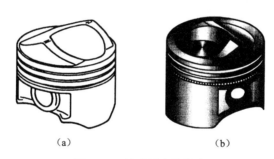

图 6-4 特殊活塞的构造

(a) 三菱 GDI 发动机活塞构造；(b) 日产发动机活塞构造

## 二、共轨柴油喷油系统

共轨系统先将柴油以高压（喷油压）状态蓄积在被称为共轨的容器中，然后利用电磁三通阀将共轨中的压力油引到喷油器中完成喷射任务。利用安装在高压油路中的高速、强力电磁溢流阀来直接控制喷油始点和喷油量，通过实时变更电磁阀升程和改变高压油路中的油压来实现喷油率和喷油压力的控制。

共轨中蓄积着与喷油压力相同的柴油，此油直接进入喷嘴（针阀腔）开启针阀进行喷射，这就是高压共轨系统。高压共轨系统的主要优点概括起来有以下几个方面：

（1）共轨系统中的喷油压力柔性可调，对不同工况可确定所需的最佳喷射压力，从而优化了柴油机综合性能。

(2) 可独立地柔性控制喷油正时，配合高的喷射压力（120～200 MPa），可同时控制 $NO_x$ 和微粒（PM）在较小的数值内，以满足排放要求。

(3) 柔性控制喷油速率变化，实现理想喷油规律，容易实现预喷射和多次喷射，既可降低柴油机噪声和 $NO_x$ 排放，又能保证优良的动力性和经济性。

(4) 由电磁阀控制喷油，其控制精度较高，高压油路中不会出现气泡和残压为零的现象，因此在柴油机运转范围内，循环喷油量变动小，各缸供油不均匀可得到改善，从而减轻柴油机的振动和降低排放。

(5) 能分缸调控并且响应快。

(6) 具有极好的燃油密封性，高压燃油泄漏量小，降低了驱动燃油泵的功率损失。

(7) 有很好的可安装性。对柴油机不要求附加驱动轴，可以像通常的直列式油泵一样安装，只需略加修改喷油器支架，就可安装电控喷油器。

图 6-5 为博世公司共轨燃油喷射系统的基本组成图。主要由电控单元 14、高压油泵 2、共轨管 6、电控喷油器 8 以及其他传感器 12 与其他执行器 13 等组成。

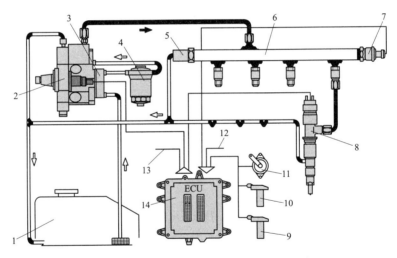

图 6-5 博世公司的 CR 共轨燃油喷射系统

1—油箱；2—高压油泵；3—齿轮泵；4—燃油滤清器；5—调压控制阀；6—共轨管；7—油轨压力传感器；
8—电控喷油器；9—曲轴位置传感器；10—转速传感器；11—加速踏板；12—其他传感器；
13—其他执行器；14—电控单元

低压的齿轮泵 3 将燃油输入高压油泵 2，高压油泵 2 将燃油加压送入共轨管 6，共轨管 6 中的压力由电控单元 14 根据油轨压力传感器 7 测量的油轨压力以及电控单元预设的压力 MAP 图进行调节，高压油轨内的燃油经过高压油管，根据机器的运行状态，由电控单元从预设的 MAP 图中确定合适的喷油定时、喷油持续期和喷油率，然后电液控制的电控喷油器 8 将燃油喷入气缸。高压油泵只起向燃油轨供油的作用，其工作频率与柴油机转速没有固定的约束关系，可任意选择，只需保持共轨腔的油压即可。将油箱来的低压油泵入，经调压控制阀5调节到喷油所需的压力。

## 三、可变配气机构

当发动机的配气相位确定下来后，发动机在运转过程中是无法改变的。最佳的配气相位不能覆盖发动机的各种转速工况，只能满足一定转速范围，因此需要兼顾高、低转速时发动机性能对进排气的不同需求。由于发动机的进气对发动机性能影响大，在轿车发动机上出现了能随发动机转速变化而改变进气量或配气相位的装置。

图6-6为可变配气定时控制系统（Valve Timing Control System，VTCS）。

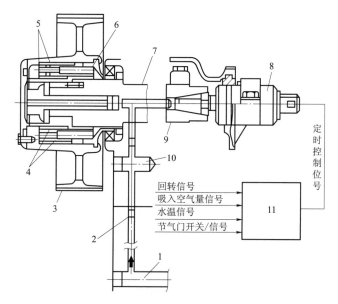

**图6-6　可变配气定时控制系统**

1—气缸体主油道；2—节流孔；3—凸轮轴齿形带轮；4—螺旋形花键；5—活塞；6—回位弹簧；
7—凸轮轴；8—电磁阀；9—控制阀；10—气缸盖油道孔；11—电控单元

VTCS的工作原理：如图6-6所示，进气凸轮轴齿形带轮3与凸轮轴通过螺旋形花键4连接，由控制阀9控制的油液可通过油道进入活塞5端部。如图6-7所示，当发动机的转速、负荷变化时，进入活塞2一侧端部油液压力升高，另一侧端部油液压力降低，活塞在油液压差作用下沿轴向移动，因螺旋形花键4的导向作用，凸轮轴相对于凸轮轴齿形带轮1提前或滞后旋转一定的角度，从而改变配气相位。

凸轮轴带轮内活塞的油液是由气缸体主油道提供的（图6-6），用控制阀9和电磁阀8来控制凸轮轴带轮内活塞油压的变化。电控单元11通过相应传感器提供的发动机的转速、进气量、冷却水温度及节气门开度等参数的信息，向控制阀9和电磁阀8发出执行指令。

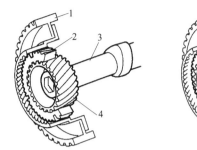 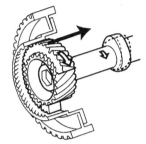 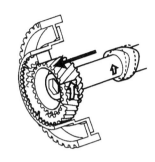

图6-7 配气定时可变示意图

1—凸轮轴齿形带轮；2—油压活塞；3—凸轮轴；4—螺旋形花键

## 四、自动变速器（AT）

液力自动变速器主要由液力变矩器、变速齿轮机构、供油系统、自动换挡控制系统等部分组成。图6-8为一典型的液力自动变速器剖面图。

图6-8 液力自动变速器剖面图

（1）液力变矩器。液力变矩器位于自动变速器的最前端，通过螺栓与发动机的飞轮相连，其作用与采用手动变速器汽车的离合器相似。利用液力传动的原理，液力变矩器将发动机的动力传给自动变速器的输入轴。

（2）变速齿轮机构。变速齿轮机构主要包括齿轮变速机构和换挡执行机构两部分。图6-8所示的自动变速器齿轮变速机构为行星齿轮式。换挡执行机构主要用来改变行星齿轮中的主动元件或限制某个元件的运动，改变动力传递的方向和速比。齿轮变速机构与液力变矩器配合，可获得由起步至最高车速整个范围内的自动变速。

（3）供油系统。供油系统主要由油泵、油箱、滤清器、调压阀及管道所组成。油泵通常安装在液力变矩器的后方，由变矩器壳后端的轴套驱动。在发动机运转时，无论汽车是否行驶，油泵都在运转，为自动变速器中的变矩器、换挡执行机构、自动换挡控制系统等提供一定的液压油。油压的调节由调压阀来实现。

（4）自动换挡控制系统。自动换挡控制系统能根据发动机的负荷（节气门开度）和汽车的行驶速度，按照设定的换挡规律，自动地接通或切断某些换挡离合器和制动器的供油油路，使换挡执行机构的离合器结合或分开、制动器制动或释放，以改变齿轮变速器的传动比，从而实现自动换挡。

图6-9所示为液力自动变速器的工作原理图。节气门位置传感器和车速传感器，把节气门开度和车速转变为电信号，然后将信号（还有发动机转速、冷却液温度、液力油温度等信号参数）输入电控单元。在换挡点，电控单元向换挡电磁阀、油压电磁阀、锁止电磁阀发出电信号，电磁阀再将电信号转变成液力控制信号，液力控制信号控制液力阀体中各换挡阀使换挡执行机构换挡。

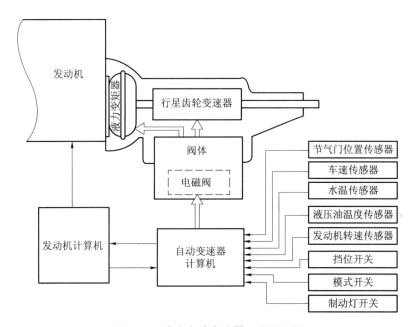

图6-9 液力自动变速器工作原理图

## 五、无级变速器（CVT）

无级自动变速系统是一种能连续换挡的机械式无级变速传动（Continuously Variable Transmission）系统，简称CVT。

图6-10所示为CVT的组成和工作原理示意图，由于传动带采用金属带，亦称为金属带式无级变速器。CVT是由金属带、主动工作轮、从动工作轮、液力泵、起步离合器和控制系统等组成。其动力传递路线是：发动机发出的动力经飞轮1、离合器2、主动工作轮（图中4、5）、金属带12、从动工作轮（图中8、9）后，传给中间减速器10，再经

主减速器与差速器 11,最后传给驱动车轮。该变速传动系统中的主、从动工作轮是由固定部分 5、9 和可动部分 4、8 组成。工作轮的固定部分和可动部分之间形成 V 形槽。金属带在槽内与工作轮相啮合。当工作轮的可动部分做轴向移动时,即可改变金属带与主、从动工作轮的工作半径,通过液力控制系统进行连续的调节,实现无级变速传动。

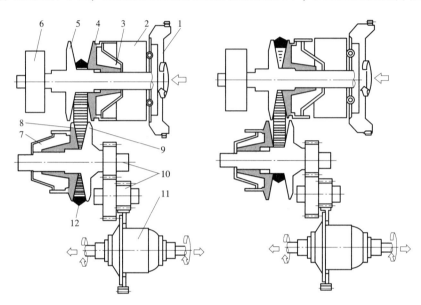

图 6-10 金属带式无级变速器的组成和工作原理示意图

1—发动机飞轮;2—离合器;3—主动工作轮液压控制缸;4—主动工作轮可动部分;5—主动工作轮固定部分;
6—液压泵;7—从动工作轮液压控制缸;8—从动工作轮可动部分;9—从动工作轮固定部分;
10—中间减速器;11—主减速器与差速器;12—金属带

CVT 的控制系统一般采用机械液力控制和电子液力控制两种方式。其中,电子液力控制系统由于结构简单、工作可靠而得到广泛的应用。

图 6-11 所示为 CVT 电子液力控制系统的工作原理示意图。系统中包括电磁离合器的控制和主、从带轮的传动比控制。传动比控制由发动机节气门信号和主、从带轮转速所决定。电控单元根据发动机的转速、车速、节气门开度和换挡控制信号等,向液力控制单元发出指令,控制主、从动工作轮液力油缸中的油液压力,使主、从动工作轮的可动部分轴向移动,从而改变金属带与工作轮间的工作半径,以实现无级自动变速传动。

## 六、双离合器变速器(DCT)

双离合器自动变速器(DCT)的概念早在 1940 年就被提出。达姆施塔特工业大学教授 Rudolph Franke 第一个申请了双离合器自动变速器专利,该变速器曾在载货车上试验过,但没有批量投入生产。1985 年,大众公司在奥迪 Sport Quattro S1 赛车上采用双离

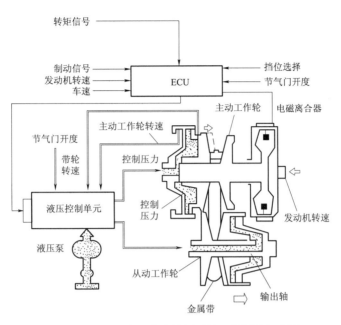

图 6-11　CVT 电子液力控制系统工作原理示意图

合器变速器技术，并积累了很多经验。直到 20 世纪 90 年代末，随着电子技术的迅速发展，双离合器控制技术才逐渐得以成熟，大众汽车公司和博格华纳首先携手合作进行生产，将它装置在量产主流车型——奥迪车上，并命名为直接换挡变速器（Direct - Shift Gearbox，DSG），并于 2002 年首次向世界展示这一技术创新。目前，双离合器式自动变速器技术正受到国外各大汽车公司的重视，如德国大众公司、ZF 公司、福特公司、戴姆勒 - 克莱斯勒公司等的研究开发都已取得成功。图 6 - 12 所示为大众迈腾 1.8TSI 的 6 速 DSG 双离合器自动变速器。

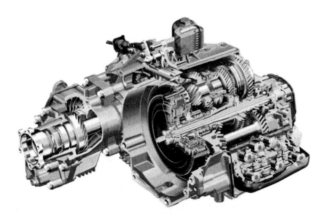

图 6-12　大众迈腾 1.8TSI 6 速 DSG 双离合器自动变速器

如图 6-13 所示，变速器输入轴 1 为一个实心轴，与离合器 C1 相联；变速器输入轴 2 是套在变速器输入轴 1 外面的一个空心轴，与离合器 C2 相联；两个输入轴是同心的。

输入轴1上的齿轮分别和1挡、3挡、5挡齿轮相啮合；输入轴2上的齿轮分别和2挡、4挡、6挡齿轮相啮合；倒挡齿轮通过倒挡轴齿轮和输入轴1的齿轮啮合。即1、3、5、R挡与离合器C1连接在一起，而2、4、6挡连接在离合器C2上。1、2、3、4挡的动力由变速器输出轴1输出，5、6、倒挡的动力由变速器输出轴2输出，变速器输出轴1、2左边的小圆柱齿轮与差速器壳上的主减速器从动齿轮相啮合，将动力传给差速器。另外，还有4个同步器，由液压换挡机构控制进行挡位的切换，所有挡位均为同步器挂挡。

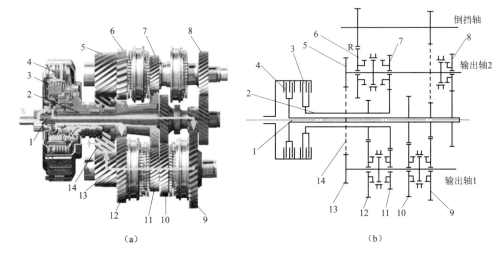

图 6-13　双离合器式自动变速器传动结构图

1—内输入轴；2—外输入轴；3—离合器C2；4—离合器C1；5—主减速器主动齿轮；6—倒挡齿轮；
7—6挡齿轮；8—5挡齿轮；9—1挡齿轮；10—3挡齿轮；11—4挡齿轮；12—2挡齿轮；
13—主减速器主动齿轮；14—主减速器从动齿轮

如图6-13（b）所示，车辆处于停车状态时，离合器C1、C2都分离，不传递动力。当车辆起步时，自动换挡机构将挡位切换为1挡，然后离合器C1接合，车辆开始起步运行，控制过程与AMT类似。此时离合器C2处于分离状态，不传递动力。当车辆加速接近2挡的换挡点时，由电控单元控制自动换挡机构将挡位提前换入2挡。当达到2挡换挡点时离合器C1分离，同时离合器C2开始接合，2个离合器交替切换，直到离合器C1完全分离，离合器C2完全接合，整个换挡过程结束。车辆进入2挡运行后，车辆自动变速器电控单元可以根据相关传感器信号判断车辆当前运行状态，进而确定车辆即将进入运行的挡位是升挡还是降挡，而1挡和3挡均连接在离合器C1上，因为该离合器处于分离状态，不传递动力，故可以指令自动换挡机构十分方便地预先换入即将进入工作的挡位，当车辆运行达到换挡点时，只需要将正在工作的离合器C2分离，同时将另一个离合器C1接合，配合好两个离合器的切换时序，整个换挡动作全部完成。车辆继续运行时，其他挡位的切换过程也都类似。

DCT既继承了手动变速器传动效率高、安装空间紧凑、质量小、价格便宜等许多优点,又实现了换挡过程不中断动力,还保留了 AT、CVT 等换挡品质好的优点。

## 七、汽车悬架技术

随着汽车技术的发展和汽车速度的提高,人们对汽车悬架的性能提出了越来越高的要求。传统的机械式悬架的结构和主要参数不能随汽车行驶速度和路面条件的变化而自动调节,通过改善机械结构和优化参数来改善悬架的性能已近极限,于是电子控制悬架系统的开发研究越来越受到重视。

电子控制悬架系统可以根据汽车的工作状况和路面的不平度,对悬架的阻尼、刚度及车体高度进行自动调节。根据电子控制悬架工作方式的不同,可分为半主动悬架和主动悬架两大类。

半主动悬架根据路面的冲击,车轮与车体的加速度、速度与位移信号仅实时调节悬架的阻尼系数,消耗来自不平路面的冲击能量,而不需要提供能量,以改善悬架缓冲性能。这种电控悬架结构简单、成本较低、能量消耗小,是目前轿车上普遍采用的一种悬架形式。典型的半主动悬架结构简图如图 6-14 所示,在结构上与机械悬架接近,但其对振动的控制效果在一定程度上却可以接近主动悬架,远远优于被动悬架。电控减震器的执行器一般采用置于减震器上方的步进电机,步进电机的旋转带动空心活塞杆内部的转子阀旋转,从而改变转子阀节流孔与活塞节流孔的相对位置,进而改变活塞两侧腔室之间的节流面积以调节悬架的阻尼特性。

主动悬架根据路面冲击,车轮与车体的加速度、速度与位移信号实时调节悬架的阻尼、刚度及车体高度。这种电控悬架结构复杂、成本较高。主动悬架的组成如图 6-15 所示,一般包括决策和执行两大部分,决策部分由电控单元和传感器等组成闭环控制系统,通过监测道路条件、汽车的运行状态和驾驶员的需求,按照所设定的控制规律向执行机构适时地发出控制命令;执行部分包含装在每个车轮上的电液执行机构、动力源等。

主动悬架在其结构中植入了可人工或自动控制发力的调节机构,并能根据路面情况自动调节减震器刚度和阻尼,以获得良好的行驶舒适性。从这种悬架的组成种类来看,大致又可以分为两大类:一类是电子控制式主动液压悬架,它能通过车载电脑计算出悬架受力大小和加速度,利用液压减震器的伸缩来保持车身平衡;另一类则是电子控制式空气悬架,它也是通过车载电脑计算悬架的受力及感应路面情况,适时调整空气减震器的刚度和阻尼系数,使车身的振动始终保持在一定范围内。这两类电控主动悬架都能实现车身高度调节,能通过改变减震器阻尼来抑制车身姿态变化,不过在性能表现上却是各有千秋:电控主动液压悬架在舒适性上稍差一些,对于复杂路况的反应也比较吃力,甚至还会导致油压过高而影响寿命;电控主动空气悬架所要求的悬架结构要复杂一些,制造成本高昂、维护保养成本也高。

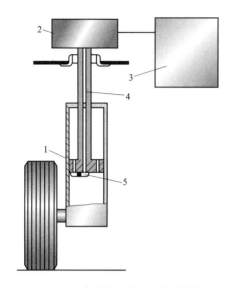
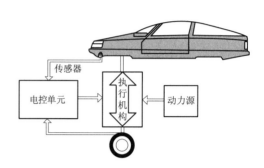

图 6-14 典型半主动悬架结构简图

1—节流孔；2—步进电机；3—电控单元；
4—阀杆；5—阀体

图 6-15 主动悬架组成示意图

## 八、线控电动转向（SBW）系统

线控电动转向系统是在电动助力转向系统的基础上发展而来的，两者都是用电机作为执行器。在线控电动转向系统中，转向盘和转向车轮之间是没有任何机械连接的。

线控电动转向系统又称为电子转向系统，主要由转向盘总成、转向执行总成、主控制单元（ECU）和容错控制单元（RECU）组成，如图 6-16 所示。

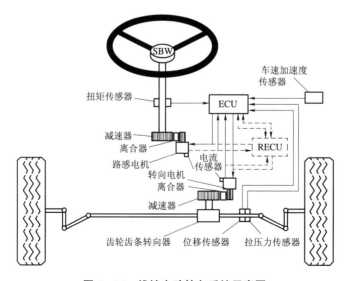

图 6-16 线控电动转向系统示意图

线控电动转向系统工作时，装在转向拉杆上的拉压力传感器和线位移传感器实时地反映出路面状况，即可得出路感信息，再将这些信息转换为电信号传给 ECU，ECU 依据车速传感器传来的电信号以及路感电机上反馈来的电流信号来控制路感电机的转动方向和输出转矩大小，从而完成对路感电机的实时控制。当转向盘转动时，装在转向轴上的扭矩传感器开始工作，将在转向轴上产生的扭矩信号和转向信号转换为电信号传给 ECU；同时，ECU 再依据车速传感器传来的电信号、拉杆上两传感器的路感信号以及转向电机上反馈来的电流信号来决定转向电机的转向方向和转矩大小，从而完成对转向执行电机的实时控制。在对转向电机和路感电机进行控制的同时，RECU 又对 ECU 进行实时监控，在 ECU 发生故障时对系统进行弥补控制。

与电动助力转向系统相比，线控电动转向技术提高了汽车的安全性能，改善了汽车的驾驶特性和驾驶员的路感性，增强了汽车的操纵性和舒适性，减小了整车质量，降低了燃油消耗，使汽车具有一定程度的智能化，是未来汽车转向系统的发展方向。目前，线控电动转向技术的瓶颈在于线控电动转向系统的传感器技术、总线技术、动力电源技术和容错控制技术。

## 九、汽车制动技术

制动系统是汽车安全行驶的重要保障，利用电子控制技术来提高汽车制动系统的性能并扩展其功能已越来越受到广泛重视。制动防抱死系统（Anti–lock Braking System，ABS）目前已非常成熟，在轿车上已成为一种标准配置，同时一些新型的电子制动控制系统还在不断推出，如电子制动力分配（Electronic Braking–force Distribution，EBD）系统、制动辅助系统（Braking Assistant System，BAS）、驱动防滑控制（Acceleration Slip Regulation，ASR）系统以及电子稳定性程序（Electronic Stability Program，ESP）等，这些电子控制技术的使用，大大提高了汽车的主动安全性。

**1. 电子制动力分配（EBD）系统**

汽车制动时，如果四只轮胎附着地面的条件不同，四个轮子与地面的摩擦力不同，在四个轮子的制动力相同的情况下汽车就容易产生打滑、倾斜和侧翻等现象。电子制动力分配系统的功能就是自动调节前、后轴的制动力分配比例，在一定程度上可以缩短制动距离，提高制动效能，并配合 ABS 提高制动时的方向稳定性。

当发生紧急制动时，EBD 系统在 ABS 起作用之前，可依据车辆的重量和路面条件来控制制动过程，自动调整汽车制动液压系统，使前、后轮的液压接近理想制动力的分布。因此，EBD 系统实际上是 ABS 的辅助功能，它可以改善并提高 ABS 的功效。

**2. 制动辅助系统（BAS）**

有研究表明，在出现紧急情况而实施紧急制动时，90% 左右的驾驶员不够果断，不能将制动踏板完全踩到底，使得制动系统的制动能力不能充分发挥，导致制动距离延长，引发交通事故。制动辅助系统就是为解决这一问题而研制的。

BAS 一般是在 ABS 的基础上，增加一个制动踏板位移传感器或者制动主缸油压传感器及一套液压助力系统。当制动踏板移动的速率或制动主缸油压的增长速率过快时，电控单元判断出此时驾驶员正在实施紧急制动，于是 BAS 起作用，助力油泵向制动主缸油路提供较高的制动油压，使制动系统的反应时间缩短，从而减小制动距离。

**3. 驱动防滑控制（ASR）系统**

车辆行驶时不但要求制动时的安全、高效与稳定，而且要求车辆在加（减）速、转向状态下仍具备行驶时的方向稳定性与可操纵性。当车辆在驱动状况下运行时，一旦车轮滑动率处于非稳定范围，会使车辆丧失稳定性与操纵性。采用驱动防滑控制 ASR 技术对驱动轮进行控制，当汽车加速时将滑动控制在一定的范围内，从而防止驱动轮快速滑动，保证行驶安全。

ASR 系统是在 ABS 基础上的扩充。ASR 系统与 ABS 共用车轮转速传感器和电控单元，只是在通往驱动车轮制动轮缸的制动管路中增设了一个防滑转制动压力调节器，在由加速踏板控制的主节气门上方增设了一个由步进电动机控制的副节气门，并在主、副节气门处各设置了一个节气门开度传感器。典型的 ABS/ASR 系统的组成如图 6-17 所示。

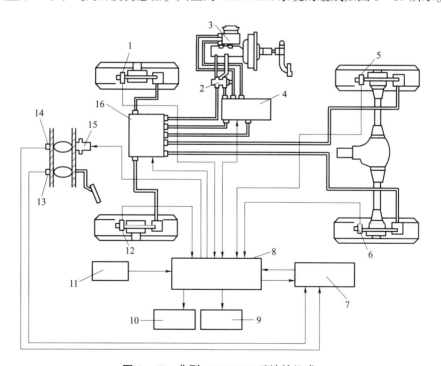

**图 6-17 典型 ABS/ASR 系统的组成**

1，5，6，12—轮速传感器；2—比例阀和差压阀；3—制动主缸；4—ASR 制动压力调节器；
7—发动机/变速器 ECU；8—ABS/ASR ECU；9，10—ASR 关闭指示灯；11—ASR 选择开关；
13—主节气门开度传感器；14—副节气门开度传感器；15—副节气门驱动步进电动机；16—ABS 制动压力调节器

当驱动防滑系统处于工作状态时，电控单元根据各车轮转速传感器检测到的转速信号，确定驱动车轮的滑动率和汽车的参考速度。当电控单元判定驱动车轮的滑动率超过设定的限值时，就使驱动副节气门的步进电动机转动，减小副节气门的开度。此时，即使主节气门的开度不变，发动机的进气量也会因副节气门开度的关小而减少。如果驱动车轮的滑动率仍未降低到设定的控制范围内，电控单元又会控制防滑制动压力调节器和 ABS 制动压力调节器，对驱动车轮施加一定的制动压力，则驱动车轮上就会作用一制动力矩，从而使驱动车轮的转速降低。

**4. 电子稳定性程序（ESP）**

在汽车行驶过程中，汽车不断受到横向和纵向的作用力，当横向力（侧向力）超过车轮的侧向抓地力时，汽车的操纵能力将大大降低，甚至失控，从而影响行车安全。在 ABS 和 ASR 系统基础上研制的电子稳定性程序可以实现对汽车纵向和横向滑移的控制，从而大大提高汽车的行驶稳定性和安全性。

ESP 是由德国博世（BOSCH）公司与梅赛德斯－奔驰（Mercedes－Benz）公司联合开发的。1998 年 2 月，梅赛德斯－奔驰公司首次批量在其 A 级微型轿车上安装 ESP。之后，世界各大汽车公司也纷纷开发类似系统，如日本丰田的 VSC（Vehicle Stability Control）系统、宝马公司的 DSC（Dynamics Stability Control）系统、沃尔沃公司的 DSTC（Dynamic Stability and Traction Control）系统等，虽然各大系统叫法不同，但原理基本相同。

ESP 集成了 ABS、ASR 和 BAS 等三个系统的基本功能，主要由转向角传感器、转速传感器、横向加速度传感器、侧滑传感器、发动机管理系统 ECU 以及 ESP 液压调节器等组成，如图 6-18 所示。

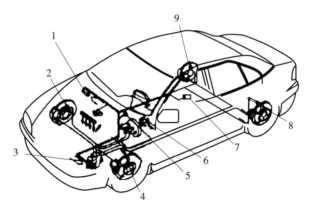

**图 6-18 ESP 组成示意图**

1—发动机管理系统 ECU；2，4，8，9—转速传感器；3—ESP 液压调节器；
5—转向角传感器；6—踏板行程传感器；7—侧滑传感器

ESP 通过传感器向车载电脑传递有关信息，车载电脑通过对这些信息的分析、计算，辨别驾驶员的行驶意图，一旦发现车身出现摆动趋势，系统将瞬间采取修正措施，使汽车达到最佳的行驶状态和操纵性能，实现或接近驾驶员的理想行车轨迹。当汽车发生转向不足时，前轮偏向轨迹外侧，ESP 通过对轨迹内侧的后轮制动来产生一个补偿力矩将车轮带回期望的行驶轨迹，如图 6 – 19（a）所示；当汽车发生转向过多时，汽车尾部横向摆动，此时 ESP 则通过对轨迹外侧的前轮制动产生一个补偿力矩将车轮带回期望的行驶轨迹，如图 6 – 19（b）所示。

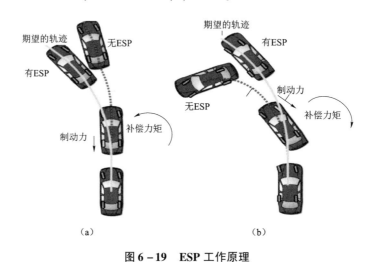

**图 6 – 19  ESP 工作原理**
(a) 汽车转向不足；(b) 汽车转向过多

## 第二节　新能源汽车

在 20 世纪的最后几十年，环境和能源对人类生活和社会发展的影响越来越大，节能、环保、新能源等字眼越来越紧密地与汽车联系在一起。研制开发更节能、更环保、使用替代能源的新型汽车成为各大汽车公司的当务之急。经过对各种新燃料、新能源和新动力的探索，电动汽车成为最主要的选择之一。电动汽车包括纯电动汽车（Electric Vehicle，EV）、混合动力电动汽车（Hybrid Electric Vehicle，HEV）和燃料电池电动汽车（Fuel Cell Electric Vehicle，FCEV）三种形式。

### 一、纯电动汽车（EV）

由于电动汽车采用电动机驱动，以蓄电池作为动力，因此其结构和燃油汽车明显不同，其系统布置如图 6 – 20 所示。电动汽车和燃油汽车在原动机和动力传递装置上是不同的。用电动机代替内燃机及其附属装置（即润滑、冷却、进排气系统等），使其结构简单；在动力传动装置上，取消了燃料箱和燃料控制系统，代之以电源系统、速度控制系统等，反而使整个装置的重量及体积近10倍于内燃机系统。

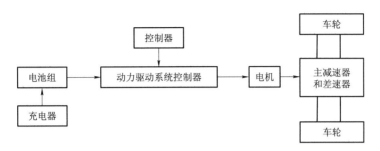

图6-20　电动汽车系统布置示意图

几年前，几乎所有的车辆牵引电机均为直流电机，这是因为牵引直流电机具有起步加速牵引力大、控制系统较简单等优点。近年来，交流电机驱动系统得到发展和应用，其突出优点是体积小、重量轻、效率高、基本免维护、调速范围宽。

在交流电机驱动系统中，动力电池的电流经动力分配单元送入系统控制器，系统控制器将直流电逆变成交流电驱动交流电机，电机输出的转矩经定速比减速器后，通过万向传动轴、主减速器、差速器和半轴驱动车轮，使汽车前进或倒退。当汽车制动减速时，车轮带动电机转动，通过矢量控制使感应电机成为交流发电机产生电能，经系统控制器逆变变换后给电池组充电，这一过程称为再生制动。具有再生制动的电动汽车使一次充电后的续驶里程增加10%~15%。由于交流感应电机体积小、重量轻，而动力电源逆变器均使用IGBT大功率管，所以动力驱动控制系统应有专门的冷却装置。系统控制器除了有主逆变器驱动牵引电机外，还有几个小功率DC/AC逆变器，逆变器产生的交流电用来驱动空调压缩泵电机、动力转向泵电机、制动泵电机和冷却泵电机。

在电动汽车中，储能元件起着向电机提供能量的作用，另外还可接收制动能量并将其储存起来。为使储能装置不致过大和过重，储能元件应具有较高的比功率和比能量。目前，在纯电动汽车上应用的储能元件有飞轮电池、超级电容器、电化学电池（铅酸电池、镍氢电池、锂离子电池）等。

虽然纯电动汽车与传统内燃机汽车相比具有很多优点，但目前其发展仍存在一定的困难，电动汽车的发展瓶颈体现在电池技术方面，一是电池能量密度低，二是充电时间长。另外，电动汽车系统的可靠性和高昂的价格也是阻碍电动汽车普及的主要原因。

## 二、混合动力电动汽车（HEV）

所谓混合动力电动汽车，是车上装有内燃机和电动机两种动力源。将产生动力的部件与电能储存元件以不同的方式结合起来，可以形成不同类型的HEV。简而言之，

HEV 就是将传统的内燃机［又称辅助动力装置（APU）］、电力驱动和储能装置结合在一起。与常规的内燃机动力相比，混合动力的主要优点是，采用了高功率的能量储存装置（飞轮、超级电容器或蓄电池）向汽车提供瞬时能量，可以减小发动机尺寸、提高效率、降低排放。另外，混合动力电动汽车基本上不改变现有的汽车产业结构，不改变现有能源（石油燃料）的体系，不改变用户对汽车的使用习惯，这也是它能够迅速实现产业化的重要因素。混合动力电动汽车（图 6-21）主要由发动机—发电机组、电动机—发电机、蓄电池组、驱动电动机、控制装置等组成。

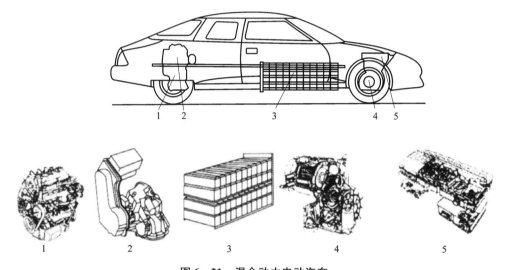

图 6-21 混合动力电动汽车

1—发动机—发电机组　2—电动机—发电机　3—蓄电池组　4—驱动电动机　5—控制装置

混合动力电动汽车的驱动系统是在纯电动汽车和内燃机汽车的基础上发展起来的，按照电动汽车动力驱动系统与 APU 的结合方式划分为串联、并联和混联三种驱动系统。

**1. 串联式混合动力驱动系统**

串联式混合动力驱动系统由电动机驱动汽车行驶，发动机与发电机集成为 APU，如图 6-22 所示。

发动机在最佳工况点附近驱动发电机以相对稳定的工况运行。当发电机发出的功率无法满足汽车行驶对功率的需求时（如起动、高速行驶、爬坡等），电池组可以向电动机提供额外的电能；当发电机发出的功率超过汽车行驶对功率的需求时（如低速、滑行、停车等），发电机向电池组充电。该系统 APU 与电动机无机械连接，整车布置的自由度较大，控制系统也简单，但能量转换次数多，效率不高，续驶里程有限，仍需设置充电站。

**2. 并联式混合动力驱动系统**

并联式混合动力驱动系统是指发动机与电动机可以分别独立地驱动车轮，如

图6-23所示，该系统适合于在城市间公路行驶的车辆。当汽车进入市区行驶时，关闭发动机，进入电动状态；当汽车在市郊公路行驶时，关闭电动机，由发动机直接驱动。

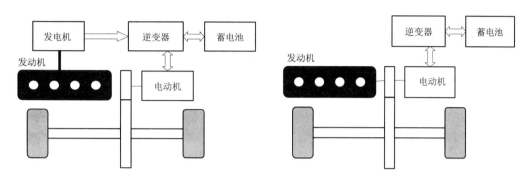

图6-22 串联式混合动力驱动系统　　　　图6-23 并联式混合动力驱动系统

**3. 混联式混合动力驱动系统**

在该系统中，发动机和电动机既可以分别驱动汽车也可以同时驱动汽车，如图6-24所示，发动机与电动机的工作状态是由计算机控制的。该系统适合各种行驶条件，且不需外界充电，续驶里程与内燃机汽车相当，是最理想的混合电动方案，但技术含量高，控制复杂。

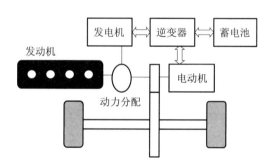

图6-24 混联式混合动力驱动系统

混合动力汽车与传统汽车发动机相比使用了一些新技术，除发动机、电动机、蓄电池等各种单元技术外，重要的技术是各系统的电子控制技术和整车的动力系统优化与控制技术。

根据车辆的类型、使用工况和设计目标，合理地选择发动机、发电机、电动机和混合动力驱动形式，充分发挥其各自的优势是混合电动汽车开发的核心，其中整车控制为研究重点。整车控制的主要任务有根据司机踏板位置、挡位、制动踏板力和蓄电池状态，整车ECU计算出发动机的输出功率、电动机转矩和发电机转速用于控制不同的汽车总成；在制动时，整车ECU给电动机发出能量回收再生发电控制命令。混合动力汽车整车控制系统的原理如图6-25所示。

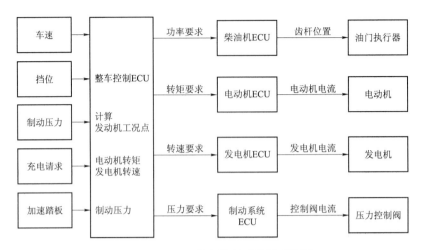

图 6-25 HEV 整车控制系统原理框图

**4. 插电式混合动力系统**

插电式混合动力汽车（Plug-in Hybrid Electric Vehicle，PHEV）是新型的混合动力电动汽车。区别于传统汽油动力与电驱动结合的混合动力，插电式混合动力驱动原理、驱动单元与电动车相同，唯一不同的是车上装备有一台发动机。

插电式混合动力汽车与普通混合动力汽车的区别：普通混合动力车的电池容量很小，仅在起/停、加/减速的时候供应/回收能量，不能外部充电，不能用纯电模式较长距离行驶；插电式混合动力车的电池相对比较大，可以外部充电，可以用纯电模式行驶，电池电量耗尽后再以混合动力模式（以内燃机为主）行驶，并适时向电池充电。

串联插电式混合动力汽车有时也被称为"增程式电动汽车"。

## 三、燃料电池电动汽车（FCEV）

采用燃料电池作为能源的电动汽车称为燃料电池电动汽车。目前的燃料电池主要以氢燃料电池为主。氢燃料电池是一种电化学发电装置，把化学能直接转化为电能，其基本原理是电解水的逆反应：把加注的氢和空气中的氧分别供给阴极和阳极，氢通过阴极向外扩散和电解质发生反应后，分解为氢离子和电子，产生电流的同时氢离子通过外部负载到达阳极，与氧结合生成水。图 6-26 所示为燃料电池电动汽车的组成示意图。

与传统内燃机汽车相比，燃料电池电动汽车具有以下优点：

（1）能量直接转换，转换效率高，理论上可达 100%，实际上已达 60%~80%；

（2）能量利用效率高，排放污染低，几乎可以达到零排放，具备使用替代燃料的可能性；

（3）低噪声，无振动，安静舒适；

（4）燃料补充容易，可迅速获得动力；

（5）低负载状态下有较高的效率。

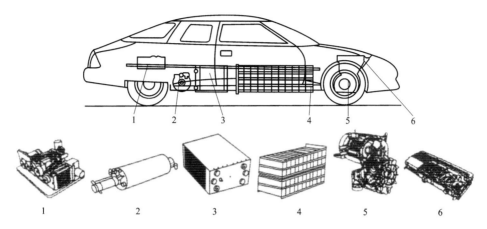

图 6-26 燃料电池电动汽车的组成

1—气体压缩机 2—氢气储存罐（储氢罐） 3—燃料电池组 4—蓄电池组 5—驱动电动机 6—控制装置

因此，燃料电池电动汽车可以说是世界上最环保、高效、低公害的汽车，代表着未来汽车工业的发展方向。

燃料电池按燃料状态分为液体型和气体型两种；按工作温度分为低温型（低于200℃）、中温型（200~750℃）和高温型（高于750℃）；按电解质类型不同分为碱性燃料电池（AFC）、磷酸燃料电池（PAFC）、熔融碳酸盐燃料电池（MCFC）、固体氧化物燃料电池（SOFC）、质子交换膜燃料电池（PEMFC）等。

为满足车辆所必需的快速起动和动力响应的能力，车用燃料电池必须具有较高的能量密度，同时具有成本低、安全性好、寿命长等特点。从能量密度、操作温度、耐$CO_2$能力以及耐振动冲击能力等来看，PEMFC最适合用作电动汽车的动力电源。PEMFC的能量转换效率理论上可达到80%。PEMFC又名固体高聚合物电解质燃料电池，PEMFC用可传导质子的聚合膜作为电解质，这种聚合膜是PEMFC的关键技术。

目前，世界上所有领先的汽车制造商都在积极开发燃料电池电动汽车，并且许多国家在燃料电池的研究方面取得了可喜的成绩，但从目前的技术条件来看，离燃料电池电动汽车实现全面的商业化还有一定的距离，这主要体现在燃料电池电动汽车的一些关键技术方面，如燃料电池发动机技术以及燃料的制备、储存和运输等方面。

## 第三节 智能网联汽车

随着全世界汽车保有量的快速增加，汽车发展带来的诸多问题日益突显，如何能减少或消除这些弊端，成为汽车技术发展的源动力。近些年出现的智能网联汽车受到重视，被公认为能有效解决相关问题，成为未来汽车的发展方向之一。

## 一、智能网联汽车的定义及内涵

智能网联汽车指搭载先进的车载传感器、控制器、执行器等装置,并融合现代通信与网络技术,实现车与X(人、车、路、云等)智能信息交换、共享,具备复杂环境感知、智能决策、协同控制等功能,可实现"安全、高效、舒适、节能"行驶,并可最终实现替代人操作的新一代汽车,如图6-27所示。

图6-27 智能网联汽车

从宏观层面看,智能网联汽车的意义不仅在于产品结构的改变或产品技术的升级,更重要的是将带来汽车及相关产业态和价值链体系的重塑。

从技术及产业体系层面看,智能网联汽车运用了计算机、现代传感、通信、人工智能及自动控制等技术,是一个集环境感知、规划决策和集成控制等于一体的高新技术综合体。其拥有自身相互依存的技术体系和产业链体系。其技术体系主要包括传感、决策、控制、通信、定位及数据平台等关键技术。产业链主要包括先进的传感器供应商、汽车电子系统供应商、整车企业及车联网相关供应商等。

智能汽车、智能网联汽车、无人驾驶汽车、车联网、智能交通系统有着密切相关性,但没有明显分界线,它们的关系如图6-28所示。

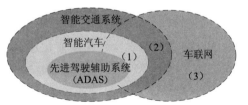

(1)——协同式智能车辆控制(智能网联汽车)
(2)——协同式智能交通管理与信息服务
(3)——汽车智能制造、电商及后服务

图6-28 智能网联汽车相关概念关系

## 二、智能网联汽车国内外发展

为与国际先进智能网联汽车技术水平保持同步发展,开发具有自主知识产权的智能网联汽车产品和技术，积极推进行业亟需的智能网联汽车技术规范与标准，在国家相关部委支持下，2013年，中国汽车工程学会联合包括汽车整车企业、科研院所、通信运营商、软硬件厂商等在内的30多家单位共同发起成立"车联网产业技术创新战略联盟"，2015年7月更名为"智能网联汽车产业技术创新战略联盟"。联盟成立后，通过协同创新和技术共享，在智能网联汽车领域完善相关的标准法规体系，搭建共性技术平台，促进形成示范试点工程，推动建设可持续发展的智能网联汽车产业发展环境，为我国智能网联汽车产业发展奠定了良好基础。联盟的成立也为各单位智能汽车的技术研发和共享提供了平台，节约了我国智能汽车研发的时间和成本。

2016年，工信部组织行业加紧制定智能网联汽车的发展战略、技术路线图和标准体系，交通部在实行"两客一微"车辆管理方面也已经为智能交通管理积累了丰富经验。

2018年3月，由上海市经信委、市公安局和市交通委联合制订的《上海市智能网联汽车道路测试管理办法（试行）》正式发布，全国首批智能网联汽车开放道路测试号牌发放。上汽集团和蔚来汽车拿到上海市第一批智能网联汽车开放道路测试号牌。两家公司研发的智能网联汽车从位于嘉定的国家智能网联汽车（上海）试点示范区科普体验区（E-Zone）发车，在博园路展开首次道路测试。

美国：将发展智能网联汽车作为美国发展智能交通系统的一项重点工作内容，通过制定国家战略和法规，引导产业发展。2016年发布了《美国自动驾驶汽车政策指南》，引起行业广泛关注。

日本：较早开始研究智能交通系统，政府积极发挥跨部门协同作用，推动智能网联汽车项目实施。计划2020年在限定地区解禁无人驾驶的自动驾驶汽车，到2025年在国内形成完全自动驾驶汽车市场目标。

欧盟：支持智能网联汽车的技术创新和成果转化，在世界保持领先优势。通过发布一系列政策及自动驾驶路线图等，推进智能网联汽车的研发和应用，引导各成员国智能网联汽车产业发展。

## 三、智能网联汽车"三横两纵"技术架构

智能网联汽车涉及汽车、通信、交通等多种技术的交叉融合。其整体技术架构可被描述为"三横两纵"。"三横"指车辆关键技术、信息交互关键技术和基础支撑技术。智能网联汽车将以高精度定位等技术为基础，在保证信息安全的前提下，运用V2X通信、云平台与大数据等信息交互技术，丰富车辆的感知、决策、控制与执行能力，实现网联车辆的智能驾驶。"两纵"指支撑智能网联汽车发展的车载平台和基础设施条件。其核心是实现能够支撑车辆感知、决策、控制与执行的物理架构，以及实现能够支撑智能车辆行驶及车路信息交互的道路基础设施。

在智能网联车辆"三横两纵"技术架构中,车辆关键技术、信息交互关键技术和基础支撑技术等三大横向关键技术具有丰富的内涵。将这些关键技术按照3个层次予以细分,则能够构成完整的智能网联汽车技术体系。

## 四、智能网联汽车的分级

**1. 智能网联汽车的智能化分级**

关于智能网联汽车智能化程度的分级,美国汽车工程学会(SAE)、美国高速公路安全管理局(NHTSA)、德国汽车工业协会(VDA)等各有说法。

在我国《智能网联汽车技术路线图》中,参考美国SAE分级定义,综合考虑我国道路交通情况,将智能网联汽车的智能化程度分为5级,并列出各级别的智能系统所能够适应的典型工况,即辅助驾驶阶段(DA)、部分自动驾驶阶段(PA)、有条件自动驾驶阶段(CA)、高度自动驾驶阶段(HA)和完全自动驾驶阶段(FA)。其中,1~2级智能化程度较低,由人监控驾驶环境;3~5级智能化程度较高,由"系统"监控驾驶环境。

按照网联通信内容的不同,智能网联汽车的网联化程度可分为3个等级:网联辅助信息交互、网联协同感知和网联协同决策与控制。

网联辅助信息交互级,指其控制和监视的主体为人,而传递的典型信息为地图、交通流量等确定型辅助信息,对传输实时性与可靠性要求较低。网联协同感知级,指控制与监视的主体为人与系统,而传递的典型信息为行人、车辆等不确定型感知信息,对传输实时性、可靠性要求较高。网联协同决策与控制级,指控制与监视的主体为人与系统,而传递的典型信息为车–车/车–路间决策与控制等不确定型信息,对传输实时性、可靠性要求很高。

**2. 智能网联汽车的综合分级**

在以智能网联汽车的5个智能化分级为横坐标,3个网联化分级为纵坐标所形成的平面中,大致将智能网联汽车分为4个等级:自主驾驶辅助、网联驾驶辅助、自主自动驾驶和智能化分级网联自动驾驶。

由此可推断智能网联汽车的3种发展趋势:① 在无网联通信条件下,随着智能化等级的提高,智能网联汽车将由自主驾驶辅助发展至自主自动驾驶;② 在低智能化等级下,随着网联化等级的提高,车辆将由自主驾驶辅助发展至网联驾驶辅助;③ 最高级的车辆智能化与网联化,可有机结合为智能网联汽车的最高形态,即网联自动驾驶汽车。

## 五、智能网联汽车系统组成

智能网联汽车是以汽车为主体,利用环境感知技术实现多辆车有序通行,并通过无线通信网络手段为用户提供多样化信息服务。智能网联汽车由环境感知层、智能决策层以及控制和执行层组成。

环境感知层主要是通过车载环境感知技术、卫星定位技术、4G/5G 及 V2X 无线通信技术等，实现对车辆自身属性和车辆外在属性（如道路、车辆和行人等）静、动态信息的提取和收集，并向智能决策层输送信息。

智能决策层主要是接收环境感知层的信息并进行融合，对道路、车辆、行人、交通标志和交通信号等进行识别，决策分析和判断车辆驾驶模式和将要执行的操作，并向控制和执行层输送指令。

控制和执行层主要是按照智能决策层的指令，对车辆进行操作和协同控制，并为网联汽车提供道路交通信息、安全信息、娱乐信息、救援信息以及商务办公、网上消费等，保障汽车安全行驶和舒适驾驶。

从功能角度讲，智能网联汽车与一般汽车相比，主要增加了环境感知与定位系统、无线通信系统、车载自组织网络系统和先进驾驶辅助系统等。

智能网联汽车在安全行驶、节能环保、商务办公、信息娱乐等方面有着广泛的应用前景。

## 六、智能网联乘用车阶段发展目标与里程碑

根据智能网联汽车的智能化分级和网联化分级，我国智能网联乘用车阶段发展目标如下（图 6 – 29）。

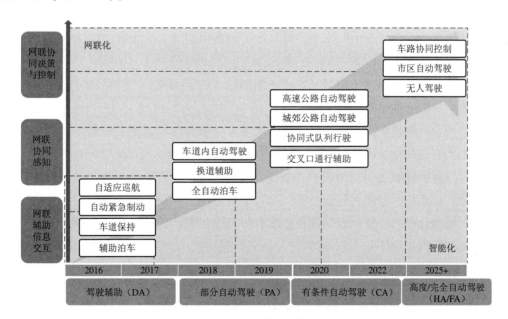

图 6 – 29　智能网联乘用车里程碑

(1) 2016年左右,实现DA级智能化。通过自主环境感知实现单向的驾驶辅助功能。其中,典型系统包括自动紧急制动(AEB)、车道保持辅助(LKA)、自适应巡航(ACC)、辅助泊车(PA)等。

(2) 2018年左右,实现PA级智能化。以自主环境感知为主,并能提供基于网联的智能化信息引导。其中,典型的系统包括车道内自动驾驶、全自动泊车(AP)、换道辅助(LCA)等。

(3) 2022年左右,实现CA级智能化。具备网联式环境感知能力,可适应较为复杂工况下的自动驾驶环境。其中,典型系统包括高速公路自动驾驶(Highway Pilot)、城郊公路自动驾驶(Urban Pilot)、协同式队列行驶(CACC)、交叉口通行辅助等。

(4) 2025年以后,实现HA/FA级智能化。具备车与其他交通参与者间的网联协同控制能力,实现高速公路、城郊公路和市区道路的自动驾驶,在此基础上,进一步实现全路况条件下的自动驾驶。

# 第四节 《中国制造2025》之汽车

《中国制造2025》是中国政府实施制造强国战略第一个十年的行动纲领。

《中国制造2025》提出,坚持"创新驱动、质量为先、绿色发展、结构优化、人才为本"的基本方针,坚持"市场主导、政府引导,立足当前、着眼长远,整体推进、重点突破,自主发展、开放合作"的基本原则,通过"三步走"实现制造强国的战略目标:第一步,到2025年迈入制造强国行列;第二步,到2035年中国制造业整体达到世界制造强国阵营中等水平;第三步,到新中国成立一百年时,综合实力进入世界制造强国前列。

围绕实现制造强国的战略目标,《中国制造2025》明确了9项战略任务和重点,提出了8个方面的战略支撑和保障。

汽车产业是制造业的典型代表,是体现国家竞争力和制造业实现创新驱动、转型升级、由大变强的标志性领域之一。《中国制造2025》提出"节能与新能源汽车"作为十大重点发展领域之一,明确了"继续支持电动汽车、燃料电池汽车发展,掌握汽车低碳化、信息化、智能化核心技术,提升动力电池、驱动电机、高效内燃机、先进变速器、轻量化材料、智能控制等核心技术的工程化和产业化能力,形成从关键零部件到整车的完整工业体系和创新体系,推动自主品牌节能与新能源汽车与国际先进水平接轨"的发展战略,为我国节能与新能源汽车产业发展指明了方向。

## 一、汽车产业是制造强国战略的必然选择

从制造强国看,汽车产业以其在国民经济中的重要地位和对经济增长的重要贡献

被列为国家的战略性竞争产业。以汽车为代表的第二次工业革命延续了百余年,欧美日等制造强国也无一不是汽车强国。当前,以第三次工业革命为背景,全球技术创新与经济复苏日趋活跃,汽车产业又是第三次工业革命涉及的数字化、网络化、智能化以及新能源、新材料、新装备等技术创新最全面、大规模的载体与平台,因此再次成为工业革命和工业化水平的代表性产业。

无论是从创新驱动发展,还是国民经济的可持续健康发展来看,具有大规模效应与产业关联带动作用的汽车产业都应是战略必争产业。中国汽车工业增加值占 GDP 的比重仅为 1.53%,与汽车强国 4% 的水平存在较大差距,其原因就是我们在产业链的低端,是制造而非创造,因此汽车工业做强将为国民经济发展发挥更重要的作用。同时,汽车工业极强的产业关联与带动性,也是中国制造业技术创新水平的集中体现。

## 二、汽车产业发展面临的主要问题与制约因素

(一)对汽车产业在制造强国建设和经济转型升级中的重要战略地位认识不足,清晰系统持续的产业发展战略和顶层设计缺失。近年来我国汽车产业发展迅猛,但汽车产业发展战略依旧不清晰,缺乏系统完整的汽车强国战略。汽车产业政策的不持续性,导致国内汽车市场波动大,企业产能要么难以适应,要么出现闲置,加剧了国内市场的低水平竞争,产业大而不强。

(二)关键核心技术受制于人,自主创新能力偏弱。目前,我国主要汽车集团在乘用车平台技术、发动机系统、新能源电池等领域仍未完全掌握关键技术,尚未形成完整工业体系及能力。

(三)缺乏基础研究共性技术平台与创新体系支撑。目前,我国初步建立官产学研相结合的创新体系,但是由于产业组织结构、企业规模及治理模式等多种因素制约,对基础共性技术的研究仍偏弱,另外,目前尚无跨行业、跨领域、跨技术的协调管理机制。

(四)传统汽车产业整体技术水平和研发能力薄弱,供应链体系不完整,制约战略新兴产业的快速发展。由于我国传统汽车及其相关产业的创新能力、研发投入强度相对薄弱,相关产业链尚不完善,部分关键零部件原材料和关键元器件依赖国外,制约了节能与新能源汽车的快速发展。

(五)商业运营模式、人文等软环境发展滞后,自主品牌培育仍需时日。目前,汽车产业主导的商业模式仍未确定,汽车文化环境建设滞后,同时国产汽车技术水平、产品质量、性能等方面仍与国际先进水平存在差距,缺乏核心竞争力。

## 三、节能与新能源汽车是汽车制造强国的必由之路

随着全球汽车保有量的迅速增长,源于能源、环境和安全方面的压力日益加大。

从可持续发展看，汽车产业必须解决能源、污染、安全和拥堵全球公认的四大汽车公害，低碳化、信息化与智能化汽车已被认为是最终解决方案。

美、日、欧等国家和地区都已提出了汽车低碳化、电动化、智能化的发展目标，并通过加强技术创新、跨产业协同融合等规划，加快推动实现汽车产业在新一代信息技术、清洁能源技术发展大背景下的转型和变革。

在低碳化方面，主要汽车发达国家基本都提出了乘用车燃料消耗量2020年达到5 L/100 km，2025年达到4 L/100 km左右的目标。

在电动化方面，在各国政府的积极推动和主要汽车制造商的努力下，基于动力电池技术进步和成本降低，全球汽车电动化进程不断加快。2014年全球电动汽车销量达30万辆。据国际能源机构预测，到2030年电动汽车将占世界汽车销量的30%。

在智能化方面，世界先进国家已将汽车产业的发展蓝图确定为要实现基于网络的设计、制造、服务一体化的数字模型。例如，德国工业4.0清晰定义了基于互联网的智能汽车、设施及制造服务的信息物理融合系统，并明确了从汽车机电一体化到智能驾驶信息物理融合推进时间表。欧盟计划2050年形成一体化智能和互通互联汽车的交通区，互联汽车于2015年上市。

2017年中国汽车销量达2 887.89万辆，截至2018年6月底，汽车保有量2.29亿辆。近年来，中国石油进口依存度已接近60%，交通领域石油消费占比接近50%，其中近80%被汽车消耗。同时，城市道路交通矛盾日益突出，汽车成为环境污染排放的重要来源，由此可见，汽车产业肩负着改善交通、保护环境、节约能源等的重要责任，中国汽车产业发展节能与新能源汽车，实现低碳化、电动化、智能化发展刻不容缓。从中国汽车产业的现状看，依据汽车产业的现有基础、在国家战略性新兴产业与节能减排法规的促进下，经过"十三五"期间的扎实推进与重点突破，有可能在"十四五"期间形成低碳化、信息化、智能化的节能与新能源汽车优势领域。

### 四、推动节能与新能源汽车产业发展的战略目标

**1. 纯电动汽车和插电式混合动力汽车**

（1）产业化取得重大进展。到2020年，自主品牌纯电动和插电式新能源汽车年销量突破100万辆，在国内市场占70%以上；到2025年，与国际先进水平同步的新能源汽车年销量300万辆，在国内市场占80%以上。

（2）产业竞争力显著提升。到2020年，打造明星车型，进入全球销量排名前10，新能源客车实现批量出口；到2025年，2家整车企业销量进入世界前10。海外销售占总销量的10%。

（3）配套能力明显增强。到2020年，动力电池、驱动电机等关键系统达到国际先进水平，在国内市场占有率80%；到2025年，动力电池、驱动电机等关键系统实

现批量出口。

（4）逐步实现车辆信息化、智能化。到2020年，实现车－车、车－设施之间信息化；到2025年，智能网联汽车实现区域试点。

**2．燃料电池汽车**

（1）关键材料、零部件逐步国产化。到2020年，实现燃料电池关键材料批量化生产的质量控制和保证能力；到2025年，实现高品质关键材料、零部件国产化和批量供应。

（2）燃料电池堆和整车性能逐步提升。到2020年，燃料电池堆寿命达到5 000 h，功率密度超过2.5 kW/L，整车耐久性达到15万km，续驶里程500 km，加氢时间3 min，冷起动温度低于－30 ℃；到2025年，燃料电池堆系统可靠性和经济性大幅提高，和传统汽车、电动汽车相比具有一定的市场竞争力，实现批量生产和市场化推广。

（3）燃料电池汽车运行规模进一步扩大。到2020年，生产1 000辆燃料电池汽车并进行示范运行；到2025年，制氢、加氢等配套基础设施基本完善，燃料电池汽车实现区域小规模运行。

**3．节能汽车**

到2020年，乘用车（含新能源乘用车）新车整体油耗降至5 L/100 km，2025年，降至4 L/100 km左右。到2020年，商用车新车油耗接近国际先进水平，到2025年，达到国际先进水平。

**4．智能网联汽车**

到2020年，掌握智能辅助驾驶总体技术及各项关键技术，初步建立智能网联汽车自主研发体系及生产配套体系。到2025年，掌握自动驾驶总体技术及各项关键技术，建立较完善的智能网联汽车自主研发体系、生产配套体系及产业群，基本完成汽车产业转型升级。

### 五、节能与新能源汽车技术路线图

受国家制造强国建设战略咨询委员会、工业和信息化部委托，中国汽车工程学会组织逾500位行业专家历时一年研究编制了《节能与新能源汽车技术路线图》。该路线图具有高起点、权威性、广泛性、引领性、国际性和跨界性等鲜明特色。

《节能与新能源汽车技术路线图》总体框架是"1+7"，1个总报告，再加7个分报告。主要包括总体技术路线图、节能汽车技术路线图、纯电动和插电式混合动力汽车技术路线图、氢燃料电池汽车技术路线图、智能网联汽车技术路线图、汽车制造技术路线图、汽车动力电池技术路线图、汽车轻量化技术路线图。

《节能与新能源汽车技术路线图》对国内外汽车技术发展进行分析。世界汽车技术向着低碳化、信息化、智能化方向发展，包括产品、工艺、服务综合的趋势。其次是我国汽车技术的现状，中国汽车产销规模连年第一，已成为世界第一大汽车市场。整体的技术水平显著提升，近三年是自主品牌汽车升级转型的时期，行业内外对中国汽车自主品牌的评价开始发生显著的变化。同时在关键技术领域也取得了重大进展，但是跟先进国家相比，由于起步晚、基础弱，目前我国尚不是汽车强国，多个方面与各大传统汽车强国还存在差距。技术创新体系初步形成但尚未完善。经济发展、社会进步、产业变革需要汽车技术的支撑。产业战略定位提出汽车技术加速发展的需求。能源环境的压力提出汽车绿色技术发展的需求，交通安全升级提出汽车技术融合发展的需求。科技变革与产业重构要求我们汽车技术创新发展。

**1. 总体目标和关键里程碑**

汽车技术自身的复杂性与当前的外部机遇共同要求明确清晰的技术路线图，结合中国汽车产业与技术形式，明确中国汽车技术发展方向来制定科学、合理、清晰的技术路线图，对整个行业的发展是至关重要的。在此基础上凝练出技术路线图的总体目标和关键里程碑。

发展愿景是社会和产业两个维度，产品方向是节能汽车、新能源汽车、智能网联汽车。技术趋势是低碳化、信息化和智能化。产业自身的愿景和社会的愿景互为支撑。从而制定了总的目标以及关键里程碑。

路线图中显示，产业规模预测2020年汽车年产销规模达到3 000万辆，2025年3 500万辆，2035年3 800万辆；乘用车新车整体油耗2025年降至4 L/100 km，2030年降至3.2 L/100 km；2020年新能源汽车销量超过总销量7%，2025年超过15%，2030年超过40%；驾驶辅助（DA）、部分自动驾驶（PA）车辆市场占有率在2020年约为50%。2025年DA以及PA占有率保持稳定，高度自动驾驶（HA）车辆的占有率为10%~20%。2030年完全自动驾驶（FA）车辆实现产业化，市场占有率达到10%。产业能耗方面，2020年单位GDP能耗水平要比现在下降20%，2025年下降35%，2030年下降50%。

**2. 分领域技术路线图**

技术路线图在此基础上进一步凝练出分领域技术路线图。分领域技术路线图从7个方面，即节能汽车、纯电动与插电式混合动力汽车、燃料电池汽车、智能网联汽车、动力电池、轻量化技术和汽车制造技术，提出总体思路，论述了技术现状与发展趋势、发展愿景与目标、技术发展路线、技术创新需求以及近期优先行动项。

创新保障措施是为保证汽车产业技术路线图的有效实施，需发挥制度优势，动员各方面力量，完善政策措施，建立灵活高效的实施机制，营造良好的发展环境。技术路线图实施效果预估主要在碳排放总量上显现，按本路线图，中国汽车产业从油井到车轮的$CO_2$排放总量将从2028年呈现下降趋势，若2025年前实现从高碳电网向低碳电网转型，汽车产业$CO_2$将在2026年呈现下降趋势。

# 第七章 汽车材料

一辆汽车是由上万个或几万个零部件组成的,为了满足其使用性能、工艺性能、经济成本等多种因素的要求,众多的汽车零部件采用了不同的材料来制造。常用的汽车制造材料包括金属材料和非金属材料,其中金属材料可分为黑色金属、有色金属及其合金,非金属材料主要有塑料、橡胶和玻璃等。汽车运行材料是指汽车用燃料、润滑材料和工作液等。

## 第一节 汽车制造用金属材料

### 一、黑色金属

通常所说的黑色金属包含钢和铸铁,它们在汽车制造材料中占有相当高的比重,如东风 EQ1092 型载货汽车黑色金属的用量占全部金属材料的 86% 左右。在一般的乘用车中黑色金属在汽车总重量中所占比例可达 60%~70%。随着汽车轻量化技术的发展,黑色金属的比例在逐渐下降,但目前在汽车制造材料中仍然占有十分重要的地位。因此,了解和认识黑色金属是非常必要的。

**1. 钢**

钢和铸铁均是铁和碳的合金,但两者的含碳量不同,一般把含碳量在 0.021 8%~2.11% 之间的铁碳合金称为钢。除此之外,钢中的硫、磷(S、P)等有害的杂质元素含量较低,一般含 S 量 $w_S \leq 0.05\%$,含 P 量 $w_P \leq 0.045\%$。S、P 含量越低,钢的品质等级越高。铁(Fe)元素在地球上储量丰富,冶炼和加工技术较为成熟,产量较高,因此其价格相对低廉。同时通过改变钢的化学成分和热处理工艺等,可以赋予钢所需的优异力学性能和工艺性能,使其在汽车制造上得到广泛的应用。钢按照化学成分可分为碳素钢和合金钢。

(1) 碳素钢:此种钢中碳元素为主要加入的合金元素。碳是钢中最重要的合金元素,碳含量的高低直接影响钢的硬度、强度和塑性等力学性能。生产中习惯按含碳量的多少将碳素钢分为低碳钢、中碳钢和高碳钢。

低碳钢:含碳量在 0.25% 以下(含碳量小于 0.04% 时习惯称为工业纯铁)。低碳钢硬度、强度较低,但塑性、韧性很高,有良好的焊接性能。因此在汽车上用于制造强度要求不高的零部件,如油底壳、油箱、离合器盖、驾驶室、车厢板件,电机支撑架等。汽车上常用的牌号有 08F 钢、08Al 钢、10 钢、15 钢、20 钢等。

中碳钢：含碳量为 0.25%~0.6%。中碳钢切削加工性好，经调质处理后具有良好的综合机械性能，即强度、硬度较高，同时塑性、韧性较好。广泛应用于对强度要求稍高的零件，或对综合机械性能要求不是太高的受力较小的零件，也可用于渗碳或表面淬火件，如机油泵齿轮、气缸盖定位销及套筒等零件。常用的牌号包括 35 钢、40 钢、45 钢。

高碳钢：含碳量在 0.6% 以上，但一般不大于 1.3%。由于含碳量的增大，高碳钢硬度、强度和耐磨性均相对较高，但塑性、韧性较差。汽车零件所用高碳钢含碳量一般为 0.6%~0.8%，经过淬火+中温回火处理后的微观组织具有较高的弹性极限、耐磨性和疲劳性能。主要用于汽车的螺旋弹簧、离合器弹簧、气门弹簧等小型弹性元件。常用的牌号为 65 钢、75 钢、60 锰钢（60Mn）、65 锰钢（65Mn）等。

（2）合金钢：在碳素钢中加入一种或多种适量的合金元素，就形成合金钢。在合金钢中常加入的非碳合金元素包括铬（Cr）、锰（Mn）、镍（Ni）、硅（Si）、钨（W）、钼（Mo）及钒（V）、钛（Ti）、铌（Nb）、硼（B）、稀土元素（Re）等，后面几种元素一般加入量均较少。相对碳素钢而言，合金钢强度、硬度、耐磨性以及塑性、韧性、疲劳性能等均有很大的提高。许多重要的汽车零部件对材料的力学和其他方面的性能有更高的要求，碳素钢是难以满足的。

合金钢按合金元素含量可分为低合金钢（合金元素总量小于 5%）、中合金钢（合金元素总量为 5%~10%）和高合金钢（合金元素总量大于 10%）。合金钢依据里面加入合金元素的种类和总量，按照用途大致可分为合金结构钢、合金工具钢、特殊性能合金钢。

合金结构钢：在汽车上主要用于制造重要的传动、承重、受热、受摩擦磨损和冲击较剧烈的零部件。典型的如制造汽车变速器齿轮、主传动器齿轮的材料有 20 铬锰钛钢（20CrMnTi）、20 铬钼钢（20CrMoH）等。制造汽车连杆、凸轮轴、曲轴等所用的材料有 40 铬钢（40Cr）、40 锰钒硼钢（40MnVB）、40 铬镍钼钢（40CrNiMo）、35 铬钼钢（35CrMo）等。制造汽车用高强度螺栓的材料有 35 铬钼钢（35CrMo）、42 铬钼钢（42CrMo）、42 铬钼钒铌钢（42CrMoVNb）等。60 硅 2 锰钢（60Si2Mn）、50 铬钒钢（50CrVA）等被用于制造汽车用钢板弹簧、各种性能要求较高的螺旋弹簧。滚铬 15 钢（GCr15）、滚铬 15 硅锰钢（GCr15SiMn）、滚铬 9 钢（GCr9）等滚动轴承钢用于制造汽车滚动轴承等。

合金工具钢：合金工具钢一般含碳量或含合金量较高，甚至常具有高碳高合金的化学成分特点。该类钢常具有高硬度、高强度、高耐磨性等性能。合金工具钢常不被直接用于制造汽车零件，但它是汽车零件生产制造以及维修中必不可缺的材料。例如，汽车齿轮、轴类及其他零件的切削加工中需要滚齿刀、车刀、铣刀、钻头等各种刀具,这些刀具所用到的材料被称为刃具钢,常用的合金刃具钢有 W18Cr4V、W6Mo5Cr4V2、W6Mo5Cr4V2Al 等。汽车钢板的落料、冲裁、拉延,汽车大梁的弯曲,汽车螺栓的冷镦及搓丝等各种制造工艺需要冷作模具来实现,常用的冷作模具钢有 Cr12MoV、Cr12Mo1V1、Cr4W2MoV 等。汽车连杆、曲轴、凸轮轴、转向节、活塞等零件需要在热作模具内锻造加工或压铸成型,常用的热作模具钢有 5CrNiMo、3Cr2W8V、4Cr5Mo4SiV1(H13 钢)等。

在汽车零部件制造和维修检测中使用到的一些精密量具,如千分尺、卡尺、量规等,要求有高的耐磨性、高的尺寸稳定性和良好的耐蚀性等性能,一般可选用 CrWMn、GCr15、4Cr13 等合金钢制造。另外,在以塑料为原材料加工的一些汽车零件中,其所用的塑料模具多采用塑模45钢(SM45)、3Cr2Mo(P20 钢)、3Cr2NiMo 等合金钢。

特殊性能合金钢:汽车零件制造所涉及的特殊性能钢主要包括不锈钢、耐热钢。一些长期在腐蚀介质中工作的汽车零件,如油泵、水泵,另一些需要耐受高温和气体腐蚀的汽车零件,如汽车排气管、排气阀等,均应选用 022Cr17Ni12Mo2(316L 不锈钢)、022Cr11Ti(409 不锈钢)、06Cr19Ni10(304 不锈钢)、4Cr9Si2、4Cr10Si2Mo、2Cr21Ni12MnSiN(简称 21-12N 钢)等。

**2. 铸铁**

铸铁一般指含碳量为 2.11%~6.69% 的铁碳合金。在此成分区间,高温下铁液凝固时将发生共晶反应,液相存在的时间长,完全凝固的温度低,故适合于铸造成型。通常铸铁件由高温铁液直接浇铸而成,属于液态成型,适宜制造形状较复杂、受力不很大的零部件,如气缸盖、气缸套、后桥壳等。

相比于钢,铸铁中除含碳量较高外,含硅量也较高,杂质元素 S、P 的含量一般也高于钢。碳在铸铁中主要有下列三种存在形式:① 形成间隙固溶体;② 与 Fe 形成 $Fe_3C$;③ 以游离态的石墨形式存在。

当铸铁中的碳全部或大部分以化合态的 $Fe_3C$ 存在时,铸铁断口呈白亮色,故称为白口铸铁。单纯的白口铸铁硬而脆,一般在铸件中很少采用全白口组织。若铸铁中的碳元素基本以单质石墨存在,按照石墨形态的不同,铸铁可分为灰口铸铁、球墨铸铁、蠕墨铸铁、可锻铸铁。另外,在铸铁中也可加入适当的合金元素形成合金铸铁,从而提高铸铁的一些性能。

(1)灰口铸铁:碳主要以片状石墨形式存在的铸铁,其断口呈浅烟灰色。由于片状石墨相当于金属基体中的裂纹或空洞,破坏了基体的连续性,且易导致应力集中,故灰口铸铁的抗拉强度和塑性等力学性能较低。但灰口铸铁具有良好的铸造性能、减振性、切削加工性及良好的减摩性等,常用于制造支撑基座、气缸盖、气缸体、变速箱体等。

灰铸铁牌号用"HT"和代表机械性能指标的数字组成。"HT"是灰铸铁代号,即"灰铁"的汉语拼音字头,数字表示其最低抗拉强度值,单位为 MPa。如 HT150,表示材料为灰口铸铁,最低抗拉强度为 150 MPa。

（2）球墨铸铁：将普通灰铸铁的铁液加入球化剂进行球化并孕育处理,使石墨以球状存在,就得到球墨铸铁。石墨球的圆整度越好,球径越小,分布越均匀,则球墨铸铁的力学性能就越好。球状石墨对金属基体的割裂作用最小,又无应力集中作用,故与灰铸铁相比,有高的强度和良好的塑性与韧性。它的某些性能可以与钢相媲美,如屈服点比碳素结构钢高、疲劳强度接近中碳钢。同时,它还具有灰铸铁的减振性、减摩性和切削加工性等优良性能,在汽车上得到较多的应用。可用来代替铸钢、合金钢和有色金属,制造一些形状较复杂,强度、韧性和耐磨性较高的零件。如珠光体球墨铸铁可制造汽车曲轴、连杆、凸轮轴以及机油泵齿轮等,铁素体球墨铸铁可制造桥壳等。

球墨铸铁牌号一般用"QT"+两组数字表示。"QT"是"球铁"的汉语拼音字头。第一组数字表示最低抗拉强度值,单位为 MPa；第二组数字表示最低延伸率的百分数值。例如,QT700-2 表示最低抗拉强度为 700 MPa,最低延伸率为 2%。

（3）蠕墨铸铁：将普通灰铸铁成分的铁液进行变质处理（加入蠕化剂）,使石墨形似蠕虫状,由此获得蠕墨铸铁。蠕墨铸铁兼有球墨铸铁和灰口铸铁的某些优点。蠕墨铸铁的力学性能高于灰口铸铁,介于灰口铸铁与球墨铸铁之间。其铸造性能、减振性和导热性能都优于球墨铸铁,并接近于灰口铸铁。蠕墨铸铁常用于制造柴油机气缸、气缸盖、机座、增压器零件、制动鼓等。

蠕墨铸铁牌号常用 RuT+一组数字表示。"RuT"是"蠕铁"的汉语拼音字头,数字表示其最低抗拉强度值。例如,RuT420,表示最低抗拉强度为 420 MPa 的蠕墨铸铁。

（4）可锻铸铁：可锻铸铁俗称玛钢、马铁,其实并不可锻造。前面几种铸铁是浇注过程中碳元素直接以石墨的形式存在,而可锻铸铁生产过程为：首先浇注成白口铸铁件,碳以化合态的 $Fe_3C$ 存在；然后经可锻化退火使 $Fe_3C$ 高温下分解为团絮状石墨,从而获得可锻铸铁。可锻铸铁的力学性能比灰铸铁高,塑性和韧性较好。金属基体组织不同,其性能也不同,其中黑心可锻铸铁具有较高的塑性和韧性,而珠光体可锻铸铁具有较高的强度、硬度和耐磨性。故可锻铸铁适合制造一些截面小而形状复杂,工作中受到振动冲击而强度、韧性要求较高的零件,如汽车后桥外壳、减速器壳、转向器壳、轮毂等。

可锻铸铁的牌号用"可铁"两字的汉语拼音字头"KT"后加字母 H、B、Z,再加两组数字表示。KTH 表示黑心可锻铸铁,即铁素体可锻铸铁；KTB 表示白心可锻铸铁；KTZ 表示珠光体可锻铸铁。后面两组数字分别表示最低抗拉强度值和最小延伸率的百分数值。如 KT350-10，表示最低抗拉强度为 350 MPa，最小延伸率为 10% 的黑心可锻铸铁。

（5）合金铸铁：在铸铁中加入一定量的合金元素，提高铸铁的强度或使铸铁具有某些特殊的性能，如耐磨性、耐热性、耐蚀性等，即称为合金铸铁。

在铸铁中适量加入铜（Cu）、铬（Cr）、钼（Mo）、磷（P）等几种合金元素，形成高磷铸铁、铬钼铜铸铁以及合金白口铸铁等，具有较好的减摩性和抗磨性。在汽车耐磨铸件中应用较多，如气缸套、排气门座圈等。在稀土镁球墨铸铁中加入适量 Cu、Mo 等元素，能较大提高铸铁的强度和硬度，可用于制造强度要求较高的零件，如高速柴油机曲轴、连杆等。

表 7-1 为汽车主要零件常用的材料。

表 7-1　汽车主要零件常用材料

| 零件 | 材料牌号 | 零件 | 材料牌号 |
|---|---|---|---|
| 气缸体 | HT200，ZL101、ZL104 | 变速器壳 | HT150 |
| 气缸盖 | HT200，ZL101、ZL104 | 后桥壳 | KTH350-10、QT400-10 |
| 缸套 | 灰口铸铁、合金铸铁、高磷铸铁 | 工字梁 | 45 |
| 曲轴 | 35CrMo、40Cr、QT600-3 | 齿轮齿轮轴 | 20Cr、20CrMnTi、20CrMoH 20CrMnMo、45、40MnB、38CrMoAl |
| 凸轮轴 | 45、20Cr、QT600-3、 | 半轴、花键轴 | 40、40Cr、42CrMo、40MnB |
| 活塞 | 铝合金、灰口铸铁 | 转向节 | 40Cr、40MnB、42CrMo |
| 连杆 | 45、40Cr、40MnB | 轮毂 | KTH350-10 |
| 进气门 | 40Cr、35CrMo、38CrSi、42Mn2V | 制动毂 | HT200 |
| 排气门 | 4Cr9Si2、4Cr10Si2Mo、2Cr21Ni12MnSiN | 弹簧 | 65、65Mn、60Si2Mn、55Si2MnB、50CrVA |
| 活塞销 | 20、20Cr、20MnV、45、20MnVB | 车架 | 16Mn、16MnRe |

## 二、有色金属

在汽车制造中有色金属总的用量一般不是很大，但有色金属包括多种非铁金属及其合金，相比黑色金属，其在某些方面的作用有较大的优势或是难以替代的。如汽车上大量的电器电子元器件、轴瓦、衬套以及大部分乘用汽车的气缸体和气缸盖等均广泛使用有色金属。随着汽车轻量化技术及新能源汽车的发展，有色金属用于满足某些汽车零件的特殊要求，在汽车材料中的比例不断增加。下面主要介绍铝、铜、镁及其合金以及滑动轴承合金、粉末冶金等方面的知识。

**1. 铝及铝合金**

(1) 纯铝：铝是地壳中含量最多的金属元素，密度约为 2.7 g/cm³，相对密度为铁的 1/3，熔点约为 660 ℃。纯铝呈银白色，在空气中可生成致密的氧化物薄膜，因而具有良好的耐蚀性，但不耐酸、碱和某些盐的腐蚀。纯铝的导电性能很好，仅次于银、铜、金，因此广泛用于电器产品和装饰、涂覆材料。纯铝的塑性很高，但硬度、强度很低，切削加工性不好，一般不宜直接制造汽车零件。

(2) 铝合金：在纯铝中经常加入适量的硅（Si）、镁（Mg）、铜（Cu）、锌（Zn）、锰（Mn）等合金元素，形成铝合金，大大提高了铝的机械性能及其他性能。由于铝元素无同素异构转变，故不能像钢铁一样采用热处理相变强化，通常采用形变强化或固溶处理+时效的强化方法。

铝合金分为形变铝合金和铸造铝合金两大类。铸造铝合金牌号的表示方式为"铸铝"两字的汉语拼音字头"ZL"加三个数字，三个数字的第一个数字表示合金系列号，共四个系列，其中1、2、3、4分别表示铝硅、铝铜、铝镁、铝锌系列合金，第二、三两个数字表示该系列中合金顺序号。优质合金的数字后面附加字母"A"。如 ZL104（ZAlSi9Mg）表示铸造铝硅合金，在该系列合金顺序号为"04"。变形铝合金牌号采用4位数字表示，第一位数字表示铝及铝合金的组别，如 1××× 为工业纯铝，2××× 为 Al–Cu 系合金，3××× 为 Al–Mn 系合金，4××× 为 Al–Si 系合金，5××× 为 Al–Mg 系合金，6××× 为 Al–Mg–Si 系合金，7××× 为 Al–Zn–Mg 系合金，8××× 为 Al–其他元素合金，9××× 为备用合金组。第二位为英文大写字母（C、I、L、N、O、P、Q、Z字母除外），表示原始纯铝或原始铝合金的改型情况，A表示原始纯铝和原始铝合金，如果是 B～Y 的其他字母，则表示为原始纯铝或原始铝合金的改型。最后两位数字用以标识同一组中不同的铝合金或表示铝的纯度。

目前汽车上逐渐大量采用铝合金制造要求强度高而重量轻的零件，如发动机的活塞、散热器、发动机支架、包蒙客车外身、乘用车轮毂等。其中铝硅系铸造合金用得较多，用作制造汽车发动机缸体、缸盖、活塞等。

**2. 铜及铜合金**

(1) 纯铜：因其颜色为紫红色，又被称为紫铜。纯铜密度为 8.96 g/cm³，熔点约为 1 083 ℃，具有优异的导电性和导热性，导电性仅次于银。纯铜在空气、淡水中均有良好的耐蚀性。纯铜有良好的塑性，但强度、硬度较低，一般不适于做结构件。利用其导电性，在汽车上用于制造电线、电缆、电气接头及电极夹等电器零件；或利用其导热性，制造散热器等需要热量传导的零部件。此外，还可利用其硬度低、耐蚀的特点，做轿车的内外装饰件、油管、气管、垫片甚至是密封材料。

(2) 黄铜：以 Zn 为主要合金元素的铜合金，可分为普通黄铜和特殊黄铜。Cu–Zn

二元合金称为普通黄铜；在普通黄铜的基础上加入除 Zn 外的其他合金元素形成特殊黄铜。黄铜在汽车上主要制造散热器、汽油滤清器滤芯、油管、油管接头及化油器零件，或用于转向节衬套、钢板弹簧衬套、离合器与制动蹄支撑衬套、转向臂轴衬套等减摩零件。

（3）青铜：以 Zn、Ni 除外的其他元素作为主要合金元素的铜合金均称为青铜。按主加合金元素的不同，相应地分为锡青铜、铝青铜、铅青铜、铍青铜等。可用于制造滑动轴承、轴套、特殊要求的齿轮、涡轮、弹簧及其他减摩耐蚀零件。

**3. 镁及镁合金**

（1）纯镁：纯镁为银白色金属，在地球上总含量较多，密度为 1.74 g/cm³，熔点约为 651 ℃。纯镁具有密排六方晶体结构，室温下塑性较差，因此镁及镁合金一般在高温下通过铸造、挤压、锻造和轧制成型。纯镁强度、硬度较低，耐蚀性较差，易被氧化。纯镁多用于配制合金，做冶金或化工工业的还原剂，一般不直接制成汽车的结构件。

（2）镁合金：在纯镁金属中通常加入适量的铝（Al）、锌（Zn）、锰（Mn）、锆（Zr）、锂（Li）以及稀土元素形成镁合金。镁合金除了强度和塑性有大幅的提高外，还具有优良的铸造性、切削加工性、减振性、导热性、电磁屏蔽性等特点。镁合金可分为变形镁合金和铸造镁合金两大类。变形镁合金牌号以字母"MB"+顺序号表示；铸造镁合金牌号以字母"ZM"+顺序号表示。国际上常采用美国试验材料协会（ASTM）的方法来标记镁合金，即两个英文字母+两个数字+英文字母。前面两个字母：第一个字母代表含量最大的合金元素；第二个字母代表含量为第二的合金元素。数字：表示两个主要合金元素的含量：第一个数字表示第一个字母的质量分数；第二个数字表示第二个字母的质量分数。最后面的英文字母：标识代号，用以标识各具体组成元素相异或元素含量有微小差别的不同合金。如 AZ91D 表示该镁合金的主要合金元素为 Al 和 Zn，其名义含量分别为 9% 和 1%，D 表示 AZ91D 是含 9% Al 和 1% Zn 合金系列的第四位。

镁合金在汽车上可用于制造车内构件，如仪表盘、转向盘、转向柱及其支架、座椅框架、刹车及离合器踏板等；制造车体构件，如车门框、尾板、车顶框及顶板等；制造轮毂、发动机前盖、凸轮盖、变速箱体、气缸盖等。

**4. 滑动轴承合金**

滑动轴承支撑轴颈和其他转动或摆动的机器零件进行工作。滑动轴承具有承压面积较大，工作平稳而噪声小，且装卸方便等优点，在汽车上得到广泛的应用。滑动轴承由轴承体和轴瓦构成，轴瓦直接与轴颈相接触，降低轴颈磨损，对轴起到保护作用。轴瓦可以直接由耐磨合金制造，或是在钢质的基体上黏附（利用浇注或轧制等方式）一层耐磨合金内衬而成。这种用于制造轴瓦或其内衬的合金被称为轴承合金。

滑动轴承材料主要为有色金属合金，按主要化学成分，常用的可分为锡基、铅基、铜基和铝基轴承合金等。

（1）锡基和铅基轴承合金：这两种合金分别称为锡基巴氏合金和铅基巴氏合金。锡基轴承合金以锡（Sn）为基础，加入少量的锑（Sb）、Cu等元素组成。锡基轴承合金摩擦系数很小，导热性和塑性优良，可用于制造汽车发动机上的高速轴承。铅基轴承合金是在铅（Pb）的基础上加入Sb和Sn而成。铅基轴承合金的塑性、导热性、耐蚀性均不如锡基合金，摩擦系数也较大，但其价格便宜。可制造承载低、中载荷的中速轴承，如汽车曲轴、连杆轴承。

（2）铜基轴承合金：主要为锡青铜、铅青铜等，多为铸造而成。锡青铜轴承合金的微观组织中存在较多的分散缩孔，可储存润滑油，适合于制造中载、中速轴承。铅青铜轴承合金承载能力较好，有高的导热性和较低的摩擦系数，而且能够耐较高的工作温度，故适宜制造高速、重载工作条件下的轴承，如高速柴油机、汽轮机等的轴承。

（3）铝基轴承合金：目前应用较多的有锑镁铝轴承合金和高锡铝轴承合金。这种合金具有较高的疲劳强度、耐蚀性和良好的耐热性、耐磨性。可以克服锡基和铅基巴氏合金由于疲劳强度较低和高温下性能降低而难以满足发动机不断发展需求的缺点。目前铝基轴承合金已在东风EQ1092型汽车发动机上采用。

**5. 粉末冶金**

粉末冶金是指将金属粉末或金属与非金属粉末，再加入多种辅助材料如石墨、硫、硬脂酸等混合均匀，预压成型，然后烧结而制成所需零件。粉末冶金法不同于钢铁的熔炼或浇注，它可使所得制品接近最终零件的形状、尺寸精度及表面粗糙度，减少切削甚至无切削加工。粉末冶金一般只能生产尺寸不大、形状不太复杂的零部件。另外，粉末冶金制品由于难以完全致密化和存在少量杂质等，其力学性能一般低于钢件。

在汽车上，粉末冶金法采用铁基、铜基多孔含油减摩材料制备如气门导管、钢板弹簧销衬套、含油滑动轴承等零件。除了本身含有的石墨或硫化物外，多孔性微观结构可储存润滑油，使用时能起到良好的减摩作用。以碳钢或合金钢粉末为主要材料，采用粉末冶金制备烧结铁基结构零件，如汽车上的气门阀座、气门导管、正时链轮、凸轮、油泵齿轮、同步器环等。同时还可以利用粉末冶金制备烧结摩擦材料，如铜基烧结摩擦材料常用于汽车离合器片、刹车片、变速器摩擦片等；铁基烧结摩擦材料多用于一些重载汽车及机械的制动器片。

## 第二节　汽车制造用非金属材料

一辆汽车有约20%的零件是由各种非金属材料制作的。非金属材料种类繁多，各自均有独特的性能，在汽车上许多耐油、耐水、密封、摩擦、透光、装饰等特殊场合，需要它们发挥效能。非金属材料可以采取挤出、注射、吹塑、压制等多种成型工艺，成型工序一般较金属简单，不仅可以制作较小的零件，如螺钉、密封圈等，还可以制作一些较大或受力的构件，如汽车保险杠、各种塑料齿轮等。以下介绍在汽车制造和使用中几种主要的非金属材料，即塑料、橡胶、玻璃、黏结剂等。

## 一、塑料

常用的塑料主要是以合成树脂为基础，再加入塑料辅助剂（填料、增塑剂、稳定剂、润滑剂、交联剂及其他添加剂）而制得的。为实现汽车轻量化，提高汽车的舒适性和安全性，以及简化零件制造工序等，目前各国汽车上塑料制品的用量日益增多。一般每辆汽车上的塑料用量可达 10%～15%，甚至更高。众多的通用塑料、工程塑料及其增强塑料，均能在不同程度上替代部分钢、铜、铝合金及无机玻璃等材料，用于制作汽车结构件或内外装饰件。最常用的塑料有聚丙烯、聚氯乙烯、聚乙烯、聚酰胺、ABS 塑料等。

**1. 聚乙烯（PE）**

聚乙烯是由乙烯单体自由基聚合而成的结晶型聚合物，是目前产量最大的塑料品种，约占世界塑料总量的 1/3。按晶体相含量的高低可分为高密度聚乙烯、中密度聚乙烯、低密度聚乙烯三种类型，密度为 $0.91\sim0.97\ g/cm^3$。聚乙烯易于加工成型，其拉伸强度和硬度均较低，耐热性不高但耐低温性较好，脆化温度可达 $-50\ ℃$ 以下。可用于制造挡泥板、顶棚和门的减振材料、行李箱垫、空气导管、汽油箱、储液罐等。

**2. 聚氯乙烯（PVC）**

聚氯乙烯是氯乙烯单体采取悬浮聚合、乳液聚合等方法合成，产量仅次于聚乙烯之后，位居第二位。聚氯乙烯比聚乙烯强度高，拉伸强度可提高两倍以上，但韧性较低。聚氯乙烯在 $80\sim85\ ℃$ 开始软化，其热稳定性较差。在汽车上使用的品种有聚氯乙烯、氯化聚氯乙烯、玻璃纤维增强聚氯乙烯、低发泡聚氯乙烯等，用于制造仪表盘罩、汽车顶盖内衬、后盖板表皮、操纵杆盖板、备胎罩、转向盘、货箱衬里、窗玻璃升降器盖、保险杠套、电线包覆层、货车地板等。

**3. 聚丙烯（PP）**

聚丙烯由丙烯单体合成，产量居第三位。聚丙烯强度、硬度、刚性都高于聚乙烯，密度很小，为 $0.89\sim0.92\ g/cm^3$。它具有良好的耐热性，可在 $100\ ℃$ 以上使用。聚丙烯化学稳定性很好，加工性能优良，常用的品种有普通聚丙烯、填充聚丙烯、纤维增强聚丙烯、电镀聚丙烯等。在汽车上广泛应用于取暖及通风系统、发动机舱、车身保险杠、仪表盘、灯壳、水箱面罩、备胎罩、电瓶壳、电线接线柱、接线盒盖子、消声器等。

### 4. ABS 塑料

ABS 塑料为丙烯腈、丁二烯、苯乙烯三种单体共聚而成的三元共聚物。ABS 塑料相对密度约为 1.05 g/cm³，具有很高的光泽性，加工性能优良，易于表面印刷、涂层，还有很好的电镀性能。ABS 塑料兼具三种组分的共同性能，具有"坚韧、质硬、刚性"的特点，力学性能优良；其热变形温度在 85~110 ℃，良好的耐寒性使其在 -40 ℃仍表现出一定的韧性。该类塑料主要用于制造后挡泥板、仪表板、车载多媒体罩、空气排气口、转向盘喇叭盖、格栅、后护板、上通风盖板、车轮罩、百叶窗、支架、镜框等。

### 5. 聚酰胺（PA）

聚酰胺是指分子主链上含有酰胺基团（—NHCO—）的高分子化合物，俗称尼龙。工业上常用的聚酰胺有 PA6、PA66、PA1010、单体浇注聚酰胺和芳香族聚酰胺等。聚酰胺具有优良的力学性能，其拉伸强度、冲击强度、刚性、耐磨性都比较好。聚酰胺的热变形温度一般在 80 ℃以下，但用玻璃纤维或碳纤维增强后，其热变形温度和强度等都会大幅提高，如用 30% 玻璃纤维增强 PA66，可使其拉伸强度由 80 MPa 增加到 189 MPa，热变形温度从 60 ℃增加到 148 ℃。

聚酰胺可用于制造汽油箱盖、头枕支架、遮阳板支架、保险杠裙、燃油滤清器盖、汽车牌照框架、进气口外板、车轮罩、散热器水箱、燃油管道、转向柱套、泵壳、轴承架、雨刷器齿轮、门外侧手柄、飞轮盖、螺钉和垫圈等。

### 6. 聚甲基丙烯酸甲酯（PMMA）

聚甲基丙烯酸甲酯由甲基丙烯酸甲酯单体经聚合而成，俗称有机玻璃，缩写为 PMMA。PMMA 在常温下有优良的拉伸强度、弯曲强度和压缩强度，但冲击强度不高。另外，PMMA 具有高度的透光性，透光率在所有塑料材料中最高，而且有良好的耐候性。PMMA 成型收缩率低且机械加工性能较好，有利于生产出尺寸要求及精度较高的制品。在汽车上，它用于制造窗玻璃、仪表玻璃、仪表壳、罩盖、反光镜、油标、车灯玻璃等。

### 7. 氟塑料

氟塑料是一系列含氟塑料的总称。与其他塑料相比，氟塑料具有更高的耐高、低温，耐腐蚀，耐候性，电绝缘性，不吸水以及低摩擦系数等特点，其中以聚四氟乙烯最为突出和重要。聚四氟乙烯总产量占氟塑料的 85% 以上，其他氟塑料还包括聚三氟氯乙烯、聚偏氟乙烯、四氟乙烯-乙烯共聚物等。氟塑料用于制造各种垫片、垫圈、活塞环、阀座、轴承、缓冲块和滑块等零件。

## 二、橡胶

橡胶具有独特的高弹性，在汽车用非金属材料中占有重要的地位。每辆汽车有数百个橡胶件,总重量达几十千克,其中轮胎约占橡胶件总重的70%,是汽车的主要橡胶件。此外,各种汽车用橡胶配件,如各种橡胶管、传动带、油封及高压密封、减振缓冲胶垫、窗玻璃密封条等。这些配件虽然数量不太大,但对汽车质量和性能起着相当重要的作用。用于汽车的橡胶制品主要可分为以下几类。

**1. 轮胎**

轮胎是橡胶制品中的主要产品,轮胎制品的橡胶件消耗量约占世界橡胶总消耗量的50%~60%。轮胎是装在汽车车轮轮辋上与地面相接触的环状弹性体,起着支承、传力、缓冲和减振等重要作用。轮胎材料主要采用天然橡胶和丁苯橡胶、顺丁橡胶、异戊橡胶、丁基橡胶和乙丙橡胶等人工合成橡胶,除此之外,还加入炭黑、硫化剂等化工原料以及钢丝、帘线等骨架材料。轮胎一般由胎面、帘布层、缓冲层和胎圈构成,可分为实心轮胎和充气轮胎两类,以充气轮胎居多。汽车、飞机、拖拉机以及各种机械车辆都采用充气轮胎。按照帘布线排列方向的差异,轮胎可分为斜交轮胎和子午线轮胎,目前子午线轮胎占据世界轮胎产量的绝大多数。在乘用车上使用无内胎子午线轮胎,它具有重量轻、气密性好等优点,可以实现宽断面和扁平化,使得安全性和舒适性更好。

随着汽车、交通运输业的迅速发展,轮胎需满足更苛刻的要求,选择耐磨性好的天然橡胶和合成橡胶构成的胎面层及高强度纤维所构成不同形式的帘布层等可制得各种性能的轮胎,以适应各种汽车的不同需求。近年来,利用聚氨酯弹性体制造的聚氨酯轮胎受到了较多的研究和应用。与橡胶相比,聚氨酯弹性体具有优异的耐磨性、耐介质性和较高的抗撕裂强度。加之生产工艺简单、投资少、废旧轮胎容易实现回收利用,所以是制造轮胎的理想材料。固体聚氨酯轮胎与气胎和内胎重量相等甚至更轻时,其强度和耐久度却更优,抗磨损性能比气胎橡胶轮胎要高,是后者的300%,使用寿命是普通橡胶轮胎的4倍。

**2. 各种胶管**

汽车用胶管包括水、气、燃油、润滑油、液压油等的输送管。其中,液压制动胶管、气压制动胶管、水箱胶管、动力转向液压胶管、离合器液压胶管等是轿车上重要的功能件与保安件。

**3. 橡胶密封制品**

橡胶密封件以油封为主,包括O形圈、密封圈、衬垫等,用于前后轴、曲轴、离合器、变速器、减速器、差速器、制动系统和排气系统等部位。主要用于防止流体介质从一切机械、仪表中的静止部件或运动件处泄漏,并防止外界灰尘、泥沙及水分等侵入密封机构。

**4. 传动带**

汽车用的传动带大多是无接头的环形带,要求传动速度准确、耐高速、噪声低、使用时间长。风扇皮带是汽车上常用的一种橡胶纤维绳三角带，主要用来传递曲轴皮带轮和水泵、发电机、空气压缩机等皮带轮之间的动力。

为满足乘坐舒适、噪声小、操纵稳定等要求，在汽车的发动机、车身、驱动等系统还装有减振橡胶件，利用橡胶的高弹性起到弹簧的作用。

### 三、玻璃

玻璃是汽车车身上的主要透光材料，按在车身上使用部位的不同，可分为前挡风玻璃、后挡风玻璃、侧窗玻璃及顶窗玻璃等。作为车身玻璃（特别是挡风玻璃），必须有很高的透明度，能抗水、酸、碱的腐蚀，并且有良好的机械强度，即硬度、弯曲强度和冲击强度等。玻璃的这些特性将直接影响着驾驶员的视野效果和行车安全。另外，玻璃的形状还将直接影响着车身的造型及空气动力特性。

**1. 普通玻璃**

普通玻璃主要成分为 $Na_2O$ 或 $K_2O$、$CaO$、$SiO_2$，含 $SiO_2$ 较多，属于硅酸盐制品。普通玻璃质脆，抗弯、抗冲击强度差，并且破碎后产生尖角和锐角边。当人体头部与玻璃碰撞时，头部不但要与玻璃面接触，而且要转动，这样破玻璃碎片会造成人体头部的伤害。因此，普通玻璃不能作为汽车玻璃。

**2. 钢化玻璃**

钢化玻璃是将普通玻璃通过物理或化学的方法，在玻璃表层预制压应力，从而使其弯曲强度和抗冲击强度均高于普通玻璃几倍。物理方法为将玻璃加热至软化，然后快速冷却；化学方法一般在玻璃表层用 $Li^+$ 置换 $Na^+$，形成 $Li^+$ 离子交换层，由于两种离子膨胀系数的差异而在冷却时形成内应力。钢化玻璃破碎后分裂成带钝边的小碎块，且无尖角，对人体不易直接造成伤害。但钢化玻璃遇到强烈的外来物撞击时，一旦原来平衡的玻璃晶格失去平衡，将会沿着玻璃晶格面裂开，使得整块玻璃立即破裂成蜂窝状网纹，导致玻璃突然变得不透明，这对高速行驶的汽车是不利的。由于驾驶员突然失去前方视野，会引起二次交通事故的发生。显然，高速行驶的汽车前挡风玻璃采用钢化玻璃实际上是不安全的，而只能用作侧窗、后挡风玻璃和车门玻璃。

**3. 夹层玻璃**

夹层玻璃是针对钢化玻璃存在的不足而产生的，是目前最适合于用作前挡风玻璃的安全玻璃。夹层玻璃是两层玻璃或两层以上的玻璃，中间夹以透明的有机聚合物粘接材料，并在一定的温度和压力下粘接而成玻璃制品。由于将玻璃的坚硬性和塑料的强韧性结合在一起，夹层玻璃具有很强的抗破碎能力，且夹层越多，抗破碎能力越强。汽车挡风玻璃间夹入的透明粘接材料多为聚丙烯酸甲酯（PMA）或聚乙烯醇缩丁醛（PVB）薄膜。

夹层玻璃的抗弯强度不及钢化玻璃，其具有的弹性却比钢化玻璃优越得多，而这正是安全玻璃弹性指标的要求内容。当人体头部碰到玻璃时，能缓和对头部的冲击，减轻伤害程度。当夹层玻璃遇到强烈的外来物撞击时，只会引起夹层玻璃的有限破裂，对视线的影响小，不会有碎片散落。利用PVB薄膜形成的汽车夹层玻璃除了有优良的安全性能外，还具有隔声、隔热及防紫外线等功能。

**4. 区域钢化玻璃**

区域钢化玻璃是将玻璃加热至软化温度，然后对玻璃的不同区域进行不均匀速度的冷却，使玻璃主视区与周边区域产生不同的应力。主视区冷却速度较弱，钢化程度较低，而周边区域反之。这种玻璃一旦受撞击破裂，在驾驶员的主视野区域内玻璃面仍保持着较大的玻璃碎片，而其周围却呈钢化玻璃状况，破裂成蜂窝状网纹。由于此种玻璃破裂后仍能保证驾驶员有清晰的视野，同样可以避免二次事故的发生，又不对人体造成直接伤害，加上成本比夹层玻璃低，也是汽车安全玻璃较好的代用品。

## 四、黏结剂和密封胶

在汽车工业中，黏结剂和密封胶已成为黏结各种零件和防止"三漏"的重要材料，在汽车防振、隔热、防腐、防漏、防松和降噪等方面起着重要作用。汽车用黏结剂可用在车身、底盘、内饰三个部位。车身部位主要是车体的密封、壁板的增强、窗玻璃的黏结；底盘主要是制动器零件的黏结；内部装饰主要是装饰面料的黏结。被黏材料的种类很多，如涂漆钢板、玻璃、橡胶、树脂、布等。钢板之间的黏结使用环氧类或橡胶类黏结剂，树脂类有机材料的黏结主要用聚氨酯类、氯丁橡胶类、丙烯酸类黏结剂。另外，作为功能性黏结剂（如耐热性、刚性等）可使用环氧类和酚醛类黏结剂。黏结剂主要有点焊密封胶、焊缝密封胶、折边黏结剂、防振隔热涂料、风挡玻璃黏结剂等。

黏结剂由于具有较高的黏结强度，又具有耐水、耐油、耐热的特性，可代替焊接以及螺钉、螺栓连接，在汽车修理中也得到了广泛的应用。

# 第三节 汽车运行材料

汽车运行材料是在汽车运行中不可缺少的、不断消耗的而且需要定期补充或更换的消耗性材料。汽车运行材料主要包括燃料、润滑材料和工作液。掌握汽车运行材料的基本知识，对充分发挥汽车的使用性能，节约能源，降低使用成本有着重要意义。

## 一、汽车燃料

### （一）汽油

**1. 汽油的规格与牌号**

我国的石油产品规格分三种：一是国家标准，代号 GB，由国家标准总局颁布；二是石油部部颁标准，代号 SY 或 SYB；三是企业标准，由工厂和用户根据需要共同制定，由工厂发布。

我国车用汽油在 1977 颁布的 GB 484 中，共有 66、70、75、80、85 五个牌号的油品，牌号中的数字是以马达法测定的辛烷值。随着我国城市用车及高性能汽车拥有量的迅速增加，要求车用汽油的规格标准能更全面地规定油品抗爆性能，并向国际通用标准靠拢。经过修订颁布了车用汽油国家标准 GB 484—89 和 GB 484—93，这两个标准将车用汽油按研究法辛烷值分为 90、93、97 三个牌号。抗爆震效果最弱的是"正庚烷"，其辛烷值为 0；异辛烷的抗爆震效果最强，其辛烷值为 100。因此，辛烷值的高低就成了汽油发动机对抗爆震能力高低的指标。汽油辛烷值的测定，是在同等试验条件下，测试油品与标准燃料发生同等强度的爆燃，则该试验油品与标准燃料的辛烷值含量比例一样。如测试油品正好与标准燃料 97% 异辛烷和 3% 正庚烷的测试状况一模一样，那么测试油品的辛烷值就是 97，其牌号就是 97 号汽油。抗爆性能指标除规定了研究法辛烷值外，还规定了"抗爆指数"指标。抗爆指数是反映汽油抗爆性对汽油机负荷变化敏感程度的指标。抗爆性指数的意义为马达法辛烷值（MON）与研究法辛烷值（RON）之和的二分之一。

车用汽油标准经过不断修改，从 GB 17930—1999 到现在已经颁布了五次，分别为 GB 17930—1999、GB 17930—2006、GB 17930—2011、GB 17930—2013 和 GB 17930—2016。目前使用的是 GB 17930—2016 版本。该标准适用于点燃式发动机使用的，由石油制取或由石油制取的加有改善使用性能添加剂的车用汽油。车用汽油（Ⅳ）按研究法辛烷值分为 90、93、97 三个牌号，车用汽油（Ⅴ）、车用汽油（ⅥA）和车用汽油（ⅥB）按研究法辛烷值分为 89、92、95 和 98 四个牌号。抗爆性仍由研究法辛烷值和抗爆指数来评价。

**2. 汽油的选用**

选用汽油牌号主要根据发动机的压缩比。压缩比高的发动机，应选用牌号较高的汽油；反之应选用牌号较低的汽油。若选用不当，高压缩比的发动机选用低牌号的汽油则易引起发动机爆燃，导致功率下降；低压缩比的发动机选用高牌号的汽油，不仅不能提高动力性，反而造成浪费，增加成本。

应指出的是，发动机（或汽车）使用说明书上，生产厂家选定了该发动机（或汽车）的燃油牌号。汽油质量是影响汽车技术状况和有害气体排放的重要因素，在使用相近牌号汽油代替时,应注意"就高不就低"的原则,即用高牌号汽油代替低牌号汽油。装有三元催化转化器和氧传感器的汽车,不得使用含铅汽油。可以推广使用加入有效汽油清净剂的汽油。

### (二)柴油

**1. 柴油的规格与牌号**

柴油的牌号是根据凝点来划分的。在不同的发展阶段,我国柴油标准制定经过 GB 252—1977、GB 252—1981、GB 252—1987、GB 252—1994、GB 252—2000 和 GB 252—2011 的多次修订,至 2011 年,GB 252—2000《轻柴油》由 GB 252—2011《普通柴油》替代,标准名称也由"轻柴油"改为"普通柴油",硫含量由不大于 0.2% 修改为不大于 0.035%(2013 年 7 月 1 日实施)。GB 252—2015《普通柴油》于 2015 年 5 月 8 日颁布实施。GB 252—2015《普通柴油》是为满足我国今后将要实施的第Ⅴ阶段排放标准而修订的。普通柴油由原来的 10 号、5 号、0 号、-10 号、-20 号、-35 号和 -50 号七个牌号改为六个牌号,删除了 10 号普通柴油的牌号及相关内容。

1997 年军用柴油标准 GJB 3075—1997 代替了 1980 年的军用轻柴油标准 GB 2021—80,其牌号仍按凝点分为 -10 号、-35 号和 -50 号三个牌号。2009 年标准 GJB 6747—2009—10 规定了 -10 号柴油使用极限。军用柴油三种牌号凝点都较低,有利于部队装备在寒区使用。

**2. 柴油的选用**

柴油应根据不同地区和季节进行选用。气温低的地区,选用凝点较低的轻柴油;气温较高的地区,选用凝点较高的柴油。由于凝点低的柴油油价较高,在气温允许的情况下,尽量延长高凝柴油的使用时间。一般选用柴油的凝点应比最低气温低 3~5 ℃,以保证最低气温时不致凝固而影响使用。车用柴油的选择也可以按照各地区风险率为 10% 的最低气温进行牌号的选择。

普通柴油牌号选择推荐见表 7-2。

表 7-2 普通柴油牌号选择

| 牌 号 | 适用地区季节 | 适用最低气温/℃ |
|---|---|---|
| 10 号 | 全国各地 6—8 月和长江以南 4—9 月 | 8 |
| 0 号 | 全国各地 4—9 月和长江以南冬季 | 4 |
| -10 号 | 长城以南地区冬季和长江以南地区严冬 | -5 |
| -20 号 | 长城以北地区冬季和长城以南黄河以北地区严冬 | -14 |
| -35 号 | 东北和西北地区严冬 | -29 |
| -50 号 | 极寒地区 | -44 或更低 |

## 二、汽车润滑材料

汽车润滑材料包括内燃机润滑油（简称为内燃机油或机油，有时亦称为发动机润滑油，或分别称为柴油机油和汽油机油）、汽车齿轮油、汽车用润滑脂等。

由于汽车运行区域广，使用条件变化范围大，尤其是内燃机油，经常遭到燃烧稀释以及发动机废气侵蚀，而且处在高温、高压的条件下，工作条件十分恶劣，因此汽车润滑材料必须具备很高的质量和性能。

现在汽车的结构越来越复杂，润滑材料的工作条件越来越苛刻，品种规格越来越多样化，价格也越来越高，所以，正确地选用润滑材料就显得越来越重要了。

### （一）机油的规格与牌号

2012 年发布的《内燃机油分类》（GB/T 28772—2012）规定，每一个品种由两个大写英文字母及数字组成的代号表示。该代号的第一个字母"S"代表汽油机油，"GF"代表以汽油为燃料的具有燃料经济性要求的乘用车发动机油，字母"C"代表柴油机油。第一个字母与第二个字母或第三个字母及数字相结合代表质量等级。从 2013 年起废除汽油机油的 SA、SB、SC、SD 四个等级和柴油机油的 CA、CB、CD-Ⅱ、CE 四个等级，不再生产和使用。目前汽油机油品种代号有 SE、SF、SG、SH、GF-1、SJ、GF-2、SI、GF-3、SM、GF-4、SN、GF-5 共 13 个等级，柴油机油品种代号有 CC、CD、CF、CF-2、CF-4、CG-4、CH-4、CI-4、CJ-4 共 9 个等级。

《内燃机油黏度分类》（GB/T 14906—1994）规定黏度等级，该标准将冬季用机油三项低温性能指标分为 0W、5W、10W、15W、20W、25W 6 级（W 表示冬天用），其黏度一级比一级高；按 100 ℃时的运动黏度把春秋或夏用机油分为 20、30、40、50、60 共 5 个等级，其黏度也依次递增。

如果一种内燃机油的低温性能各项指标和高温 100 ℃运动黏度只满足冬用机油或夏用机油黏度分级之一者，称为单级油；如果一种内燃机油的低温性能各项指标和高温 100 ℃运动黏度能同时满足冬夏两种黏度分级要求的，称为多级油。在单级冬用油中，符号 W 前的数字越小，说明其低温黏度越小，低温流动性越好，适用的最低温度越低。在单级夏用油中，数字越大，其黏度越大，适用的最高温度越高。对于多级油来说，其代表冬用部分的数字越小，代表夏用部分的数字越大，则其黏温性越好，适用的气温范围就越大。内燃机油的选择主要是根据使用条件和内燃机的结构形式及性能，合理正确地选择内燃机油的黏度、黏温特性和质量，确定选用的种类牌号。汽油机和柴油机选择机油的原则和方法大体相同。

常用黏度级别与气温间的大致对应关系见表 7-3。

表 7-3 黏度级别与气温间的大致对应关系

| 黏度分级 | 最大低温黏度 | | 最高边界泵送温度 | 100 ℃ 运动黏度（mm²·s） | |
|---|---|---|---|---|---|
| | MPa·s | ℃ | | 最小 | 最大 |
| 0W | 3 250 | -30 | -40 | 3.8 | — |
| 5W | 3 500 | -25 | -35 | 3.8 | — |
| 10W | 3 500 | -20 | -30 | 4.1 | — |
| 15W | 3 500 | -15 | -25 | 5.6 | — |
| 20W | 4 500 | -10 | -20 | 5.6 | — |
| 25W | 6 000 | -5 | -15 | 9.3 | — |
| 20 | — | — | — | 5.6 | <9.3 |
| 30 | — | — | — | 9.3 | <12.5 |
| 40 | — | — | — | 12.5 | <16.3 |
| 50 | — | — | — | 16.3 | <21.9 |
| 60 | — | — | — | 21.9 | <26.1 |

### （二）汽车用齿轮油

汽车用齿轮油主要用于变速器、主传动器、转向机构的齿轮箱等处。

齿轮油的工作环境比起内燃机油来要好得多，在工作中不像内燃机油要受到燃料燃烧产生的灼热高温的影响和有害气体的侵蚀，也不会受到燃料稀释和外界粉尘杂质的污染。

汽车齿轮传动按齿轮和齿的形状不同，可分为直齿圆柱齿轮、斜齿圆柱齿轮、人字齿圆柱齿轮、直齿锥齿轮、斜齿锥齿轮、螺旋齿锥齿轮（以上均称为普通齿轮）和双曲线齿轮传动。在汽车齿轮传动过程中，齿轮油主要受热源为齿轮传动时生成的摩擦热，受发动机热源的影响很小或几乎不受影响。而且，在汽车行驶中由于受外部高速流动的空气冷却，一般来说升温较慢，除了双曲线齿轮外，工作温度也不高。正常工作时普通齿轮传动的最高温度为 80 ℃ 左右；双曲线齿轮由于工作时齿面间接触压力高和相对滑移速度较大，工作温度较高，一般中型汽车主减速器齿轮油在夏季高温天气可达 110～120 ℃，国外重负荷高速汽车有时可高达 160 ℃～180 ℃。

从润滑的角度看齿轮传动的主要特点是传动的不连续性和齿面间接触应力高、相对滑移速度大。此外，齿轮传动中接触齿面间存在明显的相对滑移，双曲线齿轮滑移速度可达 400 m/min 以上，从而产生局部高温。汽车齿轮传动的"极压"和"滑移"两大特点，使得齿轮油极易从齿面间挤压出去，难以在齿轮接触面间形成润滑油膜，使齿轮传动处于高压边界润滑（普通齿轮传动）和高温高压边界润滑（双曲线齿轮传动）状态，容易使齿轮油油膜破裂，引起齿面点蚀剥落、擦伤和胶合。此外，间歇的剧烈冲击负荷还可导致轮齿断裂。

**1. 汽车齿轮油的分类、规格和牌号**

国外汽车齿轮油常用的分类分级方法与内燃机油的分类分级方法相似，一种是 SAE 黏度分级，一种是 API 质量分级。

SAE J306—2005 齿轮油黏度分级分为十一种，两组。其中一组含"W"的是冬季齿轮油，另一组是夏季用齿轮油。

凡只满足一个等级要求的齿轮油，称为单级齿轮油；凡能同时满足两个以上分级要求的称为多级齿轮油（过去我国习惯上称为稠化齿轮油）。单级齿轮油可用于冬季或用于夏季，多级齿轮油可冬夏通用，如 85W/90，80W/90。85W-90 油的意思是指油品的低温流动性符合 SAE85W 的黏度要求，而在正常工作温度下符合 SAE90 的黏度要求。

API 质量分级，目前有 GL-1、GL-2、GL-3、GL-4、GL-5、GL-6 共 6 个等级，使用条件一级比一级苛刻。

我国汽车齿轮油按《车辆齿轮油分类》（GB/T 28767—2012）和《汽车齿轮润滑剂黏度分类》（GB/T 17477—2012）的规定，车辆齿轮油使用性能分为普通车辆齿轮油、中负荷车辆齿轮油和重负荷车辆齿轮油三类，分别相当于 API 质量分类中的 GL-3、GL-4、GL-5。

**2. 汽车齿轮油的选择**

汽车齿轮油主要应根据汽车齿轮传动的种类及传动工作负荷、使用条件和环境温度来选择齿轮油的品质及黏度等级。汽车生产厂家使用说明书里的规定是选择的主要依据。

需要指出的是，我国过去由于汽车用齿轮油的生产比较落后，油品的质量较低，常用的齿轮油基本上都是单级油，也存在着黏度选择普遍偏高的问题。因此，在冬季使用时常常出现起步困难、齿轮磨损大、燃油消耗高等现象。在汽车齿轮油黏度的选择上，应在试用经验基础上大力推广低黏度油和多级油。

**3. 汽车齿轮油使用中应注意的几个问题**

（1）切不可将齿轮油当做内燃机油使用，因齿轮油的使用性能不符合发动机要求。如果将齿轮油用于发动机中，发动机会发生烧瓦、黏缸等严重故障；

（2）绝不能用普通齿轮油代替双曲线齿轮油，否则双曲线齿轮将很快损坏；

（3）加油量应适当，不可过多，也不可过少。过多不仅增加搅油阻力，使耗油量增高，而且增加齿轮油经后桥壳溢入制动鼓里的可能性，造成制动失灵；齿轮油加入过少，会使润滑不良，温度过高，加速齿轮磨损；

（4）换齿轮油时，应趁热放出旧油，并将齿轮和齿轮箱洗净后方可加入新油；

(5) 不要因齿轮油黏度过高,影响冬季汽车起步而烘烤后桥、变速器,或往齿轮油中掺兑柴油、机械油。采用烤车的办法会使齿轮油严重变质;向齿轮油内掺兑柴油等会使齿轮极压性降低,增加齿轮咬伤的可能性。

### (三) 汽车用润滑脂

润滑脂是一种具有可塑性的膏状润滑剂,其性质和形态介于液状润滑剂和固体润滑剂之间。与润滑油相比较,润滑脂有以下优点:

(1) 在高负荷和冲击负荷下有良好的润滑能力。
(2) 不易流失,在不易密封的部位使用,可简化润滑系统的结构。
(3) 具有更好的密封作用。
(4) 使用温度范围较宽。

车辆上不宜用液状润滑剂的部位,如轮毂轴承、各拉杆球节、发电机、水泵、离合器轴承和传动轴花键等,多使用润滑脂。

但润滑脂有以下缺点:黏滞性大,运转时阻力大,功率损失也大;流动性不好,冷却和清洗作用较差;固体杂质混入后不易清除;加脂、换脂比较困难等。这些缺点限制了使用润滑脂的部位。

**1. 汽车用润滑脂的分类、规格**

根据《润滑剂和有关产品(L类)的分类 第8部分:X组(润滑脂)》(GB/T 7631.8—1990)的规定,我国润滑脂分类采用国际标准(ISO)的分类方法。润滑脂属于L类(润滑剂和有关产品)的X组(润滑脂)。在X组中根据操作条件对润滑脂进行分类,每一种润滑脂用一组(5个)英文大写字母组成的代号来表示。每个字母在该构成中的书写顺序都有特定的意义:

字母1:X系指润滑脂的组别代号;
字母2:系指最低操作温度;
字母3:系指最高操作温度;
字母4:系指在水污染的操作条件下,其抗水性能和防水性能;
字母5:系指在高负荷或低负荷场合的润滑性能。

按《润滑剂、工业用油和有关产品(L类)X组(润滑脂)规范》(GB/T 34535—2017)的规定,把润滑脂的稠度分为9个等级:000、00、0、1、2、3、4、5、6。各个等级分别表示相应的锥入度范围。号数越大,脂越硬。

汽车常用的品种有:钙基润滑脂、石墨钙基润滑脂、无水钙基润滑脂、复合钙基润滑脂、钠基润滑脂、钙钠基润滑脂、通用锂基润滑脂、汽车通用锂基润滑脂、极压锂基润滑脂、二硫化钼极压锂基润滑脂等品种。

**2. 润滑脂的选用**

润滑脂的选择应综合考虑润滑的性能特点、工作温度、工作环境、工作条件等因素，根据车辆使用说明书的规定，选用与润滑部位工作条件相适应的润滑脂品种和稠度等级（牌号）。

润滑脂的使用，应注意不同种类、牌号和新旧润滑脂不能混用。注意防止机械杂质混入脂中，适量注脂和根据使用说明书的规定适时换脂。

### 三、汽车用工作液

汽车用工作液传统上指汽车制动液和发动机冷却液。

汽车制动液是用于液压制动系统传递压力以制止车轮转动的液体。

发动机冷却液一般用天然水；当环境温度低于 0 ℃时，为避免冻坏机体和散热器，才考虑使用防冻液。现代汽车普遍常年使用防冻冷却液。

#### （一）汽车制动液

**1. 汽车制动液的分类**

根据现有汽车制动液的组成和特性，可以把它们分为醇型、矿油型、硅油型、醇醚型和酯型五类。其中醇醚型和酯型两类一般又统称为合成型。

（1）醇型制动液。醇型制动液由大约 50% 的低碳脂肪酯（乙醇、丙醇或丁醇）与 50% 的精制蓖麻混合组成。20 世纪 30 年代汽车开始大量使用的制动液便是蓖麻油与乙醇或丁醇的混合液。该类制动液已经强制淘汰。

（2）矿油型制动液。它以精制的轻柴油馏分为原料，经深度精制后加入黏度指数改进剂、抗氧剂、防锈剂及染色等调和制成，它具有良好的润滑性，对金属无腐蚀作用，但对天然橡胶有溶胀作用，使用时必须换用耐矿油的丁腈橡胶。该类制动液已经强制淘汰。

（3）硅油型制动液。硅油黏性极好，低温流动性优异，又耐高温，适当加入一些提高润滑性、氧化安定性和调节橡胶溶胀作用的添加剂，便可成为性能良好的汽车制动液，但价格昂贵。

（4）醇醚型制动液。醇醚型制动液是现在国内外广泛应用的一类汽车制动液。它们由基础液（亦称基础溶剂或稀释剂）、润滑剂和添加剂三种组分构成。

基础液用以调节制动液的沸点和低温黏度。改变基础液的成分和调配比例能够产生平衡回流沸点为 190~260 ℃的制动液。醇醚型制动液吸水性较强，在使用过程中由于水分增加而致沸点降低。所以提高醇醚型制动液的沸点实际意义不大，而且会因此降低其低温流动性。醇醚型制动液含有 20% 左右的润滑剂。

醇醚型制动液有腐蚀性，吸水后腐蚀性更强。同一种抗腐蚀剂对不同金属的效果可能差异颇大。用于醇醚型制动液的抗腐蚀剂一般是 4~5 种单剂的复合剂。有时需添加橡胶溶胀剂。

（5）酯型制动液。酯型制动液是为克服醇醚型制动液吸水降低使用性能的缺点而发展的。有些醇与乙二醇醚的酯化物能保持醇醚的高沸点，但吸水性较低，故沸点较高。另一类酯可能吸水，但不因此降低沸点。目前，国内外普遍采用酯型制动液。

**2. 汽车制动液的规格和牌号**

2012年5月，我国实施与国际通用标准接轨的国家标准《机动车制动液》（GB 12981—2012），将制动液分为HZY3、HZY4、HZY5、HZY6四个等级。分别对应的是国际标准 ISO 4925：2005中的Class3、Class4、Class5.1、Class6，其中，HZY3、HZY4、HZY5对应美国交通部制动液类型DOT3、DOT4、DOT5.1。

**3. 汽车制动液的选用**

制动液的选用可以根据汽车使用说明书进行，一般情况下，微型、中低档汽车适宜选择负荷HZY3标准的制动液，中高档汽车适宜选择HZY4标准的制动液。军工方面多选用HZY5标准的制动液，这种制动液在民用方面采用较少。

使用制动液时，应严格按照车辆使用说明书的要求，选择制动液的种类和质量等级。制动液面高度位于贮液罐上最高（HIGH）和最低（LOW）标记之间。制动液为易燃物，应远离火源。各型制动液不能互相掺混，严禁混加。

**（二）汽车冷却液**

**1. 汽车冷却液的类型与标准**

冷却液具有冷却、防沸、防腐蚀、防水垢和防冻作用。要求冷却液应当具备以下性能：① 降低水冰点的幅度大；② 不降低传递性能；③ 不腐蚀金属；④ 不侵蚀冷却系密封及软管等橡胶制品；⑤ 低温黏度增大不多；⑥ 化学稳定性高，能长期使用；⑦ 发泡倾向低；⑧ 蒸发损失少。

乙醇、乙二醇和丙二醇都可用作防冻剂。乙醇沸点低，蒸发损失大；乙二醇的沸点、黏度比较适中，降低冰点的效果好，而且价格低廉，能较好地满足以上性能要求，所以一直是冷却液最主要的防冻基本材料。现在社会对环境保护逐渐重视，丙二醇的价格虽高但无毒，由此丙二醇在冷却液中的使用逐渐增多。

我国汽车发动机冷却液以前的标准是SH 0521—1999《汽车及轻负荷发动机用乙二醇型冷却液》和交通行业标准JT 225—1996《汽车发动机冷却液安全使用技术条件》。将冷却液按其冰点分为-25号、-30号、-35号、-40号、-45号和-50号6个牌号。我国汽车发动机冷却液现行标准是NB/SH/T 0521—2010《乙二醇型和丙二醇型发动机冷却液》和GB 29743—2013《机动车发动机冷却液》。

**2. 冷却液的选用**

由于国内外发动机冷却液的产品配方很多，所以选择冷却液时要区别发动机的类型、性能的强化程度和冷却系统材料的种类，除了要保证发动机冷却液能降温、防冻外，还要考虑防沸、防腐蚀和防水垢等问题，应以汽车制造公司规定或推荐的为准。使用中，注意检查冷却液液面高度，视情正确补充。不能混用不同厂家、不同牌号的冷却液。冷却液使用一段时间后，应及时更换。使用乙二醇冷却液时，应注意其有毒，切勿用口吸。

## 第四节 汽车材料的新进展

随着世界汽车工业的发展，环境污染和能源缺乏引起的"汽车灾难"问题已达到相当严重的程度，如果不解决这些问题就会威胁世界经济与社会的可持续发展，因而汽车产业界正不断地寻求相应的对策，在寻求代用燃料、降低油耗、轻量化及材料再生等方面进行着不懈的努力。

### 一、汽车轻量化及汽车材料

在保证汽车安全性的前提下，减轻其自重来降低油耗是实现汽车节能减排的关键。减轻自重则需要对整车进行轻量化设计和更多地使用轻质高强材料。目前，在汽车上普遍使用的轻质材料主要有汽车用高强度钢、铝合金、镁合金、塑料等。

**1. 汽车用高强度钢**

车身一般占整车重量的23%~25%，因此车身的轻量化对汽车的减重十分重要，而目前采用高强度钢来制造车身是较为有效而且经济可行的办法。一般将屈服强度在210~550 MPa之间的钢材称为普通高强度钢（HSS）；屈服强度大于550 MPa的称为超高强度钢（UHSS）。先进高强钢（AHSS）的屈服强度范围为360~620 MPa，而热成形钢的屈服强度为980~1 200 MPa。普通高强度钢主要包括碳锰（C-Mn）钢、烘烤硬化（BH）钢、高强度无间隙原子（HSS-IF）钢和高强度低合金（HSLA）钢；先进高强钢主要包括双相（DP）钢、相变诱发塑性（TRIP）钢、马氏体级（M）钢、多相（CP）钢、热成形（HF）钢和孪晶诱发塑性（TWIP）钢。目前，具有高强度、高塑性的淬火延性钢（Quenching and Partitioning，QP）的研究和应用已成为汽车行业的重点。

通过提高钢的强度，在所要求性能不变甚至有所提高的条件下，减薄板材的厚度或零件的截面，从而降低构件的重量。国际钢铁协会推出汽车轻量化的研究包括超轻车身（Ultra Light Steel Auto Body，ULSAB）、超轻概念车（Advanced Vehicle Concept，ULSAB-AVC）、超轻覆盖件（Ultra Light Steel Auto Closures，ULSAC）和超轻悬挂件（Ultra Light Steel Auto Suspension，ULSAS）等项目，将先进高强钢作为汽车轻量化材料的研发重点。使用高强度钢板代替原用钢板后，车身板厚可由1.0~1.2 mm减为0.7~0.8 mm，从而减轻车重达15%~20%，ULSAB和ULSAC使用了大量高强钢，分别减重25%和30%。当前超强度钢板厚度则仅0.65 mm甚至更薄，新款欧宝赛飞利的发动机盖钢板便只有0.6 mm厚。以德国保时捷（Porsche）公司为首的一个国际项目小组成功开发了使用超轻高强度薄钢板来制造轿车车身（ULSAB）的工艺技术。该技术使用全镀锌钢板制造（不包括各种附配件），车身重 203 kg，与普通同类型车身相比，重量减轻 25%，而（静态）抗扭刚度则提高 80%，抗弯刚度提高 52%。

**2. 铝合金与镁合金**

一直以来，铝以其重量轻、易于回收利用等优点而被广泛用于汽车（尤其是轿车）的制造，如车轮和活塞、散热器、油底壳、缸体等发动机部件，并向缸盖、曲轴箱扩展。宝马 5 系列采用全铝合金的前舱结构，由铝挤压件、铸铝件、铝冲压件组成，仅重 47.6 kg。随着轻量化呼声高涨，要求降低簧下重量以改善乘坐舒适性和行驶平顺性，底盘中铝件数目也不断增多，如前桥拉杆、悬架横臂、转向节、前后桥支承结构等已开始使用铝制品，传动系中的传动轴、差速器壳等未来也考虑用铝合金制造。另外，铝在汽车车身上的应用发展很快。德国奥迪 A8L 型高级轿车的整个车身均采用铝材制造，框架采用立体框架式结构，覆盖件由铝板冲压而成。这种铝车身与钢车身相比，重量减轻 30% ~ 50%，油耗减低 5% ~ 8%。奥迪独创的全铝合金车身结构（ASF）技术，已经运用于 A2、A8、TT、R8 等众多量产车型上。路虎新揽胜也采用全铝车身的结构，与之前的白车身相比，全铝白车身减重约为 180 kg，减重率高达 39%，整车大量采用轻量化技术，减重达 420 kg。

不仅在轿车上越来越多地使用铝合金，商用汽车也是如此。铝活塞、散热器等在商用车上已十分普遍，制动系部件如空压机、各类控制阀等也开始用铝制造。在轿车上铝车轮已很普及了。今后，大客车也将越来越多地使用铝车轮，以减轻这类车的自重。在汽车轻量化的发展过程中，铝合金面临超轻型高强度钢板，以及其他轻量材料的竞争和挑战，如镁、塑料和复合材料等。

镁合金密度低、质量轻，使用镁合金能够比铝合金再减重 15% ~ 20%。镁合金的比强度高于铝合金和钢，而比刚度接近于两者，但其抗蠕变能力和高温疲劳性能及耐蚀性较差。镁合金主要用于仪表板总成、座椅结构部件、制动踏板、离合器和油门踏板、转向盘总成、气门和凸轮轴盖、进排气支管罩、变速器壳件、活塞、各种支架和壳体。镁合金汽车部件开发包括车篷板、结构支架、后甲板盖、内车门框架、发动机主体等。镁合金车身材料也得到研究和应用，通用公司在 C - 5Corvette 中采用镁合金车顶框架，凯迪拉克 XLR 和福特 F - 150 等车型的框架中也大量使用了镁合金，大众和奔驰公司首先在车身板中使用了薄壁镁合金零件。

**3. 塑料**

塑料具有低密度、耐蚀性、高韧性和弹性、价格低廉、良好的加工成型性和绝缘性等性能，在汽车上被应用得越来越广泛。此外，塑料作为某些汽车零部件的外覆（包）和绝缘（隔声）材料还可吸收撞击能量，从而可提高行车的舒适性。目前，塑料在欧美乘用车饰件和功能结构件中的应用超过 120 kg，可占汽车总质量的 10% 以上。如奥迪 A2 型轿车的高分子件总质量已达 220 kg，占总用材的 24.6%。汽车用塑料件中，内饰件包括仪表板、座椅、车门内板、转向盘、顶篷、地垫、遮阳板、杂物箱盖等；外饰件包括保险杠、雨刮、车灯灯罩、外后视镜、散热格栅、前后翼子板、门把手及门锁等。功能结构件包括燃油箱、暖风机、发动机进气支管、气门室盖、加速踏板、离合器踏板等。据统计，现代汽车视车型不同，其应用的塑料零部件 20% ~ 50% 为聚丙烯，处于主导地位，六大类塑料（PP、PUR、PVC、ABS、PA、PE）占汽车用塑料的 90% 左右。

随着塑料性能的进一步改善和种类的扩大，其在汽车上的应用范围逐步扩展。如奔驰汽车公司在 Smart 牌微型轿车车身装用了具有本色的可随时更换的塑料覆盖件，雷诺 Espace 和莲花 Elise 牌汽车则完全采用塑料车身；丰田公司在 450OGT 车上采用树脂复合材料的扭力杆、离合器踏板和进气支管；而欧宝 Astra 牌轿车则用塑料制作安全气囊壳体，不仅重量较传统材料减轻 45%，也具有明显的价格优势。

除了超轻高强度薄钢板、铝、镁、塑料以外，钛、陶瓷材料和复合材料也作为轻质材料在汽车上得以应用。钛，这种用于航空航天领域的轻质、高强度金属作为在高负荷工作条件下唯一能够代替不锈钢和热处理钢的轻质材料在汽车上也开始得到应用，如悬架螺旋弹簧、排气系统部件以及发动机的连杆、气门和气门弹簧座等，但问题仍然是成本过高。陶瓷材料由于其优良的耐热、耐磨和轻质等特点而受到重视。汽车用陶瓷材料分工程陶瓷和功能陶瓷两大类。近年来，国外大力研究工程陶瓷材料，努力改善其基本性能和工艺技术，竭尽全力将其用于发动机零部件上，如 Si3N4 做气门、气门座、气缸套、增压器转子的材料等。陶瓷制动器目前已在 F1 赛车中应用，在超级民用跑车中也有涉及，如奔驰的 CL55 AMG。功能陶瓷则是利用陶瓷的电磁特性、光学特性，应用在各种传感器和显示装置上。

复合材料的强度高、刚性大、舒适、防振、隔热、隔声等优异特性能满足汽车高速、节能、安全自重轻的需求，在汽车中的应用比例越来越多。汽车所用复合材料多为纤维增强树脂基复合材料，纤维主要为玻璃纤维和碳纤维两种。玻璃纤维增强树脂（FRP）热固性复合材料，如玻纤增强不饱和聚酯片状模压成型（SMC）、团状模压成型（BMC）等，俗称玻璃钢，较多应用于汽车前盖和后盖、车门、车身扰流板、轮罩、保险杠等。玻璃纤维（毡）增强热塑性复合材料（GMT）在汽车上的应用部件有座椅骨架、脚踏板、发动机罩、车顶棚等几十种。碳纤维复合材料相比玻璃钢有更好的强度和刚度，耐热、耐磨性好，可以代替金属应用于汽车上的承力结构，如车顶、车门、底盘、轮毂、传动轴、连杆、刹车片等。但由于碳纤维复合材料制造成本过高，在一般的汽车中难以应用，仅在 F1 方程式赛车、超级跑车以及一些高价的小批量车型上应用，如兰博基尼、柯尼塞格、雷克萨斯 LFA、保时捷 911GT3 等。

## 二、汽车代用燃料

几十年来，针对汽车寻求代用燃料以缓解汽油短缺，寻求清洁燃料以减少环境污染，已经成为一个重大的社会经济问题，引起了各国政府的重视。代用燃料包括天然气（压缩天然气、液化天然气或液化石油气）、甲醇、乙醇和清洁生物柴油，此外还有二甲醚和氢气，这些代用燃料的使用和推广主要受其价格、行驶里程、可靠性、储运与现有基础设施等条件的限制。

**1. 天然气**

在各种汽车替代燃料中，天然气是汽车理想的清洁燃料，它拥有资源、环保、经济和安全上的优势。按天然气的化学成分和形态，可以分为以下三种：

（1）压缩天然气（Compressed Natural Gas，CNG）汽车，它是将天然气（主要成分为甲烷）压缩至 20 MPa 于储气瓶中，经减压器减压后供给发动机燃烧。

（2）液化天然气（Liquefied Natural Gas，LNG）汽车，它是将天然气液化后，储存于高压瓶中。它的燃料装置的体积比（CNG）小，续驶里程长，但技术要求高。

（3）液化石油气（Liquefied Petroleum Gas，LPG）汽车，液化石油气的主要成分是丙烷与丁烷，其储存压力为 2.2 MPa。

在汽车上燃用天然气，可以将天然气减压后直接供给内燃机，原来的燃油系统保留。驾驶员通过转换装置选择天然气或燃油。这种汽车称为双燃料天然气汽车。目前世界上的天然气汽车大多属于这一类。另一类天然气汽车则是装用根据使用的天然气种类、整车各总成的匹配及使用要求开发生产的专用发动机。

天然气汽车的主要优点为：比汽（柴）油汽车的排气污染显著降低；运行成本低，经济效益可观；与电动汽车比，续驶里程长、充气时间短、装置成本低、技术基本成熟。

我国目前已开始推广使用 CNG、LPG 等清洁燃料汽车，此外也对甲醇燃料汽车进行了研究，并已开始试用。

**2. 甲醇**

甲醇资源丰富、工艺成熟、成本低，且有良好的燃烧性能、辛烷值高、抗爆性好、储存运输方便。作为液体燃料仍可用于内燃机汽车和石油储运系统，很快能实现和普及，因此被人们视为一种很有前途的汽车代用燃料。

甲醇的热值低，等距离耗量是汽油的两倍，但是甲醇的来源广泛，尤其是我国煤藏量相对比较丰富，从煤和合成气提炼甲醇，再由甲醇代替汽油就成了一种较好的选择。甲醇的市场价格为汽油的 50%~60%，基本上消除了甲醇燃料百公里耗量大在经济上的不利因素。甲醇毒性大，依然存在着安全使用问题。同时其生产是从一种能源状态转换到另一状态，从能源利用角度看，能量利用率低。甲醇作燃料包括两种形式，一是与汽油混合燃烧；二是纯甲醇汽车燃料。

甲醇作车用燃料亟待解决腐蚀、机械磨损和冷起动等问题。由于需要的专门甲醇加油站不能普遍建立，纯甲醇汽车进入市场较困难，因而可开发既可燃用纯汽油、又可燃用85%以下甲醇与汽油的混合燃料，且不受加油站限制的灵活燃料汽车（FFV）。这种FFV适合于向最终优化专用汽车过渡。由于要兼顾燃用汽油和甲醇，FFV在性能等方面不及优化的甲醇汽车。

### 三、汽车材料回收问题

20世纪90年代以来，世界汽车生产每年保持在大约5 000万辆水平。按普通汽车材料构成比和材料利用率70%计算，汽车制造业每年消耗钢铁6 100万t、有色金属700万t、橡胶450万t、玻璃260万t。加上全世界6亿多辆汽车维修用零件的材料，每年汽车消耗的材料更是惊人。以橡胶为例，虽然年生产汽车需要450万t，但全世界维修汽车用橡胶却多达1 500万t以上。汽车生产和维修每年消耗大量的地球资源，可是地球资源却有限。为了有限的资源能被持续利用，必须开展废旧汽车材料的回收利用工作。

**1. 废车再循环流程**

现在全世界平均每年的废旧汽车数量大约为2 400万辆，其中北美1 000万辆，欧洲950万辆。2000年中国报废汽车达45万辆。一般，汽车因完成使命不再使用而废弃时，拆车者把发动机、变速器、轮胎、蓄电池等部件拆除，将其再循环或再利用；车体等残留部分由切割者将金属类和切割粉末分开，切割粉末主要做埋藏处理。

汽车再循环是用户通过零售商、维修服务业者和经营旧车业务者进行废旧车的拆车、切割，并做再循环处理的。对金属类物质许多国家已建立起了再循环过程。如德国汽车工业协会（VDA）1991年就提出废旧车处理一事并与政府达成协议，即年龄超过12年的旧车由汽车制造厂商免费回收，设法再生利用。交通事故引起的废车辆，由于很多零件拆下来可以直接再使用，规定有价回收。目前，德国每年产生废旧车辆大约250万辆，这些车辆由授权的223个公司统一进行处理。在英国，由汽车制造商、汽车拆卸协会、汽车零部件联盟、玻璃工业代表、全国塑料联盟、全国橡胶制造协会以及有关的政府部门、保险公司等单位组成一个汽车回收和拆卸协会（ACORD），经过各方面的努力，英国废旧汽车材料回收取得很好的成绩。目前正进行如下几方面的工作：提高塑料的回收率，开展回收塑料的利用工作；提高液体回收率，如燃油、润滑油、冷却液等各种专用液态物质；减少废渣里的金属材料含量；改善轮胎回收工艺、玻璃回收利用技术；发展废渣热能回收技术等。在美国由克莱斯勒、福特、通用三大汽车公司共同成立回收废旧车联合组织，协同开展汽车材料回收利用工作。日本政府于1991年制定了《再生利用促进法》，根据回收法规，汽车开发设计阶段有义务事前考虑资源回收利用的问题。

**2. 制造易再循环利用的汽车**

汽车由上万个零部件组成，这些零部件中有金属、塑料、玻璃、橡胶与化学纤维等各种各样的材料，如金属类有铁（车体钢板）、铝合金（发动机机身部件等）、铜（电导体等）、铅（电池电极等）、白金（催化剂）等。由此可见，重要的是应制造易再循环汽车，即制造一种在生产和废弃处理过程中废弃物少的汽车。

为此，汽车制造商在提高安全性、经济性、耐用性的同时，还需注意以下几点：

（1）设计制造易解体结构的汽车。为了便于拆卸，连接点尽量少而且连接方法最好是统一起来，尽量避免切割、剥胶等工程。

（2）设计制造易回收利用材料的汽车。设计时尽量选择易回收利用的材料，减少材料的品种，实现材料统一化和材料标准及标记统一化。

（3）设计制造清洁车和容易处理废渣的车。设计和制造汽车时应避免使用有害于人类健康及污染地球环境的有毒物质。

**3. 废旧汽车废渣处理**

目前，世界上发达国家废旧车75%的材料基本上可以再生利用，25%成为废渣而埋入土中。这些废渣主要成分有树脂、橡胶、纤维、玻璃等。下面介绍几个典型汽车材料回收利用的例子。

（1）汽车保险杠的回收利用。目前轿车保险杠绝大部分为弹性体改性PP材料。各国在1991年就开始研究开发汽车保险杠回收利用工作，回收利用方法目前已基本上定型并得到社会认同。废旧保险杠材料再生利用的关键是表面涂装物的除去技术。如不除掉涂装物，涂装微粒将对保险杠回收料的物理力学性能造成严重影响。

德国LSL公司和Umsicht研究所发明了废旧保险杠涂装物去除法并建立了一个试验性工厂，处理能力为2 000 t/年。去除涂装物的基本原理是用以碱性水溶液为基础的溶剂把保险杠表面的涂膜变软，然后在水中进行激烈搅拌来除掉漆膜。日本丰田汽车公司发明的保险杠去除涂膜的方法是在168 ℃、68 MPa条件下水解90 min之后，再在178 ℃、68 MPa条件下水解45 min，把漆膜物分子链降解，从而去掉涂膜。富士重工和三菱石化联合开发的方法是用不等速旋转机去除99%的涂膜。

（2）汽车轮胎的回收利用。汽车轮胎原料的60%依赖于石油，如橡胶、炭黑、纤维，是很贵重的资源，其中橡胶约占50%，炭黑占26%，其他原料还有钢丝。目前日本废胎利用情况见表7-4。可以看出，半数以上作为热源利用，主要是用于水泥窑，中、小型锅炉的燃料。

表 7-4 日本汽车废胎再生利用情况

| 利用种类 | 热利用 | 再生轮胎 | 再生胶粉 | 胶粉（出口） | 用途不明 | 其他 |
|---|---|---|---|---|---|---|
| 百分比/% | 53 | 9 | 12 | 16 | 7 | 3 |

（3）充分利用废渣。丰田汽车公司从1996年开始把占汽车废渣30%体积的纤维和聚氨酯发泡材料分离出来，然后加入适量的热塑性树脂来制造汽车地毯的衬里并用于新车上。

三菱公司1997年开发出每小时处理700 kg废渣能力的装置。首先把粉碎好的废渣加热到300~500 ℃，把PVC中的氯元素去掉之后加热到500~530 ℃，分离出气体、油质物和固体物。前二者用于燃料，固体成分中有色金属分离后，余下的埋掉。

# 第八章 汽车标准法规与汽车性能

## 第一节 汽车标准与法规体系

### 一、概述

汽车是商品,而商品进入市场必须达到一定的要求,这个要求的具体体现就是汽车标准和法规。汽车标准和法规的实施促进了汽车总体水平的提高,对保护消费者利益、规范市场竞争规则和维持社会经济发展秩序具有重大意义,是汽车工业发展的产物。

中国国家标准 GB/T 3935.1—1996《标准化和有关领域的通用部分(第1部分:基本术语)》给出的"标准"的定义为:标准为在一定的范围内获得最佳秩序,对活动或其结果规定共同的和重复使用的规则、导则或特性的文件,该文件经协调一致制定并经一个公认机构的批准。标准应以科学、技术和经济的综合成果为基础,以促进最佳社会效益为目的。

技术法规是指规定技术要求的法规,可以引用"标准""技术规范"或"实施规程"的全部或部分内容。技术法规是为政府法制化的行政管理活动服务的。

标准和法规是技术领域中不同的规范性文件体系,二者既有联系又有区别,如表 8-1 所示。

表 8-1 标准和法规的比较

| 项目 | 标准 | 法规 |
| --- | --- | --- |
| 定义 | 为协调相关各方面工作关系而确定采用的各项原则 | 执法权威机构采用的规定或行政规则等约束性文件 |
| 目的 | 保障行业、协作单位之间的协调关系,不断提高产品的技术水平;克服国际贸易中的技术壁垒,获取最佳经济效益 | 从保障人民生命财产安全、保护环境、节约能源3个方面来维护全社会的公共利益 |
| 制定、批准、管理机构 | 不具有政府管理职能的有关机构或组织(如行业组织、地区性组织、学会、协会)颁布,相应的机构协调 | 政府颁布,由政府或授权机构执行、监督和管理 |

续表

| 项　目 | 标　准 | 法　规 |
|---|---|---|
| 内容 | 一般为纯技术内容，不包括行政规则 | 涉及汽车安全、环境保护、节约能源的技术内容，并包括为管理需要而制定的行政规则 |
| 适用范围管理方式 | 一般不受限制，可以跨越区域；非强制性，企业可根据合同要求自主选择 | 国家主权范围内强制性，产品需通过认证机构的认证才有可能在法规管辖区域内得到认可 |

汽车标准与法规是在汽车工业的发展过程中不断完善形成的，两者相互依存，在汽车产品生产与管理过程中发挥着不可替代的作用。

## 二、汽车标准体系

在汽车生产和管理过程中，存在着大量共同的、经常重复应用的要求，如零部件生产过程中尺寸、性能、工艺、实施规程等许多共性的要求。为解决这类问题就必须开展标准化工作，规范人们的生产和管理活动，针对共同和重复应用的实际存在或潜在的问题制订相应的标准，以满足产业活动的需要，实现以最小的投入获得最佳的经济效益。

**1. 汽车标准的分类**

标准化工作是一项复杂的系统工程，标准为适应不同的要求从而构成一个庞大而复杂的体系。根据不同的目的，从不同的角度可对标准进行分类，目前主要有三种方法：层次分类法、约束分类法和性质分类法，如图 8-1 所示。

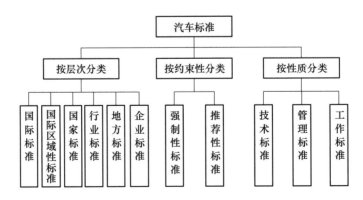

图 8-1　汽车标准的分类

国际标准是由国际标准化组织（International Organization for Standardization，ISO）制定的。ISO 是一个全球性的非政府组织，是国际标准化领域中一个十分重要的组织。

凡是由 ISO 制定的标准开头都有 ISO 标记。

国际区域性标准是由若干成员国共同参与并共同遵守的标准，最典型的国家区域性组织是欧洲经济共同体（European Economic Community，EEC）和欧洲经济委员会（Economic Commission for Europe，ECE）。

国家标准是各国依据自己的国情而制定的适用于本国的标准。我国国家标准简称为 GB，美国国家标准为 ANSI，日本国家标准为 JIS。

行业标准是为了规范本行业所辖各部门汽车产品试验方法而制订的。我国汽车行业标准简称为 QC。

地方标准是指在没有国家标准或国家标准不能满足需要的情况下依据某地区的特殊情况在该地区范围内统一的标准。我国的地方标准代号由"DB"加上省域或市域编号再加上专业类号及顺序号和标准颁布年组成。

企业标准是指各汽车生产企业、汽车试验场，根据自身特点，参考相应国际、国家和行业标准而制订的，只限于本企业内使用。

**2. 世界主要国家的汽车标准体系**

世界汽车行业在一百多年发展历史中，形成了自己特有的管理体系。为符合汽车技术进步的发展需要，世界主要国家逐步建立了各自的汽车标准体系。

（1）美国汽车标准体系。美国汽车标准分为两个层次，即国家标准（ANSI）和行业标准（SAE）。其中国家标准由美国国家标准学会（American National Standards Institute，ANSI）批准发布，行业标准由美国汽车工程师协会（Society of Automotive Engineers，SAE）制订发布。

SAE 具有权威性，广泛地为汽车行业及其他行业所采用，并有相当部分被采用为美国国家标准。SAE 不仅在美国国内被广泛采用，而且成为国际上许多国家工业部门和政府机构在编制标准时的依据，为国际上许多机动车辆技术团体广泛采用。可以说，SAE 标准在汽车领域是世界上最庞大、最完善的标准体系。

（2）日本汽车标准体系。日本的汽车标准（即日本国家标准）分为两个主要的层次：日本工业标准（JIS）和日本汽车行业标准（Japanese Automobile Standards Organization，JASO）。其中 JIS 由日本工业标准调查会（JISC）组织制订和审议，JASO 由日本汽车标准化组织制订。

JASO 是以日本汽车工程师协会（JSAE）为主制订的日本汽车工业通用标准。一般来说，JIS 较 JASO 涉及面广，影响也大。对于涉及社会交通安全、环境保护和能源利用的，以及汽车进、出口事项的技术标准，均订为 JIS；对于尚不成熟，或引入的 ISO 标准，还需要结合国情做进一步试验验证的技术标准，则订为 JASO 标准。

（3）主要欧洲国家的汽车标准体系。德国的汽车工业标准只有德国工业标准（DIN）这一级，由德国标准化学会（Deutsches Institut fur Normung，DIN）负责制订。

德国标准化工作中,具体从事汽车标准化工作的标准委员会(NA)为德国汽车标准化委员会,即 FAKRA。

英国的标准化工作开展较早,1901 年创立的英国工程标准委员会(ESC)是世界上第一个全国性的标准化组织,1931 年正式定名为英国标准学会(British Standards Institution,BSI)。BSI 制订和修订英国标准(BS)并促进其贯彻执行。BS 标准为自愿性的标准,广泛应用于所有专业领域,可以作为仲裁依据,也可以作为技术条件的根据。

法国的汽车工业标准只有国家标准这一级,由法国标准化协会(AFNOR)组织制订批准。AFNOR 组织制订、标准化专署批准的法国国家标准称为 NF 标准。法国制订汽车、摩托车、自行车方面 NF 标准的专业标准化机构为法国汽车标准化局(BNA)。

(4)中国汽车标准体系。中国的汽车标准化工作开展较晚。全国汽车标准化技术委员会 1988 年由国家技术监督局批准成立,由中国汽车工业联合会主管,委员来自与汽车产品相关的各政府部门及汽车行业骨干单位。全国汽车标准化技术委员会接受国家技术监督局授权,负责进行汽车及摩托车全国标准化工作和技术组织工作。

根据《中华人民共和国标准化法》的规定,我国标准分为国家标准、行业标准、地方标准和企业标准四类。我国的国家标准、行业标准和地方标准分为强制性标准和推荐性标准。

中国汽车标准体系主要由贸易性和生产性两部分构成。中国汽车标准体系如图 8-2 所示。

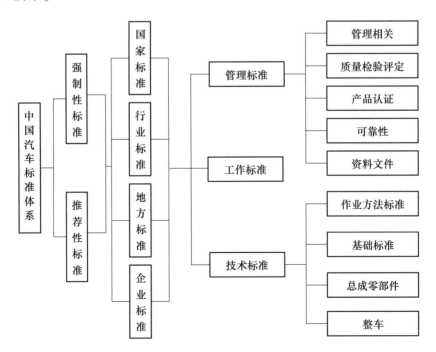

图 8-2 中国汽车标准体系

## 三、汽车法规体系

汽车作为一种现代交通工具，在促进社会进步和经济发展的同时，有可能给人身财产安全造成危害，同时也带来了环境污染及能源的大量消耗。为解决这些问题，世界上许多国家特别是发达国家均对汽车产品实施了法制化管理，制定了一些法律，并依据这些法律制定了技术法规。

汽车技术法规可以保证汽车安全行驶，尽量减少或避免因汽车本身结构而造成的交通事故，减少环境污染，降低能源消耗，因此汽车技术法规主要分为汽车安全性、汽车污染物控制、汽车节约能源三个方面的内容，如表8-2所示。

表8-2 各国主要汽车技术法规

| 序号 | 分类 | 主要国家 | 所依据的法律 | 派生出的汽车技术法规 |
|---|---|---|---|---|
| 1 | 汽车安全性 | 美国 | 《国家交通与机动车安全法》 | 美国联邦汽车安全法规FMVSS |
| | | 日本 | 《道路运输车辆法》 | 道路车辆安全法规 |
| | | 欧洲 | 日内瓦协议 | ECE和EEC |
| 2 | 汽车污染物控制 | 美国 | 《大气清洁法》《噪声控制法》 | 首先制定试验方法，每隔一段时间，由议会提出议案，政府制定出控制汽车污染物和汽车噪声的限制 |
| | | 日本 | 《大气污染控制法》《噪声限制法》 | 日本道路运输车辆保安标准TRIAS |
| | | 欧洲 | 日内瓦协议 | ECE和EEC |
| 3 | 汽车节约能源 | 美国 | 《机动车情报和成本节约法》 | 每个阶段由议会提出议案，政府发布本阶段的汽车平均燃料消耗定额 |
| | | 日本 | 《能源合理利用法》 | 在TRIAS-61《十工况排放标准》的基础上，同样用此十工况法测量汽车平均燃油消耗量 |
| | | 欧洲 | 日内瓦协议 | 在ECE-R15《十五工况排放标准》的基础上，同样用此十五工况法测量汽车平均燃油消耗量 |

汽车技术法规作为政府管理汽车产品的技术依据，产生于20世纪50年代，经过几十年的发展，世界上国家性的、区域性的、双边的或多边的法规体系有很多种。当前，世界上主要的汽车法规有美国汽车法规、欧洲汽车法规和日本汽车法规，形成了

三大汽车法规体系。在三大汽车法规体系中,美、日两大体系比较接近,相差不大,但欧、美两大体系却存在很大差别。另外,加拿大、澳大利亚等国家和地区也都有自己的汽车法规,但这些法规基本上是参照美国法规或欧洲法规再结合本国国情的具体情况制定的。

**1. 美国的汽车法规体系**

美国是联邦制国家,各州均有立法权。因此,美国的汽车法规包括由联邦政府制定的联邦法规和由各州制定的地方性法规。联邦政府以国会通过的有关法律,如《国家交通及机动车安全法》《机动运载车法》《噪声控制法》等为依据,由联邦机动车安全局和联邦环保署制定有关汽车安全、环保和节能方面的汽车法规。美国的法律体系使法规和标准既紧密联系又相互分立,在法规中技术内容大量借用了标准的内容。

**2. 日本的汽车法规体系**

为了确保机动车交通安全、防止环境污染、合理有效利用资源,日本制定了《道路运输车辆法》、环境污染控制基本法(《大气污染控制法》《噪声限制法》)、《能源合理利用法》三大方面的法律,以这些法律为依据,建立了一整套技术法规体系和政府对机动车安全、环境保护和节能方面的管理体系。日本汽车安全、环保技术法规,包括主动安全、被动安全、火灾预防、燃油系统、环保装置、专用车辆6个部分。

**3. 欧洲的汽车法规体系**

欧洲各国除有自己国家的法规外,还有两个主要的区域性汽车法规,一个是欧洲经济委员会(ECE)制定的汽车法规,另一个是欧洲经济共同体(EEC)制定的指令。ECE法规由各国任意自选,是非强制性的;而EEC指令作为成员国统一的法规,是强制性的。

**4. 中国的汽车法规体系**

中国长期以来实行的是计划经济模式,对汽车产品实行目录管理制度,开展汽车标准化工作较早,而汽车法规工作则处于初级阶段,汽车法规无论数量还是水平都与汽车工业发达国家有很大差距,中国的汽车法规体系还不够完整和完善。

中国的汽车法规即汽车强制性标准,是在汽车标准化工作的基础上逐步开展起来的,汽车强制性标准依法强制执行。不符合汽车强制标准的国内汽车产品不得生产、制造和销售,国外汽车产品不得进口。

中国汽车强制性标准的内容主要涉及车辆安全、环境保护和节能三方面,是以欧洲ECE/EEC汽车法规体系为主要参照,在具体项目内容上与欧、美、日三大汽车法规体系相协调,约80%与ECE法规等效。中国汽车强制性法规体系如图8-3所示。

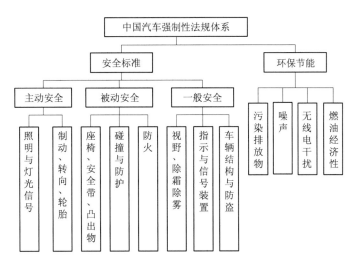

图 8-3 中国汽车强制性法规体系

自 1993 年第一批汽车行业国家强制性标准发布以来，我国的汽车强制性标准已经基本涵盖了汽车的安全、环保和节能等主要方面。截至 2013 年 2 月已批准发布的汽车（含摩托车）强制性标准共 114 项，其中主动安全相关标准 34 项，被动安全相关标准 29 项，一般安全相关标准 28 项，环保和节能相关标准 23 项，安全标准占比近 80%。

## 第二节 汽车产品认证制度

### 一、概述

汽车诞生和应用一百多年来，为适应顾客要求的提高，其各种各样的性能在不断完善，汽车的性能对社会生活的各个方面也产生了巨大而深刻的影响。对汽车性能的规范化要求成为社会的需要，这种规范化要求的表现就是汽车产品认证制度。

1930 年，英国在世界上率先实行生产者和消费者以外的第三方产品认证（BS），其认证标志是一只风筝。20 世纪 50 年代后，西方国家普遍推广了这种制度。到 20 世纪 70 年代，第三方质量认证制度普及到第三世界国家。20 世纪 70 年代初，ISO 建立了认证委员会，随后编制了第三方认证制度及有关标准。1987 年，ISO 9000 质量保证标准诞生，成为全世界企业通向国际市场的通行证。

国际标准化组织（ISO）将产品认证定义为："是由第三方通过检验评定企业的质量管理体系和样品形式试验来确认企业的产品、过程或服务是否符合特定要求，是否具备持续稳定地生产符合标准要求产品的能力，并给予书面证明的程序。"第三方与厂家、消费者都没有直接的利益关系，因此能够保证客观和公正。

## 二、汽车产品认证制度

认证是国家依据相关标准法规对产品进行生产、销售许可的一种制度，认证是和标准紧密联系在一起的。由于各国具体政体、国情不同，经济发展水平不同，汽车工业规模不同，各国汽车认证方式也不尽相同，大体形成了美国、欧洲、日本三种体系，经过几十年的运转和不断改革，这三大认证体系已相当完善，成为其他国家建立汽车认证制度的主要参照。

**1. 美国汽车产品认证制度**

美国的汽车产品认证分为安全认证和环境保护认证两个部分。安全认证采用由汽车厂家自我申报、政府实施监督的自我认证制度，即 DOT 认证。为确保车辆符合联邦机动车安全法规的要求，美国国家公路交通安全管理局（National Highway Traffic Safety Administration，NHTSA）可随时在制造商不知情的情况下对市场中销售的车辆进行抽查，也有权调验厂家的鉴定实验室数据和其他证据资料。如果抽查发现车辆不符合安全法规要求，主管机关将向制造商通报，责令其在限期内修正，并要求制造商召回故障车辆。同时，如果不符合法规的车辆造成了交通事故，厂家将面临高额惩罚性罚款。

美国的汽车产品认证制度可归纳为"自我认证，强制召回"，尽管这种自我认证方式表面看来较宽松，实际上汽车企业要真正为自己的产品负责，所以制造商并不敢弄虚作假。

**2. 日本汽车产品认证制度**

日本的机动车认证由运输省管理，采用形式认定和形式认可两种方式，对排放和噪声控制还设定了单独的形式认证制度，对进口车还有一些特殊的条款。对大批量生产的车、小批量生产的特种车以及进口车，分别制定了《汽车形式指定制度》《新型汽车申报制度》《进口汽车特别管理制度》。根据这些制度，汽车制造商在新型车的生产和销售之前要预先向运输省提出申请以接受检查。其中，《汽车形式指定制度》对具有同一构造装置、性能，并且大量生产的汽车进行检查；《新型汽车申报制度》针对的是形式多样而生产数量不是特别多的车型，如大型卡车、公共汽车等；《进口汽车特别管理制度》针对的则是数量较少的进口车。

**3. 欧洲汽车产品认证制度**

欧洲各国的汽车认证都是由本国的独立认证机构进行的，但标准则是全欧洲统一的，依据的是 ECE 法规、EEC 指令，主要有 E 标志认证（E-mark）和 e 标志认证（e-mark）两类。要获得 E 标志或 e 标志，首先产品要通过测试。

E 标志源于 ECE 法规。这个法规是推荐性的，不是强制标准。也就是说，欧洲各国可以根据本国具体法规操作。E 标志证书涉及的产品是零部件及系统部件，不包括整车认证。获得 E 标志认证的产品，是为市场所接受的。e 标志是欧盟委员会依据 EEC 指令强制成员国使用整车、安全零部件及系统的认证标志。测试机构必须是欧盟成员国内的技术服务机构，比如德国的 TUV、荷兰的 TNO、法国的 UTAC、意大利的 CPA 等。发证机构是欧盟成员国政府交通部门，如德国的交通管理委员会（KBA）。获得 e 标志认证的产品各欧盟成员国都认可。

在欧洲，汽车召回非常普遍。与美国不同的是欧洲实行企业自愿召回，企业发现车辆有问题，就可自行召回，但要向国家主管机关上报备案。但如果企业隐瞒重大质量隐患或藏匿用户投诉，一经核实将面临处罚。

**4. 中国汽车产品认证制度**

一个汽车新品要进入中国国内市场，必须经过政府部门的认证认可，获得销售资格，即经过国家发展和改革委员会的《车辆生产企业及产品公告》（以下简称《公告》）、中国质量认证中心（国家认证认可监督管理委员会）的《CCC 认证》（中国强制性认证）、国家环境保护总局的《国家环保目录》、北京（南京、广州等）环保局的《地方环保目录》的认证认可，也就是 4 种认证形式并存。

中国大规模使用汽车的历史不长，在管理上长期实行统一计划经济模式。在 20 世纪 80 年代初以前，中国汽车产品种类和数量都以中型载货汽车为主，其他车型所占比例很小。20 世纪 80 年代改革开放之后，陆续开始了一些产品认证的尝试，中国政府对汽车新产品的管理经历了十几年的《全国汽车、民用改装车和摩托车生产企业及产品目录》（以下简称《目录》）的管理阶段和 2001 年开始的《公告》管理阶段，2001 年也开始了《国家环保目录》的申报，2002 年 5 月 1 日开始实行 "3C" 认证制度。

使用《目录》来管理汽车新产品是从 1989 年开始的。凡中国国内生产的汽车、改装车和摩托车的企业及产品，不分隶属部门和地区，均应纳入目录管理。目录是公安机关办理车辆牌照的依据，申请纳入《目录》的产品应按国家规定的开发程序和标准进行试验鉴定。鉴定内容按照自行开发、引进技术的汽车国产化等分别规定汽车新产品在鉴定时应进行的主要性能、强制性项目试验和可靠性试验的内容。

为了加强对汽车安全、环保、节能和防盗性能的监控，提高企业生产一致性保证能力，建立科学、高效、规范的车辆管理制度，逐步实现与国际通行规则接轨，国家经贸委产业政策司决定对《目录》管理制度进行改革，并于 2001 年开始发布《车辆生产企业及产品公告》，《目录》于 2002 年 12 月 31 日废止，从 2003 年 1 月 1 日起《公告》完全取代《目录》作为公安部门车辆注册和年度监督检查的管理依据。生产企业可自行选择经国家认可的检验机构进行新产品强制性项目的检验，样车经检验合格后，由企业填写相应申报资料上报国家经贸委，国家经贸委对企业上报资料进行审核，审核合格后在《公告》上予以公布。另外对于同一形式的产品，经确认可以不再进行重复检测。《公告》上的检测内容包括：强制性标准规定的检测项目、车辆识别代号 VIN 管理规则、正面碰撞的设计规则和可靠性试验材料等内容。

"3C"认证即中国强制认证（China Compulsory Certification，CCC）。2001年12月国家质量监督检验检疫总局发布《强制性产品认证管理规定》，规定国家对涉及人类健康和安全，动植物生命和健康，以及环境保护和公共安全的产品实行强制性认证制度。国家对强制性产品认证公布统一的《中华人民共和国实施强制性产品认证的产品目录》，确定统一适用的国家标准、技术规则和实施程序，制定和发布统一的标志，规定统一的收费标准。规定指出："对于列入目录的产品必须经指定的认证机构认证合格、取得指定认证机构颁发的认证证书、并加施认证标志后，方可出厂销售、进口和在经营活动中使用。""3C"认证的目的是适应 WTO 要求，对进出口车辆实施统一认证管理。

《国家环保目录》是国家环保总局为贯彻我国《大气污染防治法》，加强对新生产机动车执行国家机动车排放标准的监督管理力度，对达到排放标准的车型和发动机开展的形式核准工作。未经国家环境保护总局核准公布的车型和发动机不得制造、销售、注册登记和使用。

《地方环保目录》是地方（北京、南京、广州等）为改善当地大气环境质量，减少机动车排放污染，对在当地销售的车辆按照比全国其他地区更严格的排放标准进行核准的一项措施。对没有获得当地《地方环保目录》的机动车辆不准在当地办理注册登记手续。《地方环保目录》是当国家还在执行欧Ⅰ排放阶段，而地方对环保提出更高要求的产物。

中国国内目前存在的4大认证形式都需要对汽车整车及相关零部件进行检测，其中国家发改委《车辆生产企业及产品公告》需要48项检测，中国质量认证中心《CCC 认证》需要47项检测，国家环保总局《国家环保目录》需要3项检测，北京环保局《北京环保目录》需要2项检测。

中国汽车产品认证制度仿照的是欧盟模式，其终极目标就是实施形式认证，即汽车制造商只需向一个政府部门进行申报，对产品进行一种认证，粘贴一种认证标志，产品就可以在全国销售、上牌照。目前中国的汽车产品认证模式存在"多重管理"的现象，有待逐步规范。

# 第三节　汽车主要技术性能简介

汽车产品认证制度的本质是国家代表全体汽车用户向汽车企业提出的对各种汽车的普遍要求，是对汽车产品具有的对社会生活有重大影响的各项性能的要求。在汽车标准和法规中对汽车的性能提出了各种各样的要求。

汽车的性能包括很多内容，有以结构为基础的对汽车安全行驶有直接或间接影响的结构性能，这类性能在使用中可视为不变化的，如汽车的长、宽、高等尺寸参数；还有因为汽车使用一段时间而改变的技术性能，这类性能具有一定的变动范围，或者可以通过调整而变化，如汽车的动力性、燃油经济性、安全性、环境友好性、舒适性和机动性等。

本节只讨论汽车的技术性能，结构性能在此不赘述。

## 一、汽车的动力性

有三种指标显示汽车的动力性能高低。

**1. 汽车最高车速 $u_{a\max}$（km/h）**

这个数值经常印在汽车说明书的显著位置。最高车速是指它在水平良好路面（沥青或水泥）上能达到的最高速度。不过，各国在条件规定上略有差别，我国是指汽车满载时的最高速度，德国是指半载，还有一些其他的规定。

**2. 汽车加速时间 $t$（s）**

这是表示汽车加速能力的指标。通常有两种表示方式：一种叫原地起步加速，以最大能力（包括动力最大、换挡及时）到达预定距离或规定速度的时间，有用 0~400 m 所用的时间 $t$（s），也有用 0~96.6 km/h 速度所用的时间 $t$ 表示的；另一个表示汽车超车能力，是指从某一初速度加速到预定速度（例如从 40 km/h 加速到最高车速）的时间，目前还没有统一的规定。

**3. 汽车上坡能力——汽车能爬上的最大坡度 $i_{\max}$**

它是指汽车满载（或某种规定值）时在良好路面上的最大爬坡度。显然这时汽车要用传动比最大的挡位。轿车一般不太强调爬坡度，它在公路行驶中对公路规定的坡度没有困难。载重汽车单位车重的功率较小，它要求在各种路面上行驶，特别是山区，所以要求足够的爬坡能力。按规范要求，普通公路车辆最大爬坡度 $i_{\max}$ 在 30%（16.7°）左右。实际公路建设标准最大坡度约 28%。

越野汽车要求在坏路或无路条件下行驶，同样要求很强的爬坡能力，通常全轮驱动车辆最大爬坡度可达到 60%（31°）左右。

## 二、汽车的燃油经济性

汽车燃油消耗约占运输成本的 30%，在石油供给出现困难的条件下，汽车的燃油消耗成为备受关注的性能。

我国和欧洲通用指标是汽车行驶 100 km 耗用的燃油升数（L/100 km）。数值越高，燃油经济性越低。美国常用单位燃油的行驶里程表示汽车燃油经济性（MPG 或 mile/Usgal，即每加仑的英里数）。数字越大，经济性越好。

最常用的办法是等速行驶百公里油耗,即汽车在指定载荷(我国标准规定轿车半载,货车满载)下,以最高挡在水平良好路面上等速行驶 100 km 的燃油消耗量。实际测量距离不是 100 km 而是一个试验路段上测量后换算得到。常常对一些常用车速进行测量,得到不同速度下的等速油耗曲线。

等速油耗概念简明扼要容易测量,但不能反映汽车实际行驶的复杂行为,因而不够准确。因此各国制定了一些新的方法来评定。这些方法的基本点是用一些典型的汽车行驶工况(冷起动、加速、减速、停车、热起动、加速行驶等)组成一个标准试验循环,以模拟汽车实际运行状况,以这个循环的测量结果换算得到相应行驶工况下的每百公里的燃料消耗量。模拟循环可以按多种情况选择,例如城市市区行驶状态、市郊行驶、城市间高速行驶等。

### 三、汽车的安全性

汽车安全性是汽车发展史上一个永恒的主题,也是汽车最重要的性能。现代安全性概念已发展出两个分支,一是主动安全性,二是被动安全性。

凡是通过汽车自身技术手段保证汽车行驶安全,防止事故发生的措施,属于主动安全性范畴。其中最重要的是制动性和操纵稳定性。

在汽车万一发生事故时,所有能在事故发生过程中,过程结束后的一段时间内减少或避免伤害,特别是乘员伤亡的措施,属被动安全范畴。主要的有撞车安全性及各种辅助安全措施。

#### (一)汽车制动性

汽车制动性是保证汽车安全的最重要性能。它有三方面的指标。

**1. 制动效能**

制动效能,常用制动距离和制动减速度表示。

制动效能是指在良好路面上,汽车以一定初速到停车的制动距离,或者制动时汽车的减速度值。汽车的制动效能不仅与汽车的制动系统结构和性能有关,还受到地面制动力的影响。而地面制动力又与路面状态、轮胎花纹和车轮运动状态等因素有关。因此,除了路面状态良好,轮胎花纹正常之外,车轮的运动状态影响最大。

试验证实,制动过程中车轮从纯滚动状态过渡到车轮抱死与地面拖滑状态,制动效能最高的是有 15% ~ 20% 滑移率的时候。滑移率的概念:

$$s = \frac{u_w - r_{r0}\omega_w}{u_w} \times 100\%$$

式中,$u_w$ 为车轮中心速度;$\omega_w$ 为车轮角速度;$r_{r0}$ 为无制动力的车轮半径,m。

显然,无制动时车轮纯滚动。$s = 0$,抱死时 $\omega_w = 0$($u_w \neq 0$),$s = 100\%$ 相当于完全滑移。所以 $s = 15\% \sim 20\%$ 是有少量滑移。

现代汽车推广应用的制动系自动防抱死系统（ABS）是利用电子系统快速反应作用使制动器不断自动地处于最佳（$s=15\% \sim 20\%$）的措施。

**2. 制动效能的恒定性**

制动器反复使用时，制动器因吸收大量能量而变热，长途高速行驶和连续下长坡时，制动器温度可能很高，在高温下制动器效能下降的现象称为热衰退。

汽车涉水之后制动摩擦面因进水而降低制动效能的现象称为水衰退。

因此，抗热衰退性能和抗水衰退性能越高，制动效能的恒定性也越高。

**3. 制动时汽车方向稳定性**

制动时若汽车偏离正确行驶路径，将带来危险，常常发生的情况有制动时跑偏、侧滑、甩尾或失去转向能力等。常用制动时汽车按给定路径行驶的能力来评价制动时汽车的方向稳定性。

**（二）汽车的操纵稳定性**

汽车的操纵稳定性是指在驾驶者不感到过分紧张、疲劳的条件下，汽车能遵循驾驶者通过转向系统及转向车轮给定的方向行驶，且当遭遇到外界干扰时，汽车能抵抗干扰而保持稳定行驶的能力。

汽车的操纵稳定性不仅影响到汽车驾驶的操纵方便程度，而且也是决定高速汽车安全行驶的主要性能，故被称为"高速车辆的生命线"。现代汽车在高等级公路行驶时，速度达到和超过 100 km/h 是常见的，许多轿车设计最高车速超过 200 km/h。因此汽车的操纵稳定性受到高度重视。

汽车的操纵稳定性是人－车的系统问题，即操纵的指令是人（驾驶员）发出的，由汽车的转向系统做出响应，另外，人又要根据道路、交通的状况做出分析、判断，不断修正指令（对转向盘的修正操作），因此是一个相互作用的复杂过程。

**（三）汽车的被动安全性**

被动安全性包括车身结构强度、内饰软化、吸能式转向机构、乘员约束系统、内饰件抗燃性等。

也有不少书籍把汽车的安全性分为冲撞安全性、防火安全性、环境安全性和其他辅助安全性等。

汽车高速行驶时冲撞障碍物，由于汽车自身的极大动能会造成车体的严重损坏和人员伤亡。为了减轻撞车时对乘员的危害，有些安全措施是以法规形式强制执行的：

（1）具有缓冲能力的保险杠和车身前部结构，以降低碰撞时传递到乘员身上的减速度和冲击力。

（2）设置座椅安全带，用以防止撞车时乘员过于前倾而撞击转向盘、仪表板和挡风玻璃等物体。

（3）汽车内部装饰件设有吸收能量高的安全垫。

(4) 为减少碰撞时玻璃片对乘员的伤害，汽车选用破碎时呈粉碎性的钢化玻璃和叠层安全玻璃等。

(5) 为减少转向装置对驾驶员的伤害，转向装置应设计成柔性以便吸收能量。

(6) 车门门锁要可靠，碰撞时不应自行开启，而在碰撞后又保证能开启，让乘员脱离车厢。

(7) 设置安全气囊。典型的安全气囊由气囊本体、传感器和控制系统以及气体发生器所组成。汽车在行驶过程中，传感器探测到汽车速度的突变把信号传给控制器，控制器分析判断到已发生碰撞，向气体发生器发出点火引燃的指令，所产生的气体使气囊迅速吹涨来吸收乘员头部扑向气囊的冲击能量。

防火安全性主要是指电线短路、燃烧系统起火、吸烟、排气管过热，因翻车起火造成的火灾。具体内容包括：

(1) 防止电气短路；

(2) 防止发动机着火危及车厢内部；

(3) 以阻燃材料蒙覆内饰件；

(4) 防止事故造成燃料泄漏等措施；

(5) 车内设灭火器。

还有多种其他行车安全装置是近年来研究的热点。如防追尾装置、雷达自动保持车距装置、防止酒后驾车和防瞌睡装置、自动限速装置等。这些装置的应用进一步提高了汽车的行驶安全性。

## 四、环境友好性

汽车给人类带来利益的同时，也造成了对环境的损害，其中最主要的就是有害物排放和噪声污染。提高汽车的环境友好性就是控制其有害物排放和噪声，以改善人类环境。

汽车的有害物排放主要源于发动机系统，分为蒸发和废气排放两类。蒸发排放是指由汽油机曲轴箱、燃料箱、化油器及燃油管路渗漏蒸发逸出的有害气体，其主要成分是燃油蒸汽和部分未燃烧的碳氢化合物。控制蒸发排放的措施是密闭燃油箱以及采用活性炭吸收装置。废气排放的有害物质有 $CO$、$NO_x$、$HC$ 和微粒物质等。对汽油机来说，排放中的有害物成分主要是 $CO$、$NO_x$ 和 $HC$；对柴油机来说，主要是 $NO_x$ 和碳烟微粒。

世界上最早对汽车排放有害物施行法规限制的是美国加利福尼亚州在 1959 年的健康与安全法规中规定的大气质量标准。随着人们对环境意识的提高，在有害物质的限定值方面，要求越来越严，迫使汽车制造商采用更多、更有效的机内净化和机外净化措施，更广泛地采用电子控制装置来控制发动机燃烧过程和各种排气后处理系统。另外，过去为提高汽油辛烷值而加四乙铅汽油，其因铅对环境的毒性也逐步由无铅汽油取代。

噪声是汽车对环境造成的另一公害。它分车内噪声和环境噪声，前者是发动机运行声音、轮胎噪声、风声和车身振动噪声对车内乘员的干扰；后者是汽车行驶时向车外发射的噪声。车内噪声可以通过车身气动特性，门窗密封条，采用避振和防振措施加以减小。环境噪声主要来自发动机排气噪声和轮胎行驶中的花纹噪声。排气噪声可通过改进消声器降低，消声原理主要是利用吸声材料和声学滤波原理；轮胎花纹噪声主要是汽车行驶中花纹沟槽的空气被不断压缩、排出而产生的气体动力性噪声，它与轮胎的花纹形状和排列以及轮胎结构有关。

## 五、舒适性和机动性

### 1. 舒适性

汽车的舒适性包含人的视觉和感觉两方面，都属主观感觉的范畴。这种主观感受反映在个体上差异极大，目前衡量汽车舒适性的最基本要求是行驶平顺性。它主要是指车辆振动对乘员造成的不舒适和疲惫的感觉。

对于平顺性的评价指标，由于不同的人对振动的敏感程度在频率上和程度上均存在差异。目前是在综合大量试验资料的基础上，由国际标准协会提出"人体承受全身振动的评价指南"（ISO 2631—1978E），它已被许多国家采用。该标准给出了振动加速度的均方根值在 1~80 Hz 振动频率范围内，人体对振动反应的感觉界限。

从这种感觉界限中可看出：对垂直振动，人对 4~8 Hz 范围的振动能量最为敏感，这主要是人体的头部、心脏、胃等重要器官的共振频率都位于该区域内；对水平振动，则对 1~2 Hz 的振动能量最为敏感。

汽车行驶平顺性，在某一道路上，主要同汽车悬架系统的参数密切相关，即与悬架的偏频、阻尼、车身质量、车轮质量以及车轮刚度有关。改善平顺性主要是使汽车的振动能量按人体对不同频率的感受程度保持在一定界限内。

### 2. 机动性

汽车机动性包含主动机动性、被动机动性。前者通常是指汽车的通过性或越野性，即汽车在额定载重下以足够高的平均速度通过各种坏路、坎坷不平地段、无路地带（松土、沙漠、雪地、沼泽等）和克服各种障碍的能力；后者通常是指车辆被运送的能力，如空运和空投能力。

作为一般了解，这里仅就汽车主动机动性中的通过性作一介绍。

汽车通过性常用通过性尺寸指标和通过性支撑 - 牵引指标来评价。前者是与防止汽车间隙失效有关的汽车本身的尺寸参数；后者则表征汽车以足够高的平均速度通过各种坏路和无路地带的能力。通过性尺寸指标中属于防止顶起失效的有汽车的纵向通过半径、横向通过半径和最小离地间隙。

属于触头失效和托尾失效的是接近角和离去角；反映通过弯道能力和转弯所需最小空间的指标是转弯直径和转弯通道圆（均在转向盘极限位置时测定）。当然除了上述几何参数外，汽车本身的长、宽、高和轮胎直径也是一种通过性几何参数（图8-4）。

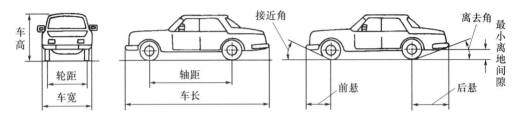

图8-4 汽车通过性的几何参数

通过性支撑-牵引指标可以用挂钩牵引力来描述。挂钩牵引力定义为车辆土壤推力和土壤阻力之差，它反映了土壤的强度储备，用以使车辆加速、上坡、克服道路不平的阻力和牵引连接在挂钩上的挂车或其他装备。当然，单位汽车质量的挂钩牵引力越大，汽车的越野行驶能力越强。

对各种越野车辆，为提高其爬越障碍能力，通常要求：① 最小离地间隙接近轮胎半径；② 接近角和离去角不小于45°；③ 车身下应平坦；④ 多轴全驱动；⑤ 大直径轮胎；⑥ 较小纵向和横向通过半径；⑦ 较小转弯半径；⑧ 车体结构具有与地面几何形状相适应的能力。

为提高其在松土上的行驶能力，往往要求：① 最小自重；② 大直径、低压轮胎；③ 良好的轮胎设计；④ 多轴驱动；⑤ 自锁差速器；⑥ 一定的最大轴荷限制。

## 六、汽车可靠性

汽车的可靠性是指汽车产品在规定的使用条件下和规定的时间内，完成规定功能的能力。汽车可靠性包括四个因素：汽车产品、规定条件、规定时间和规定功能。

汽车产品是汽车可靠性研究的对象，包括汽车整车、系统、总成或零部件。

规定条件是指规定的汽车产品工作条件，包括气候情况、道路状况、地理位置等环境条件，载荷性质、载荷种类、行驶速度等运行条件，维修方式、维修水平、维修制度等维修条件，存放环境、管理水平、驾驶技术等管理条件。

规定时间是指规定的汽车产品使用时间，它可以是时间单位（小时、天数、月数、年数），也可以是行驶里程数、工作循环次数等。在汽车工程中，保修期、第一次大修里程、报废周期等都是重要的特征时间。

规定功能是指汽车设计任务书、使用说明书、订货合同及国家标准规定的各种功能和性能要求。不能完成规定功能就是不可靠，称之为发生了故障或失效。根据故障的危害程度不同，汽车故障通常分为致命故障、严重故障、一般故障和轻微故障。

汽车可靠性的评价指标主要有平均首次故障里程（Mean Time To First Failure，MTTFF）、平均故障间隔里程（Mean Time Between Failures，MTBF）和可靠性综合评定分值等。对受试的零部件、总成和整车在规定的条件下施加一定方式和水平的载荷，使之产生一定程度的变形、疲劳和磨损等，通过对试验数据进行处理分析，就可得出产品的各项可靠性指标。

汽车可靠性是汽车最重要的性能之一，它与设计技术、全面质量管理、原材料和协作件质量的控制等密切相关。汽车的可靠性提高了，就意味着汽车整体的技术水平提高了。汽车产品可靠性水平的高低，不仅关系到产品的市场竞争能力，而且关系到企业的生存与发展，关系到企业的形象和信誉。与汽车工业发达的国家相比，我国汽车可靠性的研究起步较晚，水平有待进一步提升，提高和完善我国汽车产品的可靠性是提升产品品质的根本保证。

# 第九章　汽车设计与试验

## 第一节　汽车设计的特点及要求

所谓汽车设计，简单的理解是根据一款车型的多方面要求来设计汽车的外观、内饰及各总成布置与结构设计，使其在充分发挥性能的基础上艺术化。在现代化生产中，设计是第一步，其工作只占产品开发全部工作量的10%，成本仅占5%左右。汽车设计是决定产品开发成败的关键，在汽车开发过程中起着至关重要的作用。

对于汽车这样一种复杂的现代化机械产品，涉及的专业学科众多，不仅包括车身结构、制造工艺要求、空气动力学、人机工程学、工程材料学、机械制图学、声学和光学等知识和工程技术，而且还包括美学，乃至管理和市场营销等社会科学。汽车已深入到国民经济的各个部门，与社会和人民生活息息相关。汽车要满足不同的使用要求，因而形成了汽车设计自身的特点。其设计要求也是多方面、多层次、相互关联和相互制约的。

汽车设计特点之一是要考虑汽车使用条件的复杂多变，这就要求汽车设计满足功能性要求。功能性是为满足汽车用途而提出的性能要求，即汽车的动力性、经济性、安全性、舒适性和通过性等。不同类型的车辆其性能设计目标是不同的。如轿车注重动力性、安全性和舒适性等，其他性能次之；轻型货车注重经济性和通过性，其他性能次之；而越野车则侧重于通过性等。因此，在确定汽车性能设计目标时，要根据具体的国情和相应的使用条件来权衡。同一辆汽车在不同地区所面临的使用条件有很大不同，如道路、气候、维修能力和燃料供应等。因此汽车设计要尽可能使汽车在不同使用条件下都能满足其功能要求，具有良好的适应性。

汽车设计的第二个特点是大多数汽车以大量生产或大批生产为主，这就要求汽车产品在设计时考虑到生产工艺性的要求。一个好的设计不仅应使产品的性能优异，而且应使产品成本低，达到同类产品中最好的性价比。在结构设计时要考虑汽车产品制造、维修的可行性和经济性，尽可能采用部件专业化生产和实行"三化"（产品系列化、零部件通用化和零件设计标准化），以达到简化生产、提高工效、改进产品质量和降低制造成本的目的。

汽车在使用过程中要消耗大量物质，这一特点对汽车设计提出了满足使用经济性的要求。汽车的使用经济性包括燃料、润滑油、轮胎、易损件等的损耗，还包括维修、保养等方面的费用开支。要提高汽车的使用经济性，不仅需要在汽车设计中注意提高汽车燃油经济性、提高发动机热效率、减少附件能量损失、减轻汽车整备质量、降低易损件的磨损等,而且还需要减少汽车维修与保养的工作量、提高可靠性等。

此外,汽车设计还应考虑汽车与社会和人民生活密切相关的特点,这就决定了汽车不仅仅是简单的代步工具,而且还要有艺术性、具有时代感、满足个性追求。包括考虑政府法规、人机工程、交通工程和艺术设计等方面的要求。

## 第二节 汽车设计技术

### 一、汽车设计技术的发展

近百年来汽车工业不断发展和壮大,汽车设计技术也随之不断发展和更新。汽车设计技术发展主要经历了三个阶段。

最早是经验设计阶段。经验设计是指产品设计以生产技术中的经验数据为依据,设计人员运用前人和自己的实践经验积累的一些统计规律、经验公式和设计准则为主要方法。这样的设计缺乏准确的设计数据和科学的计算方法。为保证产品可靠,设计往往过于保守,顾此失彼。限于所用的试验设备陈旧、测试技术水平不高,设计质量低、设计试制周期较长。

第二次世界大战后,测试技术有了很大提高。到 20 世纪 50 年代,汽车设计技术逐步由经验设计发展到以科学实验和技术分析为基础的设计阶段。虽然这个阶段的总体设计仍以经验设计为主,但已开始采用模拟技术等新的测试方法对新产品力学性能等进行较为系统的分析计算,对汽车各系统和各总成进行大量试验研究。由此可见这一阶段的汽车设计建立在一定的科学基础上,比传统的经验设计方法有所提高和改进。

20 世纪 60 年代,电子计算机引入汽车设计中,逐步形成了新的设计技术——计算机辅助设计技术(CAD),但当时 CAD 系统价格太贵、设备庞大,不具备推广应用的条件。70 年代以后,计算机功能逐步完善,大量的应用软件不断涌现,使汽车设计进入到半自动设计和自动设计的新阶段。

### 二、汽车设计的内容

汽车设计的内容包括整车总体设计、总成设计和零部件设计三个层次。

整车总体设计又称为汽车总布置设计,其主要任务包括汽车总体设计选型、外形造型设计、总布置尺寸确定、人机工程分析、各系统或总成的性能要求和主要参数选择等内容。整车总体设计决定了汽车的造型特点、主要用途、基本性能、价格范围、用户阶层以及生产纲领等。

汽车总成设计的主要任务包括汽车各个系统或总成结构形式的选择、各种总成结构形式满足汽车整体性能的分析计算、特殊的运动系统或总成的运动校核等内容。汽车总成设计决定了汽车所采用的技术是否先进、汽车总体设计是否合理、基本性能是否能保证、是否做到了产品系列化和零部件通用化，以及制造价格能否控制在较低水平。

汽车零部件设计的主要任务包括汽车主要零部件结构形式的选择、零部件的受力分析、运动分析、主要参数和材料的选择、强度计算以及初步的制造工艺分析等内容。汽车零部件设计决定了汽车各总成基本性能的保证手段，决定了零部件的标准化程度、零部件生产的组织规模以及提高零部件质量并降低造价的途径。

### 三、汽车设计的一般过程

汽车的设计过程一般包括产品开发规划、初步设计和技术设计三个步骤。

**1. 产品开发规划**

在开始汽车产品技术设计之前，必须制订产品开发规划。产品开发规划来源于需求分析、市场战略制定和概念构想。第一步，根据国家的需要或企业发展的需要，确定具体的生产车型；第二步进行可行性分析，根据使用调查、市场情况、技术条件、成本核算等，预测产品是否符合需求、是否符合企业的技术工艺能力、是否利于企业发展；第三步是拟定汽车设计的初步方案，通过绘制草图和性能计算，确定汽车和各总成的技术规格和性能参数；第四是制订出设计任务书，其中写明对汽车的形式、主要尺寸参数、主要质量指标、主要性能指标以及各总成的形式和性能指标等各方面的具体要求。

**2. 初步设计**

汽车初步设计主要是构造汽车的基本形状，也就是汽车造型的初步设计，主要包括汽车总布置设计、效果图和油泥模型等。

汽车的总布置设计是将汽车各总成及其所装载的人员或货物布置在恰当的位置，并校核初步选定的各总成结构和尺寸是否符合整车尺寸和参数的要求，以保证各总成运动相互协调、人员乘坐舒适和货物装卸方便。在此阶段，要绘制汽车的总布置图，绘出发动机、底盘各总成、驾驶室、乘员或货物的具体位置以及边界形状，包括零部件的运动范围校核。经过汽车的总布置设计，就可确定汽车的主要尺寸和基本形状了。

效果图可以表现汽车造型的效果。造型设计师根据总布置设计所确定的汽车尺寸和基本形状，就可勾画出汽车的基本造型，如图 9-1 所示。效果图分为构思草图和彩色效果图两种，构思草图是速写画，而彩色效果图是在构思草图的基础上绘制的较正规的效果图，包括外形效果图、室内效果图和局部效果图。

图 9-1 汽车基本造型

油泥模型是在彩色效果图的基础上更进一步表达造型的构思。油泥模型是在构架上涂敷造型泥（又称油泥）雕塑而成，成型后的细节需要用刀刮削才能完成。一般先要制作比例小的油泥模型作为提案，轿车油泥模型常采用 1:5 的比例，亦即真车尺寸的 1/5，通常由设计师亲自操刀，大约两三个月才能最后完工。

经过初步设计，绘制出一批彩色效果图和雕塑几个缩小油泥模型，召开选型讨论会，确定一个合适的车型方案。

**3. 技术设计**

技术设计是汽车设计的主要部分，包括确定汽车造型和确定汽车结构两个方面。

确定汽车的造型要完成胶带图、1:1 整车外形效果图、1:1 外部油泥模型、1:1 内部油泥模型等几个工作。胶带图是用细窄的彩色不干胶带纸黏贴成的 1:1 汽车整车图样，可审查整车外形曲线是否美观、是否符合要求；1:1 整车外形效果图是等大尺度的彩色效果图，可审查整车外形是否符合等大尺度感、是否美观；1:1 外部油泥模型是汽车外形定型的首要依据；1:1 内部油泥模型可审查汽车内部造型效果和检验汽车内部尺寸是否达到设计要求。

汽车造型确定后，接下来开始着手汽车结构设计。汽车的结构设计就是确定汽车整车、部件（总成）和零件的结构。也就是说，设计者要考虑由哪些零件组合成部件，又由哪些部件组合成整车。零件的设计要考虑该零件在整个部件中的作用和要求；为满足要求，要合理选择零件的材料和设计零件的形状；最后还要考虑该零件与部件中其他零件的配合和安装问题。设计的汽车结构必须用图纸表达出来；零件图要详细地标注出各部分的尺寸；总成图应清楚地表达零件之间相互装配的关系并标注出相关的装配尺寸。汽车的结构设计还要包括工艺设计，这包括模具、量具、工装等设计以及工艺路线的确定等。

技术设计完成后就是试制和质量考核。试制和质量考核通常不是一次就能完成的，从新车设计开始到定型投产，一般要经过多次试制、试验考核和修改图纸。

图 9-2 是新车的开发过程图，其工作流程包括规划、设计、试验、改进和生产等阶段。这样的流程，大约需要 4 年时间完成。在新车开发过程中，将有许多技术人员参与，齐心协力分担各种工作，完成相应的开发活动。

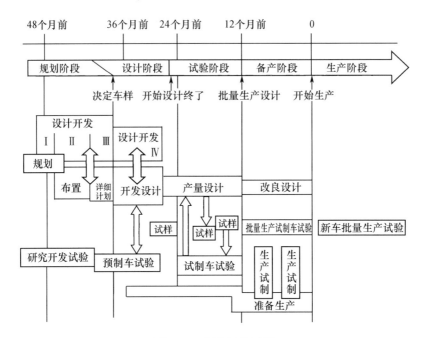

图 9-2 新车开发过程

## 四、汽车数字化设计技术

随着科学技术的不断发展和计算机技术水平的不断提高，汽车的现代化设计逐步转变为以高科技为基础、以计算机技术为中心的汽车数字化设计阶段。计算机引入设计领域使设计工作产生质的飞跃，大大提高了产品的质量、降低了开发成本并缩短了研发周期。

汽车的数字化设计技术就是通过计算机数字化技术来改造传统的汽车产品设计方法，以计算机软、硬件技术为基础，以数字化信息为辅助手段，支持产品建模、分析、修改、优化以及生成设计文档的相关技术的结合。汽车数字化设计本质上就是要利用计算机生产出"数字汽车"，即汽车全部采用三维数字化设计，形成全车数字产品模型。

汽车数字化设计综合应用各种先进的计算机辅助技术，如 CAD、CAE、CAM 以及电子样机 DMU 等技术。CAD 技术使三维设计和虚拟装配成为现实；CAE 技术使结构分析和运动校核可以在设计阶段完成，避免了反复试验和试制；CAM 技术使设计数据直接用于加工，大大缩短了产品的制造周期；DMU 技术通过数字化建模和信息处理来改进制造过程，提高产品质量，降低生产成本。

计算机辅助设计（Computer Aided Design，CAD）技术将计算机高速而准确的计算能力、大容量存储和处理能力同设计者的综合分析和逻辑判断能力以及创造性思维结合起来，从而大大加快设计进程、缩短设计周期、提高设计质量。目前在汽车零部件计算机辅助设计方面的软件有 UG、Pro/E、I-DEAS、CATIA 等，这些软件均具备实体零件设计、二维及三维工程绘图、曲面造型等许多实用功能，设计者可利用这些软件在计算机中轻松自如地构造设想的零件结构。对于某些重要的典型零件，CAD 与 CAM（计算机辅助制造）、CAPP（计算机辅助工艺设计）相结合，构成计算机集成制造系统（CIMS）。

计算机辅助工程分析（Computer Aided Engineering，CAE）技术主要指用计算机对工程和产品进行性能与安全可靠性分析，对其未来的工作状态和运行行为进行模拟，及早发现设计缺陷，并证实未来工程、产品功能和性能的可用性和可靠性。计算机辅助工程分析的方法很多，相应的应用软件也很多，如分析结构强度和刚度的有限元法 FEM（采用 ANSYS 等软件）、分析噪声和振动 NVH（采用 NASTRAN 等软件）、依据流体力学原理进行计算机模拟 CFD（采用 FLUENT 等软件）、根据多刚体动力学原理分析汽车的操纵稳定性（采用 ADAMS 等软件）以及汽车碰撞分析（采用 DYNA3D 等软件）等。

计算机辅助制造（Computer Aided Manufacturing，CAM）技术是利用计算机来进行生产设备管理控制和操作的过程，有狭义和广义之分。CAM 的狭义概念指的是从产品设计到加工制造之间的一切生产准备活动，包括 CAPP、数控编程、工时定额的计算、生产计划的制订、资源需求计划的制订等。而 CAM 的广义概念除上述 CAM 狭义定义所包含的内容外，还包括制造活动中与物流有关的所有过程（加工、装配、检验、存储、输送）的监视、控制和管理，如图 9-3 所示。CAM 对加速工程和产品的开发、缩短产品设计制造周期、提高产品质量、降低成本、增强企业市场竞争能力与创新能力发挥着重要作用。

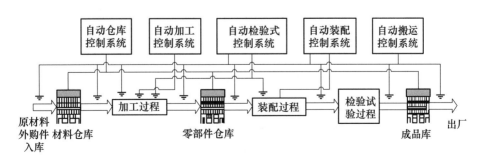

图 9-3 广义的 CAM 系统

电子样机（Digital Mock-Up，DMU）也称数字化样机，是对产品的真实化计算机模拟，提供用于工程设计、加工制造、产品拆装维护的模拟环境，是支持产品和流程、信息传递、决策制订的公共平台，覆盖产品从概念设计到维护服务的整个生命周期。运用电子样机技术，可以实现碰撞和干涉检查、装配工艺规划、装配可视化和仿真校验，确定产品装配过程中最优的装配、拆卸和重组顺序，校验和修改装配流程，进行装配可行性、可制造性、可维护性分析，创建、校验和仿真人体行为，分析工人和仿真环境中其他物体的关系，对特定制造环境中的多种人体行为方案进行比较、选择。DMU可以减少产品开发费用和成本，提高产品质量，获得最优化和创新的产品设计。

汽车数字化设计技术的广泛采用使汽车产品开发发生了根本性的变革，使汽车产品可以按照不断变化的客户需求进行及时响应，开发一个全新车型的周期已经从4年左右缩短到18个月左右。

## 五、汽车的现代设计方法

在汽车的现代化设计中，除广泛采用汽车数字化设计技术外，还大量应用其他一些现代设计方法，主要有项目管理、并行工程、反求工程、人机工程、可靠性设计、智能化设计、优化设计、产品生命周期管理、全面质量管理等。

项目管理就是把知识、技能、工具和技术应用到项目活动中去，以满足或超过项目投资者的要求和期望。由于汽车产品开发是一项复杂的系统工程，需要面对动态多变的市场环境，需要跨部门、跨职能乃至跨文化沟通与解决问题，需要团队合作实现目标，需要对众多的开发活动进行有机整合，因此汽车产品开发的项目管理至关重要。

并行工程是指产品开发过程的各个环节不采用串接方式而采用同时并举的方式。汽车的开发过程，包括产品规划、造型设计、技术设计、试制、试验、生产准备等环节。如果采取串接的方式，每个先行环节结束后才能着手后续环节，若每个环节需要一年，则总共需要六年。若采用同时并举的方式，开发过程所花费的时间将大大缩短。

反求工程以设计学方法为指导，以现代设计理论、方法和技术为基础，综合运用专业设计人员的知识、经验和创造性，对已有产品进行剖析和再设计。应用反求工程时不能只是简单的模仿，要消化吸收后再创新，只有这样才能形成既有自身特色又有竞争力的新产品。

人机工程研究解决机器系统设计与人体有关的种种问题，使设计更好地适应人体的各种要求，从而提高整个人机系统的工作性能。人机工程学涉及人体尺寸、解剖学、心理学、生理学、生物工程等许多复杂课题，属于跨学科的边缘科学。如车身及其附件与人的关系非常密切，在设计时就应满足人机工程学的要求。

可靠性设计是汽车现代设计方法中的一项重要内容，以产品的寿命特征为主要研究对象,包括可靠性预测和可靠性分配等。在汽车设计初期,通过可靠性预测可以了解各零部件可靠度的相互关系,得到提高汽车可靠性的有效途径;可靠性分配可将系统规定的允许失效概率合理地分配给该系统的各零部件,使零部件的可靠度达到最优。

智能化设计是使电子计算机模仿人类的思维和推理过程来进行产品的设计,可弥补那些经验不足的设计者考虑不周的缺陷。如基于知识的工程(Knowledge Based Engineering,KBE)这一现代设计方法,KBE 软件包含有 CAD、CAE 和 CAM 功能模块,存储了众多专家经验和设计规则的知识库与推理机,这样 KBE 软件就具有超强的设计能力。

优化技术是研究如何在一切可能的方案中寻求最好的方案。在产品设计方面,希望产品在满足所要求性能的前提下体积和质量最小,成本最低,即设计方案最优。优化设计首先要确定设计目标和设计变量、建立优化模型、定义约束条件等,这些都根据设计要求而确定。

产品生命周期管理(Product Life-cycle Management,PLM)是通过网络实现从产品需求预测、概念设计、结构设计、原材料采购、制造、销售、使用、客户服务、报废以及回收等环节的集成管理系统。此外,PLM 还扩展到协作企业(如供应商、销售商等),以便在更深层次上支持产品开发和企业管理。

全面质量管理(Total Quality Management,TQM)是指一个组织以质量为中心,以全员参与为基础,通过对涉及产品质量的对象、过程、人员的全面管理和全面应用各种管理方法,达到让顾客满意和本组织所有成员及社会受益目的,长期有效并能保证成功的管理途径或管理活动。为实施全面质量管理,在汽车产品开发中采用了很多质量跟踪、管理和评审方法,如 $6\sigma$ 管理、质量体系五大工具和 Audit 评审方法等。

## 第三节 汽车试验

科学试验和理论研究两者相辅相成,促进科学技术的发展。随着科学技术的发展和汽车的大量生产与使用,汽车试验已成为汽车工业技术的重要组成部分。它不仅对各种车辆的设计性能、制造质量、使用可靠性等方面进行鉴定和评价,而且和车辆研究、产品改进、工艺革新等有着密切关系。汽车试验的研究内容很广,解决的问题也很复杂。在汽车的设计、制造和使用过程中,都贯穿着试验这条线。

### 一、汽车试验分类

汽车试验的种类很多,可分别按其试验目的、试验对象以及试验方法等进行分类,如图 9-4 所示。

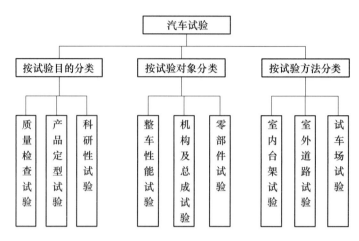

图 9-4 汽车试验的分类

质量检查试验：对目前生产的车辆产品，定期进行质量检查试验，鉴定产品质量的稳定性。

产品定型试验：在新车型投产前，首先按规程进行全面性能鉴定试验，同时在不同地区进行适应性和使用性试验。

科研性试验：为改进现有产品或开发研制新产品，对车辆的新部件、新结构、新材料、新工艺等进行广泛深入的研究试验，试验常采用较先进的仪器设备。

整车性能试验：考核整车的主要技术性能，测出各项技术性能指标以及车辆的基本参数等。

机构及总成试验：考核机构和总成的工作性能以及耐久性。

零部件试验：考核零部件设计和工艺的合理性，测试其刚度、强度、磨损和疲劳寿命以及材料选择是否合适等。

室内台架试验：在室内台架上以较高的精度来测试车辆及部件，并能消除不需研究的某些因素的影响。

室外道路试验：在实际使用的道路条件下对车辆进行试验，全面考核评价车辆的技术性能。

试车场试验：在汽车试验场里，按预先制定的试验项目、规范等，在规定的行驶条件下进行试验。

## 二、汽车试验标准

在汽车产品生产过程中，试验规范和技术性能标准是必不可少的技术文件，它对于推动产品开发研制、质量监督和性能改进都具有重要作用。其中试验规范是制定试验计划大纲、实施试验的依据；而技术性能指标则是试验结果的评价标准。为此，国家针对这两部分内容都制定了相应的标准。

除了某些科研性试验外,汽车产品试验均需遵循一定的标准。汽车试验的国家标准统一规定了试验项目、试验规范,可作为制定试验大纲的依据;规定了性能参数、技术要求、允许值,可作为试验评价的指标;规定了车辆各项试验检测规范及操作方法,可作为车辆定型、合格产品出厂的检验标准等。不同国家的试验规范有可能不同,在查看某种产品的试验数据时,必须弄清楚试验所采用的规范或标准。

### 三、汽车性能试验

按汽车的各种性能所进行的各项试验,称为汽车的性能试验,如动力性、燃油经济性、制动性、通过性、安全性、操纵稳定性、舒适性等试验。

动力性试验主要对常用的最高车速、加速时间和爬坡度三个动力性指标进行试验。最高车速试验在混凝土或沥青路面的直线路段上进行,测定汽车通过一段测试路段所能达到的最高车速;加速试验一般包括原地起步加速和超车加速两项试验内容,加速过程用五轮仪或非接触式汽车速度计来记录;爬坡试验包括最大爬坡度和爬长坡两项试验内容,试验时应有一系列不同坡度的人造坡道。

燃油经济性试验既可在室外道路上进行,也可在室内台架上进行。在室内转鼓试验台上测量燃油经济性时,可模拟实际行驶工况,采用多种油耗测量方法,同时还可进行汽车排放试验。为模拟车辆实际行驶工况,各国都制定了多工况试验标准,如我国采用的是十五工况。

制动性试验主要在室外道路上进行,一般要测定冷制动及高温下汽车的制动距离、制动减速度、制动时间等参数。另外,还要测定汽车在转弯与变换车道时制动的方向稳定性、热衰退和恢复试验、浸水后制动效能衰退和恢复试验等。

安全性试验项目很多,通常耗资也大。如撞车安全试验,不少国家或厂家规定必须经过实车撞车试验,除进行正面撞车试验外,还要进行侧面撞车试验。当然,除进行实车试验外,还可进行模拟试验或撞车模拟仿真计算。

操纵稳定性试验主要在汽车试验场的专用场地上进行,试验类型较多,主要有低速行驶转向轻便性试验、蛇形行驶试验、稳态转向特性试验、瞬态横摆响应试验、汽车回正能力试验、抗侧翻能力试验、抗侧滑能力试验等。

### 四、室内台架试验

**1. 转鼓试验台**

在当今的汽车开发与质量检测中,很多道路试验项目已逐渐被室内转鼓试验台试验所替代,如图9-5所示。转鼓试验台(又称底盘测功机)可使汽车在室内原地行驶,用转鼓模拟路面,汽车驱动轮放在鼓面上,再配以可调风速的供风系统提供汽车迎面行驶风，就可模拟道路试验。国际上已采用多功能、可任意组合的底盘测功系统，根据需要可逐级、逐块地组装和改装试验系统。转鼓试验台可用于动力性、燃油经济性等试验。

**2. 电子液压振动试验台**

电子液压振动试验台可在室内模拟汽车在道路上行驶时车轮在不平道路上的跳动情况，用于研究整车及其承载系统的零部件在行驶时的振动和寿命，而且便于进行强化试验。

**3. 汽车风洞**

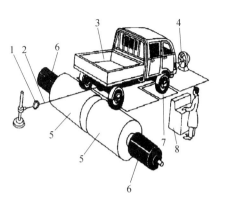

图9-5 转鼓试验台示意图
1—测力计；2—钢丝绳；3—试验汽车；
4—冷却散热器的风扇；5—转鼓；
6—测功机；7—台秤；8—操纵台

风洞是用来研究汽车空气动力学的一种大型试验设施，它可以测定空气作用在汽车上的6个分力以及进行流谱显示等。新车在造型设计阶段，必须将汽车制成风洞试验模型进行风洞试验，以便改进汽车的外形，提高其空气动力性能。

**4. 发动机性能试验台**

发动机性能试验是发动机研究、设计和生产过程中重要的组成部分，可进行发动机功率试验、部分负荷特性试验、性能匹配试验、使用特性试验和各种专项试验及出厂试验等。发动机性能试验台的主要特点是把发动机与测功机相连接，测功机用作发动机的负载，并能测量发动机输出的转矩和转速。

**5. 传动系统试验台**

汽车传动系统试验内容按总成零部件的不同类型大致可分为动力传递性能的评价、变速性能的评价、操纵性能的评价、振动、噪声等安静性能的评价以及扭转强度和耐久性的评价等。传动系统试验台的主要特点是在传动系统部件的输入端连接电动机使部件转动，而在部件的输出端连接测功机，以吸收所传递的能量，在电动机和测功机之间可安装不同的传动系统部件进行试验。

## 五、汽车试验场

汽车试验场又称试车场，是进行整车道路试验的场所，它可重现汽车在使用过程中遇到的各种各样的道路条件和使用条件。其主要功用是：汽车产品的质量鉴定试验；汽车新产品的开发、鉴定和认证试验；为试验室零部件试验或整车模拟试验以及计算机模拟确定工况和提供采样条件；汽车标准及法规的研究和验证试验等。

汽车试验场按其功能可分为综合试验场和专用试验场两类。专用试验场如沙漠试验场、热带试验场、寒地试验场、军用试验场等。试验场作为汽车行业特有的综合试验设施，在汽车开发过程中处于极为重要的地位，为此许多汽车企业都投入巨资修建大型的汽车综合试验场，如美国通用汽车公司的 Milford 汽车试验场、德国大众汽车公司的 Ehra-Lessin 汽车试验场、日本自动车研究所（JARI）汽车试验场，以及我国长春汽车研究所的海南汽车试验场、东风汽车集团的襄樊汽车试验场、军队的定远汽车试验场和交通部公路交通试验场等。图9-6是襄樊汽车试验场的布置示意图。

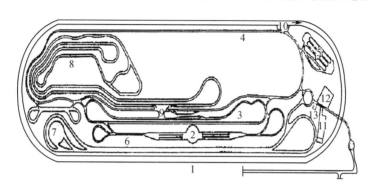

**图 9 – 6　襄樊汽车试验场布置示意图**

1—高速环道；2—综合试验路；3—比利时道路；4—普通路环道；5—标准坡道；6—综合性能路；
7—转向试验圆广场；8—二号综合路；9—停车场；10—停车场；11—中控室；12—油库；13—控制岗

汽车试验场占地面积很大，以构成各种室外道路，如高速环形跑道、高速直线跑道、耐久性试验路、比利时路、搓板路、扭曲试验路、爬坡试验路、越野路、涉水路等，还有专用于操纵稳定性试验和撞车试验的场地。另外，试验场中还包括一些室内试验设施，如整车参数测定室、风洞试验室、发动机试验室、部件试验室、轮胎试验室、材料试验室、噪声与振动试验室、环境试验室等。

## 六、汽车虚拟试验

虚拟试验就是在计算机系统中采用软件代替部分硬件或全部硬件来实现各种虚拟的试验环境，使试验者可以如同在真实的环境中一样完成各项预定的试验项目，使所取得的试验效果接近或等价于在真实环境中所取得的效果。

虚拟试验作为一种应用广泛的科学试验方式，不仅可以作为真实试验的前期准备工作，而且可以在一定程度上替代传统的试验。同传统试验相比，虚拟试验具有以下优点：

（1）采用虚拟试验可以大幅减少实际样机制造试验次数，缩短新产品试验周期，同时降低实际试验费用；

（2）虚拟试验技术应用于复杂产品的开发中，可以实现设计者、用户在设计阶段信息的相互反馈，提高产品设计质量；

（3）虚拟试验可以代替实际试验，使试验不受场地、时间和次数的限制，可对试验过程进行回放、再现和重复，保证试验结果的准确性；

(4) 采用虚拟试验可以克服实际试验中的危险性和不方便性，避免实际试验中由于操作失误所带来的破坏性及人身财产损失等。

虚拟试验的具体实现方法有计算机仿真技术、虚拟仪器技术和虚拟现实技术等。

计算机仿真技术是以多种学科和理论为基础，以计算机及其相应的软件为工具，通过对试验对象的数学模型进行模拟试验的方法来分析和解决问题的一门综合性技术。计算机仿真技术被称为继科学理论和实验研究后的第三种认识和改造世界的工具，计算机技术的发展，计算数学的成熟，使计算机仿真技术成为一种工程领域必不可少的重要设计手段，它的应用可以大大地缩短产品的开发周期和降低产品开发的成本，从而提高产品的竞争力。目前，计算机仿真技术在汽车工程上广泛应用，主要分析强度、刚度、NVH、机构运动、整车动力性、燃油经济性、操纵稳定性、车辆碰撞安全性、空气动力学、疲劳及可靠性、金属冲压成形、焊接模拟等方面。图9-7所示为某轿车正面碰撞计算机仿真结果。

图9-7 汽车正面碰撞计算机仿真

虚拟仪器技术是通过软件将计算机硬件资源与仪器硬件有机地融合为一体，从而把计算机强大的计算处理能力和仪器硬件的测量、控制能力结合在一起，并通过软件实现对数据的显示、存储以及分析处理。20世纪80年代中期，美国国家仪器公司（National Instrument，NI）首先提出了"软件就是仪器（The Software is the Instrument）"这一概念。软件是虚拟仪器技术中最重要的部分，设计虚拟仪器的过程与主要工作就是编制应用软件。目前，比较流行的虚拟仪器软件开发工具主要有两大类：文本式编程语言，如 Visual C++，Visual Basic，LabWindows/CVI 等；图形化编程语言，如 LabVIEW，HPVEE 等。如图9-8所示为运用 LabVIEW 语言开发的整车虚拟试验中发动机运行状况监测虚拟仪器界面。

虚拟现实技术是一种可以创建和体验虚拟世界的计算机仿真系统，它利用计算机生成一种模拟环境，是一种多源信息融合的、交互式的三维动态视景和实体行为的系统仿真，使用户沉浸到该环境中。VR 技术帮助汽车生产商完成了大量的工作，直至

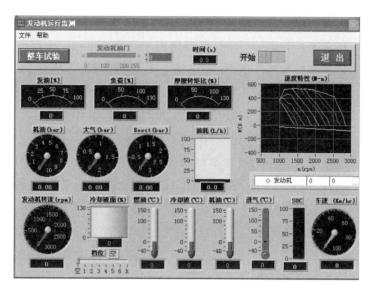

图 9-8 LabVIEW 语言开发的虚拟仪器界面

汽车正式推向市场。2006 年在底特律正式起动的福特 FIVE 实验室就具有这一功能，FIVE 的全称为 Ford Immersive Vehicle Environment（福特沉浸式虚拟现实环境）。FIVE 实验室四处布满了高度敏感的运动探测器，使用者戴上 VR 眼镜和一只手套，遍布墙壁的 19 个运动跟踪摄像头会对其进行监测，以获得佩戴者头部的精确位置和方向。戴上眼镜后，用户可以加载车辆 CAD 模型，将它们置于不同的环境中，然后在汽车周围走动就好像自己身处陈列室一样。坐入测试平台后，用户可以体验汽车的内部情况（图 9-9），这感觉完全像是坐在一辆真正的汽车中，其细节是非凡的。用户还可以把头伸到引擎盖里检查发动机，CAD 模型足够详细，包括了发动机的内部机制和车内装饰。虚拟环境实验室可以营造一种视觉效果，可以看到和真实车厢几乎一样的景象，同时可以提高质量、优化车辆设计。

图 9-9 福特沉浸式虚拟现实环境（FIVE）实验室

汽车虚拟试验系统在汽车工业发达国家应用较为普遍。1972 年，美国通用汽车公司首先开发了车辆动力性和燃油经济性的通用预测程序 GPSIM，该程序可以模拟汽车在任何工况行驶下的瞬时油耗、累计油耗、行驶时间和距离，预测汽车设计参数（如质量、传动比、空气阻力系数等）的变化对汽车性能的影响。目前，国外各大汽车公司都独立开发了各自的计算机仿真程序，如福特汽车公司的 TOEFP、德国奔驰汽车公司的 TRASCO、日本日产汽车公司的 CSVFEP 等。另外，国际上几大著名的 CAE/VR 软件开发商也开发了一些典型的汽车虚拟试验系统，如美国 MDI 公司开发的 ADAMS 软件、美国 MTS 公司开发的 VTL 虚拟试验系统、美国 ETA 公司开发的 VPG 虚拟试验场等。汽车虚拟试验技术的应用不仅提高了汽车企业新产品的开发速度，缩短了开发周期，降低了开发费用，而且可以提高产品开发效率，增强企业竞争力。但我国汽车虚拟试验技术起步较晚，开展的工作还不多，而且研究单位主要集中在高校，对汽车虚拟试验技术的重视程度有待加强。

# 第十章　汽车制造技术

汽车结构紧凑复杂，要求整车舒适安全，操作轻便，美观大方。汽车是一部复杂的机器，由上万个零部件和分总成组成发动机、底盘、车身三大总成构成整车。由相关的专业制造厂生产制造这些汽车零部件，然后组织装配，形成产品。汽车的生产特点是产量大、品种多、质量高，生产组织涉及整个社会行业，因而需要严密的生产组织与良好的工作协调。

## 第一节　汽车制造的组织

### 一、汽车的生产模式

汽车由零件、部件、分总成和总成等装配而成。汽车制造归属于大量生产类型，是一个社会化的生产模式，集汽车制造主体企业和广大地方配套企业合作完成。汽车产品的生产涉及多个行业，如机械制造行业、玻璃制造行业及橡胶轮胎制品制造行业、电子电气装置制造行业、化工制品制造行业等。一家汽车制造企业是不可能承担全部零件及总成的生产的，一般只完成主要零件及总成的生产，如发动机、变速器、驱动桥、车架、驾驶室等总成的主要零件制造和总成的装配。其他如橡胶轮胎制品、玻璃制品、电子电气装置等由产品专业化企业完成。专业化企业按产品协议和工艺路线组织、协调生产，必须满足"质量、效率、成本、安全"的原则，最终保证按时、按质、按量供货。

汽车及其零部件生产模式如图 10-1 所示。例如，企业要生产汽车发动机，首先要依靠铸造、锻造厂（车间）生产毛坯，然后安排机械加工、零件热处理，并经再加工，待各种零件产品加工检验合格后，送入零件库或直接送入装配线，同其他专业技术产品，如火花塞（汽油机）、燃油泵（柴油机）等各种附件进行部件和总成装配，最后调整试验达到发动机所要求的性能指标。

同时可见，一个完整的生产模式，除了上述毛坯生产、机械加工、热处理、装配和性能检测等过程外，还得设置专人负责生产准备和生产服务，包括原材料与半成品供应和生产、技术管理等。

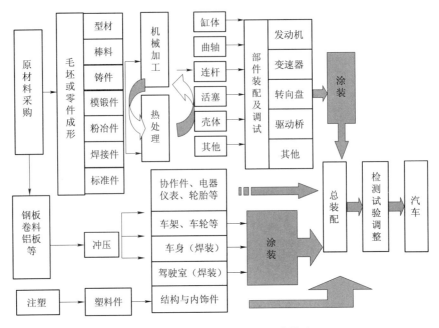

图 10-1 汽车及其零部件生产模式

## 二、汽车的生产过程及工艺过程

**1. 汽车生产过程及其组成**

(1) 生产过程概念。

汽车的生产过程是指将原材料或半成品通过各种加工工艺过程制成汽车零件,并将零件装配成各种总成,最后将总成组装为整车的全过程。

(2) 生产过程组成。

产品生产过程由基本生产过程、辅助生产过程、生产服务过程及技术准备过程组成。

① 基本生产过程。基本生产过程包括毛坯成形(铸造、锻造、冲压、焊装、粉末冶金)、零件机械加工、毛坯或半成品热处理、涂装、总成和整车装配等工艺过程,是汽车整个生产过程的中心环节。

② 辅助生产过程。包括动能供应、非标设备及工装夹具等准备过程。

③ 服务、生产和技术准备过程。包括运输、材料与配件采保、产品销售与服务,形成一个庞大的物流、信息流和协作网。

(3) 汽车制造工艺过程。

在生产过程中,直接改变生产对象的形状、尺寸、相对位置和材料性能等,使之成为半成品或产品(汽车)的全过程即为汽车制造工艺过程。汽车制造工艺过程包括毛坯成形、热处理、零件的机械加工及零部件、总成的装配等工艺过程。

## 三、汽车生产的组织形式

现代汽车制造业都以专业化分工与协作的方式组织规模化生产。它依据生产纲领和生产类型来实施。

**1. 生产纲领**

生产纲领是制订和修改工艺规程的重要依据。生产纲领是企业按市场需求和自身的生产能力，在一定计划期内（如一年）所应当生产的产品产量和进度计划。

**2. 生产类型及其工艺特征**

根据企业（车间）专业化生产程度的分工和生产纲领中产品年产量的不同，对汽车产品和零件的生产类型可以划分为：大量生产、成批生产和单件试生产。

生产类型取决于产品特征（重、中、轻、微、轿）和生产纲领。

汽车制造厂生产类型与生产特征及年产量之间的关系，如表 10-1 所示。

表 10-1　汽车制造厂机械加工车间生产类型的划分

| 生产类型 | 汽车特征 | 轿车或 1.5 t 以下商用车年产量/辆 | 商用车或特种车年产量/辆 | |
|---|---|---|---|---|
| | | | 2~6 t 汽车 | 8~15 t 汽车 |
| 单件生产 | | 各类汽车新产品的试制，数量一般为一辆或几十辆 | | |
| 成批生产 | 小批量 | 2 000 以下 | 1 000 以下 | 500 以下 |
| | 中批量 | 2 000~10 000 | 1 000~10 000 | 500~5 000 |
| | 大批量 | 10 000~50 000 | 10 000~30 000 | 5 000~10 000 |
| 大量生产 | | 50 000 以上 | 30 000 以上 | 10 000 以上 |

汽车零件的生产类型不同，其工艺特征也就不同。

（1）大量生产。

每年生产的汽车零件品种少而稳定，每个产品产量很大，一台机床设备可长期固定地重复进行某个或某几个相似零件的某一道工序内容的加工。

（2）成批生产。

每年生产的汽车产品品种较多，每种产品产量较大，产品或零件呈周期性地成批投入生产。如每台机床或同一个工作地点担负较多机械加工工序，乃至成批轮番完成不同零件或同一零件相似工序的加工。这就是成批生产。

成批生产又可分为大批、中批和小批生产。大批生产和大量生产的工艺特征相似。小批生产又和单件生产工艺特征相似。因此，常常只称大批大量生产和单件小批生产。

一般情况下，轿车制造多属于大量生产；中、轻型货车制造多属于大批量生产；

重型车、特种车制造多属于中批量生产。

（3）单件生产。

单件生产一般指每年生产的产品品种多而不确定，每个品种数量少而不定型，每台设备或工作地点只能单个地生产不同的产品，很少重复，如汽车制造厂中的新产品试制，产品维修企业更是如此。

大批大量生产汽车零件的生产线要求高生产率，因此机床设备普遍使用专用机床、组合机床、自动机床及自动生产线，机床设备按照工艺过程流水线排列布置。越来越多的汽车制造企业为了便于新产品更新换代和保证加工质量，采用数控机床、加工中心和能从事焊接、搬运、喷涂或装配的机器人，切削加工机器人在不久的将来也会得到更广泛的应用。

## 第二节　汽车制造方法

汽车制造的方法有铸造、锻造、冲压、焊接、机械加工等。

气缸体、变速器箱体、铝质活塞与轮毂等，采用铸造毛坯并经机械加工而制成零件。对于连杆、十字轴、载重车前梁、军车曲轴、齿轮等要求高的重要零件，采用模锻件毛坯，再经相应热处理和机加工来制成零件。车身覆盖件与加强件、车架等，直接采用冲压成形方法制成半成品或成品。铸件、模锻件和冲压件占有汽车重量的70%左右。铸造、锻造和冲压加工技术在汽车生产过程中占有举足轻重的地位。毛坯成形精度越高，机械加工负荷越小。

视零件的不同，用其中的一种方法或几种方法来进行制造，之后再进行部件装配和总装配。

## 一、铸造

铸造是将固态金属熔炼成液态，浇入与零件形状相适应的铸型型腔中，待其冷却凝固后得到铸件的工艺过程。

铸造按成形方法及工艺条件不同分为砂型铸造和特种铸造。特种铸造包括熔模铸造、金属型铸造、压力铸造、低压铸造、离心铸造和实型铸造等。

造型材料包括型砂、芯砂与铸型涂料等。汽车铸件采用机械化流水线生产。

铸造是成批或大批量生产汽车零件毛坯的主要制造方法。其优点是成本低，工艺灵活性大，适用范围广。铸造几乎不受零件尺寸大小、形状结构复杂程度、金属材料种类、生产批量的限制，如缸体、缸盖等极为复杂的零件毛坯是其他成形工艺无法加工制作的。

汽车铸件根据铸造合金材质与相应铸造方法不同而分为铸铁结构件，铝合金、铜合金铸件和少量小型铸钢件等。铸铁结构件主要以砂型铸造为主。铝合金、铜合金铸件多采用金属型铸造、低压铸造和压力铸造，如活塞、轮毂与汽车变速箱盖等。像汽车上的风路、油路、水路管接头和三通等小型铜合金件，商用车挂钩等铸钢件，一般采用熔模铸造生产。

（1）铸铁结构件。

汽车铸铁结构件可以大致分为箱体、盘类；汽车飞轮壳、桥壳及许多保安件类；发动机曲轴类等三类。如气缸体、气缸盖、变速器壳体等，属于箱体、盘类，常选用普通灰口铸铁 HT250（抗拉强度≥250 MPa）铸造；汽车飞轮壳、桥壳及许多保安件类则采用铁素体基体球墨铸铁，如 QT420 – 10；发动机曲轴等高强度铸件，则采用珠光体基体球墨铸铁 QT700 – 02。以上一般都采用砂型铸造。

发动机凸轮轴一般采用冷激铸铁铸造毛坯。其凸轮表面通过安放在砂型中的成形冷铁的冷激（快速冷却）作用而形成一层耐磨性非常好的细微渗碳体组织，轴体与凸轮中心仍然保证得到良好的高强度球墨铸铁。

在当前东风汽车公司和一汽集团汽车生产中，汽车零件的砂型铸造都实现了机械化与自动流水线方式生产和计算机辅助控制。

（2）铝合金铸件。

汽车铝合金铸件通常采用金属型铸造、压力铸造与低压铸造成形。

① 金属型铸造的应用。汽车活塞系铝硅合金材料（硅含量一般13%左右），采用金属型铸造成形。金属型铸造是将合格的铝合金液浇入周围实施循环水冷的金属型腔内得到铸件毛坯的过程。

金属型铸造具有尺寸精度高、表面光洁、结晶组织致密、力学性能良好、生产效率高等优点。但是，比起砂型铸造来，铸造工艺相对复杂，金属铸型制造成本增加。

② 压力铸造与低压铸造的应用。轿车自动变速器壳体、车轮（轮辋）甚至气缸体等（图10 – 2），目前多数采用铝镁合金实施压力铸造或低压铸造成形。压力铸造的本质是铝镁合金或铜合金液借助压铸机的高压以高速注入压铸模型腔内并在高压作用下结晶凝固，致使铸件质量好，生产效率高。当然，由于设备与模具的提前投入，其成本有所增加。

（3）用离心铸造成形气缸套铸件。

气缸套为薄壁环形铸件，采用耐磨合金铸铁制造，适宜于离心铸造方法成形。

现代铸造技术发展的趋势是，在加强铸造基础理论研究的同时，发展和革新铸造新工艺

图 10 – 2　压力铸造的铝合金气缸体

及新设备,在提高铸件性能、精度和表面质量的前提下发展专业化生产,实现铸造生产过程的自动化及计算机辅助设计和制造,减少公害,节约能源,减低成本,使铸造技术进一步成为可与其他成形工艺相竞争的少余量、无余量成形工艺。也就是铸造生产应该在优质、精化的前提下,实现高产、低耗、无害、价廉。

## 二、锻造

锻造是在加压设备及工(模)具的作用下,通过金属体积的转移和分配,使坯料产生局部或全部的塑性变形,以获得具有一定几何尺寸、形状和质量的锻件的加工方法。金属经锻造后能使晶粒细化、成分均匀、组织致密、保持流线、提高强度,故承受重载及冲击载荷的重要零件,多以锻件为毛坯。用锻造工艺生产的汽车零件可减小零件的截面尺寸(承受载荷相同的条件下),减轻产品重量,提高金属材料的利用率和经济效益。

锻造分为自由锻和模锻两大类。

自由锻是在自由锻设备上利用简单的通用性工具(如砧子、型砧)使坯料变形而获得所需的几何形状及内部质量的锻件的加工方法,主要用于单件、小批量生产,是大型锻件的唯一生产方法(图10-3)。自由锻的工序包括基本工序、辅助工序和修整工序。改变毛坯的形状和尺寸以获得锻件的工序称为基本工序。包括镦粗、拔长、冲孔、扩孔、芯轴拔长、弯曲、扭转、切割等。辅助工序是为了配合基本工序使坯料预先变形的工序,如压钳口、倒棱、压痕等。修整工序安排在基本工序之后,用来修整锻件尺寸和形状,如弯曲校正、鼓形滚圆、平整等。

常用的自由锻设备有空气锤、蒸汽-空气自由锻锤、液压机等。

利用模具使毛坯变形获得锻件的锻造方法称为模型锻造。

图10-3 大型锻件的自由锻

模锻的优点是生产效率高，锻件的形状和尺寸精确，且锻造流线比较完整，有利于提高零件的力学性能和使用寿命，机械加工余量少，节省加工工时，材料利用率高，操作简单，劳动强度低。但模锻需专用设备和模具，投资较大，锻件重量较小，锻模成本高。因此，模锻适用于中小型锻件的成批、大量生产，汽车制造业已广泛使用（图10-4）。

图10-4 模锻件

常用的模锻设备有蒸汽-空气模锻锤、锻造压力机、螺旋压力机和平锻机等。按使用设备不用，模锻可以分为锤上模锻、压力机上模锻；按金属流动方式不同，模锻又可分为开式模锻和闭式模锻；按锻件精度的不同，还可分为普通模锻和精密模锻。

随着大型水压机的出现，自由锻件单件质量达300～350 t以上，如大型吊钩等。模锻件的外径达1 000 mm以上。采用模锻工艺生产的传动轴系关键零件有万向节、花键轴、万向节叉、滑动叉、凸缘叉等；底盘上的关键零件有前梁、左右半轴、左右转向节、左右制动凸轮等；发动机关键零件有曲轴、连杆、凸轮轴、气门等。

原则上任何一种金属材料都可用锻造方法制成锻件或零件。随着锻造工业的发展，锻件的精度和表面粗糙度逐步达到了车床、铣床加工的水平。特别是粗糙度，有的精锻件甚至超过磨削加工水平。冷镦、冷挤压、冷精压件（锻件）可以不需机械加工或少量机械加工而直接装机使用。汽车锻件的巨大市场和产品品质决定了我国锻压设备和锻压工艺过程技术向着自动化、精密化方向发展是必然趋势。

## 三、冲压

板料冲压是利用装在压力机上的冲模，对板料加压，使其产生分离或变形，从而获得零件的加工方法。这种加工方法通常是在常温下进行的，所以又叫冷冲压。板材冲压成形具有下列特点：

① 板材冲压生产主要是依靠冲模和冲压设备完成加工，工艺过程便于实现机械化和自动化，生产率很高，操作简便，故零件成本低。

② 可以冲压出形状复杂的零件，一般不需再进行切削加工，且废料较少，因而节省原材料和能源消耗。

③ 板材冲压常用的原材料有低碳钢以及塑性高的合金钢和有色金属，多是表面质量好的板料、条料或带料，产品重量轻、材料消耗少、强度高、刚性好。

④ 冲压件的尺寸公差主要由冲模来保证，因此产品具有足够高的精度和较低的表面粗糙度，尺寸稳定，互换性好。

但冲模制造复杂、成本高，只有在大批量生产条件下，其优越性才显得突出。

据统计，汽车上有 70%~80% 的零件是用冲压工艺生产出来的。采用冲压生产的汽车零件具有重量轻、精度高、刚性好等优点。采用冲压生产的汽车关键零件包括车身上的底板、侧围、后围、顶棚、车门、前后盖板、仪表板、载重车的车厢板等（图 10-5），制动系统中的制动蹄片、精冲制动杠杆、弓形制动块等，门锁中的凸轮、扣件、棘轮、螺栓叉杆、固定板、锁匙等，座椅系统中的倾斜配件、行星齿轮、偏心杠杆、齿轮圆盘、安全带扣件等，底盘上的大梁、横梁、保险杠、油箱等，车轮上的钢圈、轮毂等。

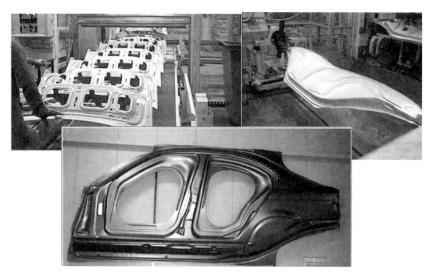

图 10-5 车身冲压件

冲压生产中常用的设备是剪床和冲床。剪床用来把板料剪切成一定宽度的条料，以供下一步的冲压工序用。冲床用来实现冲压工序，以制成所需形状和尺寸的成品零件。汽车工业用的冲压设备，具有吨位大、台面尺寸大、性能要求高、生产效率高等特点。压力机吨位从 160～40 000 kN。

冲压生产有多种工序，其基本工序有分离工序和成形工序两大类。分离工序是在冲压过程中使冲压件与板料沿一定的轮廓线相互分离的工序，可分为落料、冲孔和剪切等。此外，切舌、冲缺、凿切、修整、精裁等冲压工序也属于分离工序。成形工序是坯料在不被破坏的条件下产生塑性变形，形成所要求的形状、尺寸和精度的制件。成形工序可分为弯曲、卷缘、拉深、翻边、胀形、缩口等。此外，压印、压花、旋压、扭转等冲压工序也属于成形工序。

一般来说，冲模是专用的工艺装备，冲模制造属于单件生产。尽管采取了一些措施，如模架标准化、毛坯专用化、零件商品化等，适当集中模具制造中的部分内容，使其带有批量生产的特点，但对整个模具制造过程，尤其对工作零件的制造仍然属于单件生产。

现代模具设计一般是在模具标准化和通用化的基础之上进行的，所以模具制造主要有三项工作：模具工作零件的制造，配购通用件、标准件及进行补充加工，进行模具装配和试模。其中，模具工作零件的制造和模具装配是重点。

在模具制造中，通常按照零件结构和加工工艺过程的相似性，可将各种模具零件大致分为工作型面零件、板类零件、轴类零件、套类零件等。其加工方法主要有机械加工、特种加工两大类。随着模具质量要求的不断提高，高强度、高硬性、高韧性等特殊性能的模具材料不断出现，复杂型面、型孔的不断增多，传统的机械加工方法已难以满足模具加工的要求。因而，直接利用电能、热能、光能、化学能、电化学能、声能等特种加工的工艺方法相继得到快速的发展。目前，以电加工为主的特种加工方法在现代模具制造中已得到广泛应用，其是对机械加工方法的重要补充。

## 四、粉末冶金

粉末冶金是利用制取到的金属粉，或金属粉末与非金属粉末的混合物作为原料，经过成形和烧结，制造金属材料、复合材料及其零部件的工艺过程。粉末冶金工艺效率高、成本低，粉末冶金件避免成分的偏析，保证合金具有均匀的组织和稳定的性能。但另一方面，粉末冶金制品的材料成本相对较高，它的尺寸、形状受限制，不适于单件小批量生产。

粉末冶金生产工艺包括粉末制备、粉末成形和成形坯烧结。

粉末冶金所使用的粉体的制备一般来说有两种：粉碎法和合成法。前一种方法是由粗颗粒来获得细粉的方法，通常采用机械粉碎，现在发展到采用气流粉碎。粉碎法在粉碎过程中难免混入杂质；另外，也不易制得粒径在 1 μm 以下的微细颗粒。合成法是由离子、原子、分子通过反应、成核和生长、收集、后处理来获得微细颗粒的方法。这种方法的特点是纯度、粒度可控，均匀性好，颗粒微细。并且可以实现颗粒在分子级水平上的复合、均化。

在常温下，粉末的成形以钢模压制使用最广泛，大量粉末冶金的中、小零件都用这种方法生产。此外，还有粉浆浇注、楔形压制等其他成形工艺。

经过成形方法得到的各种金属坯件还只是半成品，一般还需经过干燥处理后，在窑炉或烧结炉中以适当的高温烧结才能得到质地坚硬、符合需要的成品。烧结的基本过程是将成形后的坯体放入烧结炉中，按一定时间加热到烧结温度，并保温若干时间，再将制品冷却后出炉。

由于受成形方面的限制，粉末冶金件比铸件和锻件的强度低，但粉末冶金可制造多孔质零件和不能铸造的零件。利用粉末冶金的特点制成的汽车零件有铁系和铜系粉末制成的衬套、垫圈、齿轮和轴承等（图 10-6）。

图 10-6　粉末冶金制品

## 五、连接技术

金属、陶瓷和塑料等材质的构件以一定的方式组合成一个整体，需要用到连接技术。常用的连接有焊接、胶接、铆钉连接、螺纹连接、键连接、销连接、过盈配合连接和型面连接等。这些连接又可分为可拆连接和永久性连接两大类。

可拆连接可经多次拆装，拆装时无须损伤连接中的任何零件，而且不会破坏其工作能力，如螺纹连接、键连接、销连接及型面连接。

永久性连接是在拆开连接时，至少会损坏连接中的一个零件，所以是不可拆连接。焊接、铆接和胶接等均属这类连接。

至于过盈配合连接，它是利用零件间的过盈配合来达到连接的目的，靠配合面之间的摩擦来传递载荷，其配合面大多为圆柱面，如轴类零件和轮毂之间的连接等。过盈配合连接一般采用压入法或温差法将其装配在一起。这种连接可做成永久性连接，也可做成可拆连接，视配合表面之间的过盈量大小及装配方法而定。发动机曲轴上的飞轮齿圈、连杆小头孔衬套都是采用此种方法来连接。

焊接是最主要的连接技术之一，永久性连接主要通过焊接来实现。焊接结构质量轻，节约材料，施工方便，成本低，生产率高，易实现自动化，因此应用很广。在单件生产中，可用焊接方法制造大的零件毛坯（如箱体、机架、大的齿轮结构件等），代替铸、锻件，以缩短生产周期。

焊接可分为熔焊、压焊和钎焊三大类。

熔焊时母材接头被加热到熔化温度以上，它们在液态下相互融合，冷却时便凝固在一起。熔焊适合于各种金属材料任何厚度焊件的焊接，且焊接强度高，包括电弧焊、电渣焊、电子束焊、激光束焊、气焊等。

压力焊接是指在固态下进行焊接时，利用压力将母材接头焊接，加热只起着辅助作用，有时不加热，有时加热到接头的高塑性状态，甚至使接头的表面薄层熔化。压焊包括电阻焊、高频焊、摩擦焊等。电阻焊又可分为点焊、对焊、缝焊和凸焊。点焊适用于厚度为 4 mm 以下的薄板冲压结构，如车身的焊装（图 10 – 7）。凸焊由点焊演变而来，在汽车零部件生产中大量应用，如汽车座椅调角器凸轮与轴的连接。缝焊主要用于要求密封性好的薄壁构件，如油箱。

钎焊是在接头之间加入熔点远较母材低的合金，局部加热使这些合金熔化，借助于液态合金与固态接头的物理化学作用而达到焊接的目的。钎焊用的合金称为钎料，根据钎料熔点不同可分为硬钎焊和软钎焊。硬钎焊的钎料熔点高于 450 ℃，其接头强度高（可达 500 MPa），适用于受力较大或工作温度较高的焊件。软钎焊的钎料熔点在 450 ℃以下，常用的软钎料是锡 – 铅合金，故又称锡焊。软钎焊接头强度低（低于 70 MPa），适用于受力不大或工作温度较低的焊件（图 10 – 8）。

图 10 – 7　点焊

图 10 – 8　软钎焊

## 六、机械加工

汽车零件由不同的典型表面——外圆、内孔、平面、螺纹、花键和轮齿齿面等构成，都有一定的加工要求，它们中的大多数表面都需要经过机械加工来获得。

在设备上利用切削刀具或其他工具，利用机械力将毛坯或工件加工成零件的过程，称为机械加工工艺过程。机械加工主要改变生产对象的形状和尺寸，根据加工中有无切屑，可以分为切削加工和无屑加工两类。切削加工是利用切削刀具从工件上切除多余材料的加工方法，如在汽车零件制造中常采用的车削、钻削、铰削、铣削、拉削、镗削、磨削、研磨、抛光、超精加工和齿轮加工中的滚齿、插齿、剃齿，以及锥齿轮轮齿加工中的铣齿、拉齿等。无屑加工是使用滚挤压工具对生产对象施加压力，使其产生塑性变形而成形和强化表面的加工方法，如汽车零件制造中采用的热轧齿轮轮齿、冷轧和冷挤齿轮轮齿、滚挤压零件外圆和内孔等。

金属切削过程中，刀具切削部分在高温下承受着很大的切削力和剧烈摩擦。在断续切削工作时还伴随着冲击与振动，因此刀具材料应具备高硬度、足够的强度与韧性、高耐热性，以及较好的工艺性与经济性。选择刀具材料时，很难找到各方面性能都是最佳的。因为材料硬度与韧性之间、综合性能与价格之间都是相互制约的。只能根据工艺需要，以保证主要需求性能为前提，尽可能选用价格低的材料。例如，粗加工锻件毛坯，刀具材料应保证有较高的强度与韧性，而加工高硬度材料需有较高的硬度与耐磨性，高生产率的自动线用刀具需保证有较高的刀具寿命等。当前使用的刀具材料主要有工具钢（包括碳素工具钢、合金工具钢、高速钢）、硬质合金（图10-9）、金属陶瓷、非金属陶瓷、立方氮化硼和金刚石等。各种切削材料的使用比例如下：高速钢占30%、涂层硬质合金占35%、未涂层硬质合金占15%、金属陶瓷4%、陶瓷13%、金刚石与立方氮化硼共占3%。

图10-9　硬质合金刀片

切削加工时必须使工件与刀具之间产生适当的相对运动（主运动与进给运动）。进行切削加工的机械称为机床，有车床（加工回转表面），钻床、镗床（主要加工孔），龙门刨床（加工较大的平面），牛头刨床（加工平面），铣床（用铣刀加工沟槽、平面等），磨床（用砂轮加工内外回转表面、平面）等。此外尚有加工齿轮的各种齿轮机床。各种类型的数控机床和加工中心按照编制好的程序能自动进行切削加工，当加工对象改变时，一般只需要更换新的加工程序即可。由于数控机床有较大的灵活性，特别适用于生产对象经常改变的情况，并能方便地实现对复杂零件的高精度加工。

汽车发动机、变速器、转向机、主减速器等总成中诸多零件——各种传动轴、齿轮、曲轴和凸轮等的回转体表面，都需要进行车削加工（图10-10）。车削以工件的旋转为主运动，车刀的移动作为进给运动。粗车的经济精度为 IT12~IT11 级，表面粗糙度为 $Ra$12.5~6.3 μm；半精车经济精度 IT10~IT8 级，粗糙度为 $Ra$6.3~3.2 μm；精车经济精度 IT8~IT7 级，表面粗糙度 $Ra$3.2~0.8 μm；精细车主要用于有色金属的终加工，一般使用立方氮化硼、金刚石等超硬材料车刀进行车削，加工精度可达 IT7~IT6 级，表面粗糙度为 $Ra$0.8~0.2 μm。

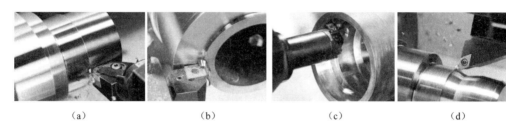

图 10-10　车削加工
(a) 车外圆　(b) 车端面　(c) 车内孔　(d) 车成形面

此外，钻削是汽车零件加工中应用较为广泛的一种钻孔切削加工方法；扩孔则是使用扩孔钻对已钻孔、铸孔和锻孔进行孔径扩大的切削加工方法；铰削是使用铰刀从孔壁上切除较小金属层的切削加工方法；铣削是以铣刀旋转作为主运动，工件或铣刀移动作为进给运动的切削加工方法（图 10-11）；拉削是使用拉刀进行加工的一种高生产率的精切削加工方法，

图 10-11　铣削加工

拉刀是一种可加工内、外表面的多齿高效刀具；镗削是以镗刀的旋转运动为主运动，对工件预制孔（铸造孔、锻造孔或粗加工孔）扩大的切削加工方法；磨削是机械制造中最常用的加工方法之一，其应用范围很广，可以加工外圆、内孔、平面、螺纹、花键、齿轮以及钢材切断等；珩磨是用磨粒很细的油石在一定压力下，以低速对工件表面进行的精整、光整的加工方法；超精加工是用细粒度（W5~W28）的磨条或砂带进行微量磨削的一种精整、光整加工方法。

应综合考虑各种加工方法的特点，以及工件材料的性质、所要求的形状和尺寸精度、加工时间、成本等因素，来制定合理的零件加工工艺。

## 七、热处理

热处理是将固态的钢重新加热、保温或冷却而改变其组织结构，以满足零件的使用要求或工艺要求的方法。加热温度的高低、保温时间的长短、冷却速度的快慢不同，均可使钢产生不同的组织变化。热处理工艺包括退火、正火、淬火、回火及表面热处理。

**1. 钢的退火和正火**

退火和正火是生产上应用很广泛的预备热处理工艺。大部分钢制构件经退火和正火后，钢的力学性能和工艺性能都能得到改善和调整，从而为下道工序做好组织、性能准备。对于一些受力不大、性能要求不高的机械零件，如铸件，退火和正火亦可作为最终热处理。

① 退火。退火是将钢材或钢件加热到适当温度，保温一定时间，随后缓慢冷却以获得接近平衡状态组织的热处理工艺。主要目的是获得较细而均匀的组织，降低硬度，以利于切削加工，也可以消除内应力。

② 正火。正火是将钢件加热，保温后从炉中取出，随后在空气中冷却。相较于完全退火，正火冷却速度较快，转变温度较低，因此获得的组织较细，钢的强度、硬度也较高，同时生产周期也短。因此，对于中、低碳钢常常以正火代替退火。

**2. 淬火和回火**

钢的淬火和回火是热处理工艺中最重要，也是用途最广泛的工序。淬火是将钢件加热，保温后在水中或在油中快速冷却，回火通常是淬火的后续工序，将淬火后的钢件重新加热，保温后冷却。通过淬火可以显著提高钢的强度和硬度，而通过回火可以消除淬火钢的残余内应力，稳定钢的组织，所以淬火和回火工艺密不可分。

淬火和高温回火的复合热处理工艺叫作调质处理。经调质处理后，钢具有优良的综合力学性能，主要用于中碳结构钢或低合金结构钢，用来制作齿轮、曲轴、连杆、螺栓、汽车半轴等主要的机器零件。

有不少汽车零件，既要保留心部的韧性，又要改变表面的组织以提高硬度，这就需要采用表面高频淬火或渗碳、氰化等热处理工艺。

热处理不改变零件形状，只改善毛坯或零件的使用性能和工艺性能，以挖掘材料性能潜力，提高产品质量，延长使用寿命。

## 八、装配

汽车装配是汽车制造工艺过程的最终环节。它是把经检验合格的数以万计的各类零件（如车身、发动机、变速箱、仪表板、车灯、车门等）按规定精度标准和技术要求组合成总成或整车，并经严格检测程序，确认其合格的完整工艺过程。总装车间主要有四大模块，即前围装配模块、仪表板装配模块、车灯装配模块和底盘装配模块。经过各模块装配和各零部件的安装后再经过车轮定位、车灯视野检测等检验调整后整车就可以下线了。

汽车装配特点是零件种类多，数量大，作业内容极其复杂。装配零部件除发动机、传动系、车身、悬架、车轮、转向系、制动系、空调系等之外，还有大量内外饰件、电器、线束、软管、硬管、玻璃和各类油液加注等。图 10 – 12 所示为轿车总装配车间情景。

图 10 – 12　轿车总装配车间情景

汽车总装配中的常用方法主要有螺纹连接法、粘接法、液体充注法、卡扣法、卡箍连接法、销连接和电器线束的插接法等。

对于整车和可以单独组织装配的大型总成（如发动机），其装配生产组织可以分为固定式装配和流水式装配两大类。

汽车产品要求具有良好的动力性、经济性和耐久性，以实现其在各种复杂环境中的运载功能。现代汽车产品更要求安全可靠、造型美观、乘坐舒适并满足环保要求。这些要求，最终是通过装配工艺来保证的。若装配不当，以昂贵的代价制造出的合格零件，不一定能够装出合格的汽车。合理选择装配方法是装配工艺的核心问题，一般遵循以下原则：

① 优先选择完全互换法。

② 当封闭环（即装配精度）的精度要求较高，而组成环的环数较少时，可考虑采用选配法。

③ 在采用上述装配方法而使零件加工困难或不经济时，特别是在单件小批生产中，宜选用修配法或调整装配法。

## 第三节　现代汽车制造技术

### 一、汽车制造技术的发展过程

纵观 200 年制造业发展的历史，是科学技术不断进步、制造产业不断发展创新的历史。18 世纪以蒸汽机和工具机的发明为标志的英国工业革命，揭开了工业经济时代的序幕，开创了以机器占主导地位的制造业新纪元。19 世纪末 20 世纪初，交通与运载工具对质轻高效发动机的要求是诱发内燃机发明的社会动因，而内燃机的发明及其宏大的市场需求继而引发了制造产业的革命。人类社会对以汽车、武器弹药为代表产品的大批量需求促进了标准化、自动化的发展。福特、斯隆开创的大批量流水线生产模式和泰勒创立的科学管理理论导致了制造技术的分工和制造系统的功能分解，从而使成本大幅度降低。随着现代科学技术的进步，特别是微电子技术和计算机技术的发展，机械制造这个传统工业焕发新的活力，增加了新的内涵。计算机辅助设计（CAD）、计算机辅助制造（CAM）、成组技术（GT）、计算机数字控制（CNC）、计算机直接控制和分布控制（DNC）、柔性制造系统（FMC）、工业机器人（ROBOT）、计算机集成制造系统（CIMS）等新技术已广泛地被人们了解和熟悉。这些新技术的引进和使用，使汽车制造业无论在加工自动化方面，还是在生产组织、制造精度、制造工艺方法方面都发生了令人瞩目的变化。

汽车加工自动化始于20世纪初工业化形成的初期。在这一历史时期，产品品种单一，生产周期长，市场对产品有充分的需求，各类产品的开发、生产和销售主要由少数企业控制。这种市场环境促使了制造企业将产品部件化、部件标准化，采用自动机或自动生产线提高生产效率，满足市场的需求。这类刚性自动线的出现，大幅降低了生产成本，极大地提高了劳动生产率。例如，福特汽车制造公司用大规模刚性生产线代替手工作业，使汽车的价格在几年内降低到原价格的1/8，促使了汽车进入家庭，奠定了美国经济发展的基础。然而，这类自动机和刚性自动线生产工序和作业周期固定不变，仅仅适用于单一品种的大批量生产的自动化。

进入20世纪50年代，特别是70年代以来，随着科学技术的迅猛发展和社会需求日益多样化，世界市场发生了很大的变化，许多产品的需求呈现饱和趋势。在这种饱和的市场形势下，制造企业面临着激烈的竞争。为了赢得竞争的胜利，制造企业必须不断开发出符合用户不同要求的新产品。为此，社会产品品种日益增多，产品生命周期明显缩短。就汽车工业而言，1970年汽车的平均生命周期为12年，1980年缩短为4年，到1990年汽车的生命周期仅为18个月。为了适应市场的这种变化，企业必须努力改变那种只适用于大批量生产的旧的生产方法，代之以应变能力强、能够很快适应新产品的新的生产形式。也就是说，寻求一条有效途径，解决单件小批量生产的自动化问题。

1952年美国麻省理工学院研制成功了第一台数控（NC）机床，它只要改变数控加工程序便可自动生产出不同形状和尺寸要求的零件。数控机床很快被公认为是解决单件小批量生产自动化的有效途径。因而，数控机床的发展异常迅速，仅用20年时间便完成了数控系统从电子管、晶体管、小规模集成电路到大规模集成电路的四次根本性的变革。70年代初期出现了计算机数控（CNC），而CNC系统的出现更有利于数控机床的发展，过去的硬件数控系统（NC）要做某些改变或增加某些功能，都要重新进行结构设计,而 CNC 系统只要对软件做一些必要的修改,就可以适应新的功能要求。

对于多品种小批量生产,由于产品品种及其工艺过程的多样性、环境条件的不确定性,以及生产计划和生产调度的动态性等因素,其生产过程既要解决加工高效自动化问题,同时还必须解决生产柔性自动化的问题。为了满足这种柔性自动化的需要,工业机器人和自动上下料机构、交换工作台、自动换刀装置有了很大的发展,于是出现了自动化程度更高、柔性度更强的具有自动换工件功能的柔性制造单元(FMC)。

随着计算机通信技术的发展和自动编程技术的成熟,出现了用一台中央计算机控制若干台 CNC 机床的计算机直接控制系统,且进一步发展至分布式控制(DNC)系统。DNC 系统的出现,意味着机械加工自动化水平开始由单机自动化向系统自动化转变。20 世纪 70 年代末 80 年代初,由于 DNC 系统、计算机控制的物料系统、刀具管理系统,以及 CAD/CAM 系统更为成熟,市场上出现了更为系统化、规模更大的柔性制造系统(FMS)。这种新型的自动化制造系统可以同时完成不同零件、不同工序的制造任务,可实现无固定节拍的高效率、高度柔性化的自动加工。FMS 的出现和使用给多品种、小批量自动化加工各种形状复杂零件开辟了广阔的前景,是目前和今后汽车制造自动化的重要基础。

近 20 年来,计算机应用技术发展迅速,计算机辅助设计(CAD)、计算机辅助制造(CAM)、成组技术(GT)、计算机辅助生产管理(CAPM)等计算机辅助技术在汽车制造业中的应用已逐渐成熟,并取得了可喜的成效。

计算机辅助技术在向着智能化、网络化和集成化方向发展。为了充分利用企业的软硬件资源,发挥企业的整体效益,进入 20 世纪 80 年代,人们在 CAD、CAM、MIS(计算机管理信息系统)技术的基础上致力于计算机集成制造系统(CIMS)的研究和开发。CIMS 的核心在于集成,它将企业中的人、生产经营系统和工程技术系统有机地集成起来,使整个企业范围内的工作流程、物质流和信息流畅通无阻。CIMS 技术的出现,使汽车制造自动化水平开始由系统自动化向综合自动化方向发展。

随着 CIMS 技术迅速向纵深发展,其内容不断扩展,其形式也出现多样化。在 20 世纪 80 年代末 90 年代初,相继提出了并行工程(Concurrent Engineering)、精良生产(Lean Production)、敏捷制造(Agile Manufacturing)、虚拟公司(Virtue Cooperation)等涉及工程技术、企业管理体制的新概念和新哲理。这些新概念和新哲理是 21 世纪汽车制造业发展的导向性模式,展示出汽车制造业辉煌灿烂的未来。

## 二、现代制造技术的特征

所谓的制造技术是按照人们所需的目的,运用知识和技能,利用客观物质工具,使原材料变成产品的技术总称。制造技术是制造业的支柱,是一个国家经济持续增长的根本动力。

现代制造技术是传统制造技术不断吸收机械、电子、信息、材料、能源及现代管理等技术成果，将其综合应用于产品设计、制造、检测、管理、售后服务等汽车制造全过程，实现优质、高效、低耗、清洁、灵活生产，取得理想技术经济效果的制造技术的总称。

现代制造技术具有如下特征：

① 计算机技术、传感技术、自动化技术、新材料技术以及管理技术诸技术的引入，与传统制造技术相结合，使制造技术成为一个能驾驭生产过程的物资流、信息流和能量流的系统工程。

② 传统制造技术一般单指加工制造过程的工艺方法，而现代制造技术则贯穿了从产品设计、加工制造到产品销售及使用维护等全过程，成为"市场—产品设计—制造—市场"的大系统。

③ 传统制造技术的学科、专业单一，界线分明，而现代制造技术的各专业、学科间不断交叉、融合，其界限逐渐淡化甚至消失。

④ 生产规模的扩大以及最佳技术经济效果的追求，使现代制造技术比传统制造技术更加重视工程技术与经营管理的结合，更加重视制造过程组织和管理体制的简化及合格化，产生一系列技术与管理相结合的新的生产方式。

⑤ 发展现代制造技术的目的在于能够实现优质、高效、低耗、清洁、灵活生产并取得理想的技术经济效果。

## 三、现代制造技术的分类

**1. 现代设计技术**

产品设计的合理与否，直接影响产品在市场上的竞争力和生命力。在现代制造业中，产品设计不仅要满足用户对产品的功能需求，还要考虑经济、资源、环境等社会条件因素对产品设计的约束。这样，在产品设计时，应借助一切可以利用的现代科学技术及成果来制定设计方案，在多学科、多专业相互渗透和综合的基础上有所创新，快速地设计出有一定特色、性能优良、便于制作、易于维修、符合环境要求、能满足用户需求的质高价廉的产品。

现代设计技术包括现代设计方法和设计自动化技术两个方面。

（1）现代设计方法。

现代设计方法的主要内容如下：

① 基于多专业人员协同工作的并行设计方法。

② 基于推陈出新的反求工程。

③ 基于方便下游制造环节的 DFX 方法，即"Design for X"设计方法。这里的"X"是指除产品设计以外的其他一系列与产品相关的环节，如面向制造的设计

(DFM)、面向装配的设计（DFA）、面向维修的设计（DFR）等。

④ 基于提高产品质量稳定性的健壮设计方法，健壮设计方法又称稳健设计或鲁棒设计（Robust Design）。

⑤ 基于节约能源，减少废弃物和无公害的绿色产品设计（Green Design）。

⑥ 基于产品原型拟实评估的虚拟设计技术。

(2) 设计自动化技术。

设计自动化技术的发展，实质上就是 CAD 的发展和应用过程。现代计算机可以辅助设计人员实现除了绘图之外的更为高级的自动化设计工作。

① 开发功能强大、使用方便、兼容性较强的产品设计 CAD 应用软件，实现专门产品的自动设计与变型产品的快速设计工作。

② 产品轮廓造型、色彩和艺术渲染设计。

③ 复杂的工程计算和产品的运动学、动力学性能分析和模拟、动画仿真。

④ 在多媒体硬件和软件环境下，运用产品虚拟设计技术，在提高产品性能和可靠性设计的前提下，对产品原型进行拟实运行和性能评价（无须对原型产品进行试制），以减少新产品开发的风险。

**2. 现代制造工艺技术**

现代制造工艺技术包括超高速加工技术、超精密加工技术、特种加工技术及快速成型制造技术等几个方面。

(1) 超高速加工技术。

超高速加工技术是指采用超硬材料刀具、磨具和能可靠地实现高速运动的高精度、高自动化、高柔性的制造设备，以极大地提高切削速度来达到材料切除率的先进制造加工技术。高速切削的核心是速度与精度，由于刀具材料、工件材料和加工工艺的多样性，不可能用一个确定的速度指标来定义高速切削。对于铣刀等回转刀具，一般把转速 10 000 r/min 以上视为高速切削。通常情况下，高速切削时，主轴转速要比普通切削时高 5~10 倍。

超高速加工技术具有以下优越性：

① 在超高速切削方面：超高速切削加工技术与常规切削加工相比，因为切削速度提高，零件加工时间通常可缩减到原来的 1/3，加工效率和设备利用率提高；高速切削加工的切削力可降低 30%，对刚性较差的零件而言可减少加工变形，提高零件精度。并有利于延长刀具使用寿命，一般可提高 70%；95% 以上的切削热来不及传给工件，而被切屑迅速带走，工件热变形小；工件残余应力小，切屑被飞快切离工件，可以使工件达到较好的表面质量，因此加工精度高、加工质量好；超高速旋转刀具的激振频率远远超出工艺系统的固有频率范围，不会造成振动，加工过程平稳；高速切削可加工硬度高达 HRC54~65 的淬硬钢铁件，可省去磨削加工；能取得较好的经济效益。

② 在超高速磨削加工方面：研究预示，采用磨削线速度 1 000 m/s 的超高速磨削会获得非凡的效益。更多的是 250 m/s 以下的超高速磨削研究和实用技术开发。可以明确，超高速磨削与以往的磨削技术相比可以大幅提高磨削效率；磨削力小，零件加工精度高；可以获得低的表面粗糙度值和大幅度延长砂轮寿命；超高速磨削可以越过容易产生磨削烧伤的区域，在大磨削用量下磨削时反而不产生磨削烧伤。

（2）超精密加工技术。

精密、超精密加工技术是 20 世纪 60 年代发展和完善起来的，现已成为当代高技术产品的关键制造技术。当前，精密加工是指加工精度为 $Ra1 \sim 0.1~\mu m$，表面粗糙度值为 $Ra\ 0.2 \sim 0.01~\mu m$ 的加工技术；而超精密加工是指加工精度高于 $Ra\ 0.1~\mu m$，表面粗糙度值小于 $Ra\ 0.025~\mu m$。一般可将超精密加工分为超精密切削加工、超精密磨削、超精密砂带磨削、超精密研磨与抛光、超精密加工的测控技术。

（3）特种加工技术。

特种加工是将电、磁、声、光、化学等能量或其组合施加在工件的被加工部位上，从而实现材料被去除、变形、改变性能或被镀覆等的非传统加工方法。图 10 – 13 所示为激光切割加工。

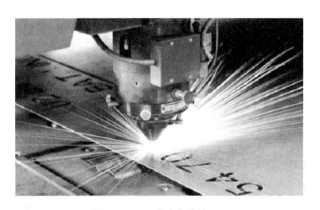

图 10 – 13　激光切割加工

特种加工可以加工任何硬度、强度、韧性、脆性的金属或非金属材料，且专长于加工复杂、低刚度零件。有些方法还可用以进行超精加工、镜面光整加工和纳米级加工。特种加工对简化加工工艺、变革新产品的设计及零件结构工艺性等产生积极的影响。

（4）快速成型制造技术。

快速成型技术又称快速原型制造（Rapid Prototyping Manufacturing，RPM）技术，诞生于 20 世纪 80 年代后期，是基于材料堆积法的一种高新制造技术，被认为是近 30 年来制造领域的一个重大成果。它集机械工程、CAD、逆向工程技术、分层制造技术、数控技术、材料科学、激光技术于一身，可以自动、直接、快速、精确地将设计思想转变为具有一定功能的原型或直接制造零件，从而为零件原型制作、新设计思想的校验等方面提供一种高效低成本的实现手段。快速成型技术就是利用三维 CAD 的数据，通过快速成型机，将一层层的材料堆积成实体原型（图 10-14）。

快速成型技术具有以下几个特点：

① 制造原型所用的材料不限，各种金属和非金属材料均可使用。

② 原型的复制性、互换性高。

③ 制造工艺与制造原型的几何形状无关，在加工复杂曲面时更显优越。

图 10-14 快速成型技术制造的零件

④ 加工周期短，成本低，成本与产品复杂程度无关，一般制造费用降低 50%，加工周期节约 70% 以上。

⑤ 高度技术集成，可实现设计制造一体化。

**3. 虚拟制造技术**

虚拟制造（Virtual Manufacturing, VM）技术又称拟实制造技术，是利用计算机硬件和软件构建的虚拟生产环境对产品加工过程进行模拟，以找出其在实际生产过程中可能出现的问题和薄弱环节，在生产实施前进行必要的修改和调整，达到优化制造过程、减少开发风险和降低产品制造成本的目的。

**4. 制造系统综合自动化技术**

制造系统的综合自动化技术是先进制造技术的重要组成部分。由于多品种、小批量生产方式已成为现代制造业的主流和发展趋势，就必须要求制造系统既具有高度的生产率，又具有充分的灵活性（柔性）和可重构性。因此，必然要采用数控机床、机器人和自动化的物流技术。先进的综合自动化制造系统通常包括以下内容：

① 分布式数控系统（Distributed Numerical Control System, DNCS）是在计算机数控机床技术的发展基础上，由直接数控（群控）系统演变而来。与直接数控系统相比，它的优点在于具有更好的开放性，能与更高层次的控制或管理系统连接，构成集成制造系统。

② 柔性制造系统（Flexible Manufacturing System, FMS）是一种适用于小批量、由多台单机组成、由计算机控制和管理的加工系统。其优点在于：柔性大、无人化（或少人化）。FMS 可以使劳动生产率大幅提高，并大大降低劳动强度和改善劳动条件。

③ 计算机集成制造系统（Computer Integrated Manufacturing System, CIMS）是指具有把生产工厂的全部功能（包括生产管理、产品开发制造等）实现计算机高度综合管理，低成本、高质量要求的适应性生产系统。在这个系统中能实现信息的迅速、及

时、准确的传递和共享,保证生产中信息数据的一致性和可靠性。其主要特征是信息流自动化和机器的智能化;核心是一个公用的数据库,其作用是对信息资源进行存储与管理,并与3个计算机系统 CAD/CAM、CAP/CAC、FA 进行通信。

④ 智能制造系统(Intelligent Manufacturing System,IMS)是将人工智能技术融合进各制造环节的制造系统。它具有部分人类专家的自辨别、自适应、自学习、自处理能力,但是迄今为止没有任何智能技术能达到人类的思维能力。因此,当前更多的是建立人机结合的 IMS。

**5. 现代生产经营和管理技术**

制造企业要实现管理现代化,必须首先在企业内部建立一个管理信息系统(Management Information System,MIS)。通常企业的 MIS 由四大分系统组成:经营管理系统、生产管理系统、财务管理系统和人事管理系统,其中起核心作用的是生产管理系统。随着现代管理技术的发展,已出现下列一些新的管理思想和管理模式。

① 以物料管理和库存管理为基础,依据市场需求、产品特点,逐渐拓宽发展而成的物料需求计划(Material Requirements Planning,MRP)和制造资源计划(Manufacturing Resource Planning,MRP)。

② 减少库存量,特别是减少在制品库存量的准时生产技术。

③ 面向市场,充分发挥生产企业的主观能动性,以最小成本获取最大产出为目标的精益生产的管理模式。

④ 加快新产品开发过程,缩短开发周期,以"一次性开发成功"为目标的并行工程(Concurrent Engineering,CE)。

⑤ 根据市场需求,用重新组合方式,开发新产品、改进其制造过程,充分利用信息网络平台,广泛寻找合作伙伴,建立动态联盟式的虚拟企业,达到能迅速占领市场向用户提供产品的敏捷制造策略。

⑥ 在先进科学技术的支持下,节约自然资源和能源,实行洁净生产,减少废弃物和有毒、有害物的排放,维持良好的生态环境,建立可持续生产的制造模式。

⑦ 在前述各种管理技术的基础上,建立全球化制造系统。

# 第十一章　汽车营销与汽车保险

## 第一节　我国汽车营销发展概况

### 一、我国汽车产销情况

我国汽车工业经过六十多年的发展，汽车产品从无到有，从小到大，从缺重少轻、轿车空白到今天的载货汽车、客车、轿车等汽车品种齐全，汽车产品结构日趋合理。国家正式将汽车工业列为支柱产业，进一步加强了对汽车工业的投资力度。

2017年我国汽车工业相关统计数据表明，我国汽车工业经过六十多年的发展，现今汽车产业已在诸多方面取得突破性进展。这些突破性进展具体表现为：汽车产量突破2 900万辆，同比增长3.19%，其中乘用车占比85.49%；汽车销量2 887.89万辆，同比增长3.04%；其中SUV成为乘用车市场的亮点，2017年SUV累计销量为1 025.3万辆，同比增长13.3%；新能源领域方面，2017全年销量为77.7万辆，同比增长53.3%；连续九年汽车产销蝉联全球第一；大企业集团的生产集中度、市场占有率进一步提高；生产效益大幅度提高；汽车新产品五彩纷呈，轿车价格逐年下降；合资合作、联合重组，产业结构调整又向前迈出一大步。1978—2017年我国历年的汽车产量如表11-1所示。

表11-1　1978—2017年我国历年的汽车产量

| 年份 | 产量/万辆 | 年份 | 产量/万辆 | 年份 | 产量/万辆 |
| --- | --- | --- | --- | --- | --- |
| 1978 | 14.9 | 1987 | 47.3 | 1996 | 147.5 |
| 1979 | 18.6 | 1988 | 64.7 | 1997 | 158.3 |
| 1980 | 22.2 | 1989 | 58.7 | 1998 | 162.9 |
| 1981 | 17.6 | 1990 | 50.9 | 1999 | 183.4 |
| 1982 | 19.6 | 1991 | 70.9 | 2000 | 207.7 |
| 1983 | 24 | 1992 | 106.2 | 2001 | 234 |
| 1984 | 31.6 | 1993 | 129.7 | 2002 | 326.3 |
| 1985 | 44.3 | 1994 | 135.3 | 2003 | 444.4 |
| 1986 | 37.3 | 1995 | 145.3 | 2004 | 507.9 |

续表

| 年份 | 产量/万辆 | 年份 | 产量/万辆 | 年份 | 产量/万辆 |
| --- | --- | --- | --- | --- | --- |
| 2005 | 574.5 | 2010 | 1 826.53 | 2015 | 2 450.35 |
| 2006 | 728.5 | 2011 | 1 841.64 | 2016 | 2 811.9 |
| 2007 | 888.2 | 2012 | 1 927.62 | 2017 | 2 901.54 |
| 2008 | 930.59 | 2013 | 2 212.09 | | |
| 2009 | 1 379.53 | 2014 | 2 372.52 | | |

可以说2002年是我国轿车进入孕育成长期的元年，轿车开始进入家庭；2007—2008年，我国轿车大批量进入家庭，孕育成长期结束，进入高速增长期。2009年中国第1 000万辆汽车在长春一汽诞生，标志着中国成为继美、日之后第三个汽车年产破千万辆的国家。自2009年起汽车产销量连续九年蝉联全球第一，其中乘用车产销占据主要的市场份额，我国的汽车工业进入了成熟期。

## 二、我国汽车商品进出口形势

中国汽车工业协会编辑整理的海关总署提供的汽车商品进出口数据显示，2017年，汽车商品进出口总额1 716.82亿美元，同比增长9.77%。其中，进口金额882.71亿美元，同比增长10.69%；出口金额834.11亿美元，同比增长8.81%。

2017年，汽车整车进口结束2015年以来连续下降趋势，呈较快增长，进口总量超过120万辆，仅次于2014年，为历史次高值。2017年，汽车整车累计进口124.68万辆，同比增长15.77%，进口金额510.30亿美元，同比增长13.54%。在汽车主要进口品种中，轿车和越野车进口量呈较快增长，小型客车增速略低。

2017年，汽车整车出口表现也明显好于上年，共出口106.38万辆，同比增长31.37%；出口金额140.57亿美元，同比增长23.05%。在汽车整车出口的主要品种中，轿车出口增速比上年大幅提升，载货车出口结束上年下降形势，呈一定增长，客车出口增速比上年有所减缓。

## 三、我国汽车营销发展概况

我国汽车营销大体上经历了三个发展阶段：1978年改革开放前，以高度的计划体系为主要特征的汽车产品分配流通阶段；1979年到1993年，汽车生产厂家逐步建立起自己的销售流通体系和售后服务体系阶段；1994年至今，以汽车生产厂家销售体系和售后服务体系为主导的发展阶段。

在第一阶段，我国汽车销售流通管理体系经历了以中央管理为主、地方管理为辅和中央地方两级管理的组织。1963年成立了国家物资管理局，由其管辖的机电设备公司负责汽车的调拨和销售工作。1964年成立国家物资管理处，负责汽车的统一销售、统一供应。

从1977年开始，汽车的销售工作统一由国家物资局下属的机电设备局负责。汽车销售体制开始向多层转化，形成中央和地方两级管理的体制特征。在这个阶段，虽然我国的汽车销售流通机制经历了管理方式的多次演变，但中央和地方政府一直控制着生产与分配的全过程。当时汽车售后服务体制的演变过程与汽车销售流通体制的演变过程基本相同，所不同的是售后工作需要的维修配件的供应，当时是通过国家交通部、地方交通局的分配调拨，由交通部所属的汽车修理厂去实现对各种车辆的维护保养。汽车生产厂家在此之前基本上没有建立自己的售后服务体系。

1979年到1993年为第二阶段，叫自主销售阶段。1978年以后，我国的售后服务体制出现了新的变化，严格的计划管理体制开始了局部变动，在基本上不触及汽车分配体制的前提下，在计划控制的范围和供应方式上，产生了局部变革。从国家控制计划范围看，一方面，汽车生产企业对维修配件的生产，有权对超过国家计划的部分进行自主销售；另一方面，国家指令性计划的分配比重有所下降。这时候汽车售后服务贸易开始进入一个萌芽状态。随着国家行政干预的弱化，国家明确了私营和个体经济购置汽车的合法性，公路交通运输市场开放，私人汽车的保有量迅速增加。汽车销售和售后服务贸易体系逐步开始发展壮大起来，各汽车生产厂不仅成立销售公司，还分别与各地的汽车经销商以各种形式合作，建立了大量的合资、联营和比较完善的售后服务保障体系。这一时期我国的汽车市场仍然处于卖方市场，因此价格体系混乱，销售渠道的多样性以及售后服务体系的不健全是该阶段的最大特征。

1994年至今为第三阶段，建立了以汽车生产企业为主导的汽车服务贸易体系。这一时期随着我国经济体制改革的进一步深化以及汽车产量的稳步增长，我国汽车市场开始从卖方市场向买方市场转变，私人购车比例更是逐年大幅上升。原来构筑的汽车流通体系已无法适应新形势发展的需要，社会的私人购车比例大幅上升，促使汽车生产厂必须加快售后市场的建立发展。经销商的功能进一步得到加强，销售流通体系更加规范化，各种经济成分所建立的各种经销商正在向整车销售、零部件供应、整车维修、信息服务四位一体的方向转变。汽车保险业务的发展也为汽车市场的发展起到了强心剂的作用。

## 四、汽车营销的影响因素

### （一）汽车营销环境

汽车营销环境是指影响汽车企业营销活动而难以控制的各种因素和力量的总和。

汽车企业都是在一定的市场环境中进行营销活动，并受外界环境的制约。汽车企业必须重视对环境的调查预测和分析，企业可以发现市场机会，避免环境威胁，及时对环境中不利于企业营销的方面采取应变措施，使企业的营销决策具有科学的依据。

汽车营销环境，按其影响范围可分为微观环境和宏观环境；按影响时间长短又可分为远期环境和近期环境；按影响性质好坏可分为机会环境和威胁环境。

汽车营销的微观环境是指直接影响企业能力的各种参与者，它包括企业内部环境、营销渠道企业、竞争者、顾客和公众。

汽车营销的宏观环境是指一个国家的人口环境、经济环境、政治法律环境、科技文化环境等，它是汽车企业不可控制的因素。企业可以通过调整营销策略和控制内部管理来适应宏观环境的变化。

研究汽车营销环境的目的在于，发现汽车市场环境中影响汽车营销的主要因素及其变化趋势，并研究这些因素对汽车市场的影响和对汽车营销的制约，从而发现这些环境中的机会与威胁，进而把握有利机会，避免可能出现的威胁，制定有效的汽车市场营销战略和策略，最终实现汽车市场的营销目标。

在宏观环境方面，我国国民经济的迅速发展为我国的汽车市场提供了良好的发展空间，使我国的汽车需求量具备了快速增长的宏观基础。我国汽车营销环境的有利方面具体表现在：国内宏观经济运行良好，消费仍将成为经济增长的关键动力，汽车消费是重要的消费拉动力量，购置税减半正常将继续对汽车市场起到正向影响。社会营销观念受到企业的逐渐重视，三四线市场增长潜力会有所释放，新能源汽车会继续保持增长的趋势。公路建设进程加快，城镇化以及城市物流的快速增长有利于商用车的回升，西部大开发也蕴藏着较大的发展潜力。汽车信贷业务日趋完善，黄标车淘汰，公务车取消成为汽车消费的增长点。此外，严打汽车走私、简化汽车税费的征收手续等政策，均为汽车营销提供了很好的汽车市场发展环境。

与此同时，我国目前实行的汽车税收也有着许多不尽合理的地方，诸如二手车限签会影响汽车流通，抑制购车需求。税收过高、收费项目过多、某些税收项目征收不合理等问题使不少消费者买得起车却用不起车。这些不利因素在相当程度上抑制了汽车市场的发展。

在微观环境方面，汽车新产品竞相亮相。以轿车为例，1985年至1987年间，汽车企业向市场推出新车型总共只有四五种，而发展到2017年上半年，共有237款新车型上市。这说明汽车市场的产品更新周期越来越短，市场竞争越来越激烈。

与此同时，各汽车企业争相引入国际模式，积极开展全方位的竞争并加强与国外汽车企业合作，谋求企业持续发展。

此外，我国汽车市场近些年也发生了明显变化。近年来，汽车已经从奢侈品和身份象征，逐步演变为生活必需品和代步工具，汽车产品的工具属性回归以及汽车文化的逐步生发，都让中国消费者对汽车的认知和需求不断发生变化。日渐理性的消费者、更加精细化的市场区隔，都对汽车行业洞察提出更高、更精准的要求，也成为汽车从业者更敏锐地捕捉潜在用户市场、发掘需求趋势，进而进行前瞻性布局的必由之路。

### （二）汽车营销策略

**1. 汽车市场营销调研与市场预测**

汽车市场营销调研是指汽车企业系统地设计、收集、分析并报告与企业有关的数据和研究结果。其主要研究活动有市场特性的确定、市场潜量的开发、市场占有率分析、销售分析、竞争状况分析。

市场营销调研的方法有个案调查法、重点调查法、抽样调研法、专家调查法、全面调查法、典型调查法等方法。调查者应根据调研目标的不同，结合具体调查特点，选择使用一种或几种调研方法。

汽车市场预测是指在汽车市场调研的基础上，利用预测理论、方法和手段，对未来一定时期内决策者关心的市场需求、供给趋势及营销的影响因素的变化趋势和可能水平做出判断，为营销决策提供依据的科学化服务过程。

科学的汽车营销决策不仅要以汽车营销调研为基础，而且要以汽车市场预测为依据。汽车市场预测大致包括汽车市场需求预测、汽车市场供给预测、汽车价格预测、汽车科学技术发展趋势预测、企业生产经营能力预测、企业竞争形势预测、企业财务及环境意外事件预测等。对汽车企业而言，最重要的是汽车市场需求预测。

目前，我国汽车市场的预测水平有待进一步提高，汽车市场预测中存在的问题在于：其一，预测缺乏系统性和经常性，预测花费的时间长、费用高；其二，统计工作薄弱，数据十分缺乏，直接阻碍了预测工作的发展；其三，汽车市场本身尚处于发育阶段，随时都可能表现出不成熟的特点，这给我国汽车营销预测工作带来了很多的困难，市场预测的准确性难以提高。

汽车市场需求预测的主要方法有购买者意向调查法、销售人员综合意见法、专家意见法、市场实验法、时间序列分析等。在大多数情形下，企业经营的市场环境是在不断变化的，由于这种变化，总市场需求和企业需求都是变化的、不稳定的。需求越不稳定，越需要精确的预测。任何错误的预测都可能导致诸如库存积压或存货不足，从而使销售额不断下降以至中断等不良后果。市场营销人员应熟悉一些主要的预测方法，并能根据市场实际灵活利用这些方法对市场做出准确预测。

**2. 汽车市场细分、目标市场选择和市场定位策略**

一个汽车企业开展营销时，面对的是一个十分复杂的市场，这个市场的消费者由于收入、爱好、生活习惯等因素的不同，对提供的汽车商品和服务也就有不同的要求。市场呈现出的复杂化、多元化特点，使任何企业都感受到，欲凭一己之力量为整个市场服务，几乎是不可能的。因而，每个企业的服务对象，都只可能是市场上的部分顾客。

市场细分就是根据消费者需求的不同，寻找和发掘某些共同或相关的因素，从而将某一错综复杂的具体市场分为若干分市场。市场细分的目的在于有利于企业发现市场营销机会，从而使企业制定最优营销策略；有利于企业扬长避短，有效地与竞争对手抗衡，从而扩展新市场，扩大市场占有率。

市场细分的标准有地理标准、人口标准、心理标准和行为标准等四大类。

市场细分的目的在于最后选择企业的目标市场，目标市场的选择主要有三种策略，即无差异性市场策略、差异性市场策略和集中性市场策略。

选择目标市场后，企业还要为自己或者产品在市场上树立某种特色，塑造预定的形象，并争取目标顾客的认同。它要向目标市场说明，本企业与竞争者有什么不同和区别。这种勾画企业形象和所提供的价值，以使市场全面理解和正确认识本企业有别于其竞争者的行为，称为市场定位。

市场定位有助于企业明确市场营销组合的目标。市场营销的各种手段与战略必须也只有在市场定位的前提下，才有明确的努力方向，才能真正成为有意义、有效益的"组合"。市场定位也有利于建立企业及其产品的市场特色。企业为了使自己生产或经营的产品获得稳定的销路，防止被别家产品所替代，唯有从各方面为其产品培养一定的特色，树立一定的市场形象，以期在顾客心目中形成一种特殊的偏爱。

具体的市场定位，可以由不同的途径加以实现。这些途径包括根据具体产品的档次定位，根据特定的使用场合及用途定位，根据提供的得益、解决问题的方法和需求定位，根据使用者的类型定位，根据竞争的需要定位等途径。

**3. 汽车市场竞争策略**

（1）汽车企业面临的五种竞争力量分析。

一个行业的竞争状态不只取决于原有竞争者之间的竞争，还取决于多种基本力量的共同作用。这些基本力量分别来自行业内的现有竞争者、供应商、潜在的入侵者、替代品、购买者五个方面。对于汽车行业来说，这五种力量表现为：生产汽车动力、底盘、内饰、电子系统等的供应商，大量现有的汽车生产商，准备进入汽车行业的潜在竞争者，能够代替汽车满足人们出行所需的其他交通工具，以及汽车营销商、代理商或终极消费者，这五种力量的状态及强度，决定了行业的竞争态势和潜在的利润水平。

对汽车市场竞争力量的分析，应从潜在入侵者的威胁、现有行业内竞争者间的抗衡、来自替代品的压力、购买者和供应者的讨价还价能力等方面来进行。

在对汽车市场五种竞争力量的分析中，对竞争者的分析尤为重要。一个企业至少要了解其竞争对手五件事：谁是我们的竞争者？他们的战略是什么？他们的目标是什么？他们的优势与劣势是什么？他们的反应模式是什么？企业为了获得竞争对手的信息，往往要设立专门的竞争情报搜集系统。在获得了充分的竞争信息之后，企业的经营人员就能够较为容易地制定其竞争战略，并能更好地意识到在市场中可与谁进行有效的竞争。

（2）汽车市场竞争战略。

市场竞争地位可概括为六种类型，即主宰型、强壮型、优势型、防守型、虚弱型、难存活型。

这六种市场竞争地位可进一步概括为市场领导者、市场挑战者、市场追随者及市场补缺者四种类型。汽车市场竞争战略的选择，是围绕这四种市场竞争类型展开的。

市场领导者策略。市场主导者是市场竞争的导向者，也是其他企业挑战、模仿和躲避的对象。如果没有获得法定的垄断地位，它往往会被竞争者群起而攻之。处于市场主导者地位的企业要想继续保持其支配地位，应从扩大市场需求量、保持市场占有率、扩大市场占有率三方面努力。

市场挑战者策略。在市场上居于次要地位的企业，如果要向市场主导者或其他竞争者挑战，首先必须确定自己的战略目标和竞争对象，然后选择适当的进攻策略。

市场追随者策略。在很多情况下，直接进攻市场主导者是不明智的。因为市场主导者随时警惕着来自竞争者的进攻，并且可以依仗自己雄厚的实力做出强有力和较持久的反应，最终挫败挑战者或造成两败俱伤。市场追随者也不是被动地跟随主导者，他必须找到一条不至于遭到竞争报复的发展道路，其策略有三种：一是紧密追随；二是有距离追随；三是有选择追随。

市场补缺者策略。指小企业、小公司为市场的某些细小部分提供专门服务，在市场、顾客、产品等方面实行专业化。利用市场补缺策略可以使市场占有率较低的企业获得较好的投资效益。

**4. 汽车市场营销组合策略**

（1）市场营销组合的内涵。

市场营销组合是企业针对目标市场综合运用各种可以控制的营销手段，对它们进行最优化组合，以取得最佳营销效果。产品、分销、定价和促销是企业市场营销可以控制的四个因素，也是企业市场营销的四个手段，它们不是分离的，而是彼此相互依存、相互影响、相互制约。在开展市场营销活动时，不能孤立地考虑某一因素（或手段），因为任何一个因素的特殊优越并不能保证营销目标的实现。要对它们进行综合考虑、整体规划、合理编配、优化组合，使它们密切配合，发挥出系统功能，实现最佳市场营销效果。

市场营销组合观念与市场营销观念同等重要。市场营销观念解决企业如何看待市场、看待消费者的问题，使企业认识到只有以顾客需要为中心，千方百计地满足顾客需要，企业才能生存和发展。市场营销组合观念解决顾客需要的手段问题。通过对企业可以控制的营销因素的有效运用，企业才能真正做到满足顾客需要，实现其经营目标。是否树立市场营销组合观念、综合运用各种营销手段、满足顾客现实和潜在的需要，是现代市场营销观念的要求得以贯彻的关键所在。

（2）汽车产品策略。

汽车企业的汽车市场营销活动是以满足汽车市场需求为目的，而汽车市场需求的满足只能通过提供某种品牌的汽车产品或相应的汽车服务来实现。因此，汽车产品是汽车企业市场营销组合中的一个重要因素。汽车产品策略直接影响和决定着其他汽车市场营销的策略，对汽车市场营销的成败关系重大，所以汽车产品策略是汽车市场营销策略的基础。在现代汽车市场经济条件下，每个汽车企业都应致力于汽车新产品的开发、汽车产品组合结构的优化、汽车产品和汽车服务质量的提高，以更好地满足汽车市场需求，取得更好的经济效益。

汽车产品策略有汽车产品组合策略、汽车产品生命周期策略、汽车新产品开发策略、汽车产品的品牌与商标策略。

汽车产品组合策略是根据汽车产品组合的广度、深度和相容度进行决策。一个汽车企业为了最大的销售和利润，确定一个最佳的汽车产品组合策略十分重要。

汽车产品生命周期策略是汽车企业根据产品生命周期理论对汽车产品如何尽快尽早为消费者所接受、缩短汽车产品的投入期、保持和延长汽车产品的成长期、延迟衰退期进行决策。善于根据汽车产品生命周期各阶段的特点，有效利用各种策略是汽车企业取得营销成功的关键。

汽车新产品开发策略是指汽车企业为了延长产品的生命周期或继续开展其经营活动而进行的新产品开发决策。

汽车产品的品牌与商标策略是汽车企业就采用生产者自己的品牌，或采用销售者的品牌，或采用混合式品牌进行的决策。

（3）汽车定价策略。

汽车价格是汽车市场营销中的一个非常重要的因素，它在很大程度上决定着市场营销组合的其他因素。价格的变化直接影响着汽车市场对其的接受程度，影响着消费者的购买行为，影响着汽车生产企业盈利目标的实现。汽车定价策略是汽车市场竞争的重要手段。汽车的定价策略既要有利于促进销售、获取利润、补偿成本，同时又要考虑汽车消费者对价格的接受能力，这使得汽车定价具有了负责双方双向决策的特征。

汽车价格的高低，主要是由汽车中价值量的大小决定的。但是，从市场营销角度来看，汽车的价格除了受价值量的影响外，还要受到汽车成本、汽车消费者需求、汽车特征、竞争者行为、汽车市场结构、货币价值、政府干预、社会经济状况等因素的影响。

汽车企业在定价以前，首先要考虑一个与汽车企业总目标、汽车市场营销目标相一致的汽车定价目标，一般来讲，汽车企业可供选择的汽车定价目标有利润导向的汽车定价目标、销售导向的汽车定价目标、以竞争为导向的汽车定价目标、汽车质量导向目标、汽车企业生存导向目标、汽车销售渠道导向目标等。

汽车企业在汽车市场营销中，常用的汽车定价策略有汽车新产品定价策略、折扣和折让定价策略、产品组合定价策略、差别定价策略以及比较定价策略等。

（4）汽车销售渠道策略。

汽车销售渠道是指当汽车产品从汽车生产企业向最终消费者移动时，直接或间接转移汽车所有权所经过的途径，是沟通汽车生产者和消费者之间关系的桥梁和纽带。汽车销售渠道主要包括生产企业、总经销商、批发商、经销商、消费者五个环节。

汽车销售渠道是将汽车产品实现其价值的重要环节，它包括科学地确定汽车销售路线，合理地规划汽车销售网络，认真地选择汽车经销商，高效地组织汽车储运，及时地将品质完好的汽车提供给顾客以满足消费者的需求。汽车销售渠道策略的宗旨是加速汽车产品的流通和销售资金的周转，提高汽车企业和中间商的经济效益，是企业高层管理者面临的最高挑战性决策之一。

汽车销售渠道有汽车生产企业直销型、汽车生产企业转经销商直销型、汽车生产企业经批发商转经销商直销型、汽车生产企业经总经销商转经销商直销型以及汽车生产企业经总经销商与批发商后转经销商直销型五种类型。

（5）汽车促销策略。

汽车促销是汽车企业对汽车消费者所进行的信息沟通活动，它通过运用各种方式、方法向消费者传播汽车产品和服务的有关信息，以帮助消费者认识汽车产品和服务，促进消费者对汽车企业或产品产生好感、注意和兴趣，激发购买欲望，进而采取购买行为的一系列活动。

汽车企业常用的汽车促销方式有广告、销售促进、人员促销和公共关系等。由于各种汽车促销方式具有不同的特点、使用范围和促销效果，在实际促销活动中一般是几种促销方式结合起来综合运用，以便更好地突出汽车产品的特点，加强汽车企业在市场中的效力。这种多种方式综合运用的促销方式称为汽车促销组合。

汽车广告是汽车企业用以对消费者和公众进行说服性传播的工具之一。汽车广告的目的在于吸引、刺激、诱导消费者购买该品牌汽车。

汽车销售促进是利用各种刺激手段，刺激汽车和贸易商迅速大量地购买某一品牌的汽车产品或服务。汽车市场常用的刺激手段有分期付款、汽车租赁销售、汽车置换业务、免费试车、销售竞赛、纪念品广告、贸易展览、价格折扣、折让、免费小商品等。

汽车人员促销是指汽车企业的推销员利用各种技巧和方法，诱导或劝说消费者购买该品牌汽车产品的促销活动。

公共关系则是指在个人、公司、政府机构或其他组织间传递信息以改善公众对组织的认识、理解与支持，以便在公众心目中树立良好的组织形象而进行的一系列活动。

## 第二节 汽车营销的模式及展望

### 一、国外汽车营销模式

国际通行的汽车营销一般采取集销售、维修、改装、配件供应为一体的品牌专卖店与汽车交易市场相结合的模式。这些销售渠道模式主要有专卖店模式、汽车商店模式、汽车大道模式和网络直销模式。

专卖店一般实行单一品牌为主的四位一体营销模式，即整车销售（sale）、售后服务（service）、配件供应（sparepart）、信息反馈（survey），简称4S店。4S店在为客户提供良好售后服务的同时，也提高了自己的服务功能和盈利能力。汽车专卖店具有规范性、全程性和排他性等特点。品牌专卖是市场经济、市场竞争发展到一定程度的必然产物，4S店投入大，对汽车企业和汽车经销商的实力要求较高，它是企业品牌、文化和价值的延伸。

汽车商店模式和专卖店模式的最大不同之处在于它可以代理多家品牌，故而也被称为汽车超市。汽车商店的特点是以汽车销售为主体，同时拓展汽车服务的外延，促使服务效益最大化。例如，美国的卡麦克斯汽车商店在全美设有24家分销店，分别经营不同的汽车产品。

汽车大道模式是以美国和欧洲等汽车生产大国为代表的目前最流行的汽车营销模式，即在方便客户进出的高速公路两侧，建立若干品牌的专卖店，形成专卖店集群。汽车大道集汽车销售、服务、信息、文化等多种功能于一体，具有规模大、环境美、效益好、交易额大、影响大等特点。

随着互联网服务的发展与完善，网上购车已成为可能。最先将这一理论应用到汽车经营模式上的是以福特、通用为代表的美国公司，随后是以丰田为代表的一批日本和欧洲企业。通过电子商务，汽车销售渠道被大大缩短；成本和库存得以降低；与客户的交流反馈更加直接有效；客户对公司的忠诚度大为提高。在国外，网络售车已经成为一种较为成熟的汽车销售模式。很多汽车网站也都将新车销售、二手车销售栏目作为汽车网站的主打。比如在美国，DaveSmith 汽车公司就是以利用网络销售汽车而著称，其旗下网站在十多年前就已开展汽车网上销售业务，其网站点击率早在 2001 年时就已达到 400 万，每个月都有来自美国各地的消费者来到 DaveSmith 汽车经销店购车，其汽车网上销售业务大约占到总业务的一半。

## 二、国内汽车营销模式及发展现状

我国的汽车销售模式主要有总代理制、区域代理制、特许经销制、品牌专卖制和"三多模式"五种形式。

总代理制的销售渠道模式可表述为：汽车产品经厂商、总代理、区域代理、下级代理商最后到最终用户手中。目前进口汽车主要采取这种销售模式，如奔驰、宝马等。

区域代理制的销售渠道模式可表述为：汽车产品经厂商、区域代理、下级代理商最后到最终用户手中。这是汽车销售渠道最早采用的模式，目前使用这种销售模式的厂商很少。

特许经销制的销售渠道模式可表述为：汽车产品经厂商、特许经销商最后到最终用户手中，该销售渠道模式和国外的汽车商店模式类似。区域代理制实施一段时间后，汽车厂商发现在经销过程中，很难对汽车经销商的经销行为进行规范，从而导致汽车价格市场十分混乱，自 1996 年后，汽车销售模式逐渐向特许经销制转化。

品牌专卖制的销售渠道模式可表述为：汽车产品经厂商和专卖店，最后到最终用户手中。品牌专卖制是 1999 年以后逐渐发展起来的汽车销售渠道模式，它主要采取"三位一体"和"四位一体"的形式。

我国汽车营销模式现状可概括为以下几个方面：

(1) 汽车销售以多品牌销售店模式和专卖店模式为主（表 11-2），汽车销售网点的布局杂乱无章且竞争无序。在专卖店也实行"四位一体"的营销模式，但大规模汽车销售、汽车维修、配件供应的综合市场刚刚起步，在各自经济利益的驱动下，汽车制造商和汽车经销商之间的互动关系严重脱节，从而导致汽车经销商的售车与维修功能与其他售后服务功能相脱离。

表 11-2 国内主要轿车品牌营销模式一览表

| 厂家名称 | 品牌名称 | 网点称谓 | 营销模式 | 功能组合 |
| --- | --- | --- | --- | --- |
| 上海通用 | 别克 | 授权销售服务中心 | 品牌专营 | 三位一体 |
| 广州本田 | 雅阁 | 特约销售服务店 | 品牌专营 | 四位一体 |
| 广州风神 | 风神 | 专营店 | 品牌专营 | 四位一体 |
| 一汽轿车 | 红旗 | 分销中心（自营） | 品牌专营 | 销售、维修中心 |

续表

| 厂家名称 | 品牌名称 | 网点称谓 | 营销模式 | 功能组合 |
|---|---|---|---|---|
| 一汽大众 | 捷达 | 特约销售代理 | 特许代理 | 销售、维修中心 |
| | 奥迪6 | 销售服务中心 | 品牌专营 | 三位一体 |
| 上海大众 | 桑塔纳 | 特许专卖店 | 品牌专营 | 四位一体 |
| | 帕萨特 | 特许专卖店 | 品牌专营 | 四位一体 |
| 东风神龙 | 富康 | 经销商（分等级） | 品牌专营 | 三位一体 |
| 天汽公司 | 夏利 | 分销中心 | 自营与代理双轨制 | 销售、维修中心 |
| 重庆长安 | 奥拓 | 分销中心 | 自营与代理双轨制 | 销售、维修中心 |

（2）国外贷款售车率为60%~80%，在美国，贷款购车的比例高达80%；在德国，这一比例达到70%；即便在经济不甚发达的印度，贷款购车比例也达到60%。而我国在支付手段上，银行参与的汽车信贷才刚刚起步。一方面，私人汽车信贷没有客户持信度保证体系，致使银行不能放开汽车私人信贷；另一方面，银行为了获得巨大的利润，对汽车信贷的相关限制，也阻碍着汽车信贷的健康发展，使得我国目前的汽车信贷不到10%。

（3）营销理念、营销战略和营销手段难以适应汽车工业发展和市场竞争的要求。对起动汽车市场非常重要的二手车交易、汽车置换和汽车租赁业，仍处于初级阶段。

（4）汽车售后服务远远不能满足消费者需要。主要存在的问题是：对推销汽车和汽车保险有热情，对收费的汽车维修感兴趣，对免费的售后服务不感兴趣，马虎应付；维修工的技术水平低；修理少，换件多。售后信息反馈，用户跟踪、档案管理和定期维护，网络化维修体系和零配件供应，乃至汽车召回制度等，这些在汽车工业发达国家已经成熟的服务体系与做法在我国还处于发展和完善阶段。

（5）由于各种地方保护主义政策的存在，汽车市场处于地方割据的局面。

2017年7月1日起施行《汽车销售管理办法》（简称新《办法》），同时废止了2005年发布的《汽车品牌销售管理实施办法》（简称旧《办法》），实施"三多模式"，即供应商可以通过多种方式进行销售，经销商可以同时经营多个品牌产品，消费者可以从多种渠道购买汽车、享受服务的"三多模式"。新《办法》实施以后，彻底打破了汽车销售行业原有的"品牌授权销售单一体制"的规则，销售汽车不再以获得品牌授权为前提，实行授权销售与非授权销售并行，以达到推进多样化销售模式。这样，不同汽车品牌企业可以共建共享销售网络和售后服务体系，对于节约社会资源、降低流通成本、提高流通效率、提升服务质量、促进市场竞争具有重要意义。

新《办法》分别对供应方、经营企业、消费者各方的权、责、利进行了详细规定，并在旧《办法》的基础上对产销（生产企业与经销商）之间的关系做出重大调整。表11-3详细梳理了这些具体变化及其将对汽车流通行业领域带来的改变。

表11-3 《汽车销售管理办法》七大变化

| | 1. 法规名称 | 2. 适用范围 | 3. 授权管理办法制度 | 4. 授权期限 | 5. 销售及售后服务 | 6. 限制、干涉供应商 | 7. 鼓励共享、节约型汽车销售 |
|---|---|---|---|---|---|---|---|
| 旧《办法》 | 汽车品牌销售管理实施办法 | 从事品牌销售活动 | 品牌授权模式 | 一年一次 | 供应商安排 | 供应商不得强行规定销售数量，不得进行品牌搭售 | 无 |
| 新《办法》 | 汽车销售管理办法 | 从事汽车销售及相关活动 | 允许授权与非授权并行 | 一般不得低于3年，首次授权不得低于5年 | 供应商、经销商不能对消费者限定汽车相关用品的提供商和售后服务商、强制消费者购买保险等 | 供应商不得规定汽车销售数量，不得规定整车、配件库存品种或数量，不得对经销商搭售未订购的汽车、配件等，供应商不得限制经营本企业汽车产品的经销商之间相互转售 | 鼓励发展共享、节约型汽车销售及售后服务网络，加快发展城乡一体的汽车销售及售后服务网络，推动汽车流通模式创新，积极发展电子商务，大力发展新能源汽车销售及售后服务建设 |

## 三、我国汽车营销模式的未来发展

### （一）我国汽车市场前景预测

"十二五"期间，中国汽车行业初步形成了比较完整的汽车研发体系，形成了研究能力和平台，具有比较完备的条件和数字化开发能力，拥有 20 万人的研发队伍，占到汽车制造业员工总数的 5%，研发投入占到总营业收入的 1.5%，其中部分骨干汽车企业超过 2%。同时，汽车行业也形成了比较完备的产业体系，包括上游的产业能力大幅提升，以及汽车零部件制造体系也不断完善，后市场业务迅速拓展，产值已经超过 17%。"十二五"期间中国品牌汽车年均增速达到 1.74%，乘用车是 4.75%。部分产品向中高端市场拓展，产品质量、性能等各方面都有所提升，市场份额超过 25%。

近些年来，我国的汽车年产销量已居世界首位，其中乘用车产销占据主要的市场份额，我国的汽车工业也由生长期进入成熟期。从中国轿车工业近几年的发展能够看出，国内各主要汽车集团都与国外著名的跨国汽车制造商合资合作，扩大生产规模，生产的国外知名品牌轿车越来越多，轿车产量也逐年上升，从 2000 年的年产 207.7 万辆到 2017 年的年产 2 901.54 万辆，并且产销两旺，轿车价格逐年下降。国内汽车工业正在按市场经济的规律，进行结构调整，汽车制造商以及汽车零部件商都在兼并、重组。国外的合资与合作，国内的兼并与重组，使国内各主要汽车集团在国内汽车市场上初步具备了抵御进口车入侵的能力。20 世纪 90 年代以来，在关税节节下调的情况下，进口轿车数量不但没有急剧增加，反面显著下降。国内各主要汽车集团成功占领市场是在自身优势的条件下取得的，其成功的秘诀是用国产的外国品牌车来抵挡进口的外国品牌车，这种进口替代的经营策略证明了中国汽车企业是有应变能力的。

"十三五"期间，中国进口汽车市场定位将从"量化经营"回归到"市场补充"，市场规模稳中趋降；汽车行业将把"中国制造+互联网"作为主攻方向，转变增长方式，而非过分看重产销数量，力争形成以智能制造为核心的网络经济体系。产品方面，将呈现出中高端化、个性化、时尚化、小众化以及新能源汽车的产品新组合；品牌方面，豪华品牌份额快速提升，基础品牌将与国产车直面竞争；价格方面，新车价格继续呈现下行，利润下滑趋势难改；渠道方面，电商新模式与传统分销模式既融合又竞争，大型经销商集团将加速传统渠道的兼并重组，互联网企业和传统汽车企业将进一步跨界融合并寻求群体突破，加快发展智能网联汽车、自动驾驶汽车。

### （二）汽车营销模式的发展方向

汽车营销模式的发展方向表现为两个方面。

第一个方面是我国汽车市场在未来会建立起销售的网络体系，将汽车销售作为一种电子商务化的发展进行推进，网民是汽车消费者中最大的潜在客户群体。一方面网上购物人数在逐年增加，另一方面现在很多消费者已经习惯通过网上获取感兴趣的车辆信息，而且随着网上支付信用体制的逐渐健全，经销商也可以通过认证来获取贷款。

第二个方面是我国的汽车市场在未来的营销过程中，多元化的营销模式更能够适应未来市场的需求。要依据市场规律和市场变化，结合汽车生产企业和销售企业的特征和特定的消费群体，建立各具特色、多种形式的汽车营销模式，如将传统的营销模式与新型的营销模式有机结合起来，不断对现有的汽车营销模式进行创新，以适应各种不同层次汽车消费者的需求。

### （三）汽车有形市场

汽车有形市场即汽车交易市场，是改革开放和市场经济的产物，颇具中国特色。这种百货超市式的大型汽车交易市场，集纳众多的汽车经销商和汽车品牌于同一场地，形成了集中的多样化交易场所，工商、交管等部门现场办公，并设有专人协办、代办牌照，既提高了购车效率，又降低了交易成本。在交易市场内，各地区汽车都云集于此，客户来此，如同置身于国际汽车博览会，选择余地大，能够满足消费者对比、参照的需求。通过汽车交易市场，能够有效地连接汽车生产公司和汽车消费者之间的关系，对于消费者和汽车生产公司来讲都是一个非常好的交易平台。我国著名的汽车交易市场有北京亚运村交易市场等，汽车交易市场能够提供"一站式"的服务，购买以及上税等环节都可以在汽车交易市场中完成，非常的便捷。全国汽车消费市场现状网上调查表明，当前最受消费者欢迎的销售模式是建立在汽车交易市场内的品牌专卖店，60%的受访者愿意在汽车交易市场内购车，20%的受访者愿意选择在汽车交易市场外的普通销售商处购车，只有8%的受访者愿意选择在汽车市场外的品牌专卖店购车。应该说，这种集市式的营销方式，符合目前中国消费者的消费心理，应该得到进一步完善和发展。

汽车园区是汽车有形市场发展的最新阶段。汽车园区与汽车交易市场相比，不是场址的平移，也不是简单的规模扩张。汽车园区目标定位应是与国际汽车市场接轨，以轿车为主，商务车和专用车为辅，以汽车相关产业为重点，形成"五位一体"专卖店集群的有先进营销模式、多功能设置、国际商务水准的高中档次的汽车贸易服务园区，集合汽车交易、服务、展示、文化等众多功能，具有规模宏大、环境美洁、效益显著、交易广泛等特点，体现了汽车营销由单一专卖店走向集约化、趋同性的趋势，是我国汽车交易的发展方向之一。汽车园区的建立，可吸引和会聚更多的物流、人流、信息流、资金流，为地方经济发展做贡献。

### （四）发展互联网销售

在网络经济时代，随着网络信息技术的发展，电子商务带动了汽车产业，在汽车营销中也充分运用了网络所带来的优势开展网上汽车直销。这种模式可以让消费者轻松地了解汽车产品的最新信息，可以通过定制服务，来满足消费者的个性化需求。同时，网络技术克服了在生产者和消费者之间的时间和空间阻碍，弱化了存在于二者之间的各种中间环节和渠道，通过电子商务，用信息流代替传统物质流中的无效损耗。对于生产企业而言，通过电子商务能够有效地缩短供货时间和生产周期，订单程序不仅能加速资金周转，使供销"零库存"的目标实现成为可能，而且可以全天不断地为全球任何一个角落的客户服务。对网上购物者而言，由于是与汽车制造商直接沟通，传统交易中的进口商、出口商、批发商、零售商等环节将变得毫无意义,可以有更多的选择、得到更好的服务、支付更低的价格。

目前,网站和汽车经销商正处于增加消费者对网上购车信任,引导人们购车方式、购车行为、购车思想的培育阶段,消费者对网上购车的信任和参与,是网站和汽车经销商通过实实在在的服务工作做出来的,而不是炒出来的。汽车商业网站的良好发展前景是与传统汽车工业的深度结合,提高整个社会的汽车文化氛围,丰富人们的汽车知识,为汽车工业的发展,为车主和普通消费者提供不同需求的网上服务,以服务为生存基础,帮助和促进汽车经销商的现实销售。在不远的将来,高成本运作的汽车经销商的实际整车销售利润将降到很低,汽车服务将是其主要收入来源。汽车网站可以和技术水平、信誉度高的汽车经销商或维修厂进行合作,进一步降低汽车的营销成本,完善售后服务。在现阶段,少数专业的汽车商业网站要想在竞争中生存,既要低成本运营,又要形成特色优势和品牌优势,在成本投入上要处理好网站的发展目标要求、服务功能技术实现与运营成本的矛盾,在相关信息的收集、组织、处理、加工及发布上,又必须处理好信息的开放与集中、共享与垄断或变相垄断的矛盾。

对于完整交易类的汽车电子商务网站,需要把网上的资源与完整的物流配送等网下资源有机地结合起来,网络公司在和传统企业的融合中获得了其强大的销售网络和客户资源,网络公司和传统企业结合才能发挥各自的优势。经由有效的融合,在一体化的企业方式中不断地巩固企业的品牌,同时积累电子商务经验,在国内网络用户不断增加以及电子商务运营条件不断完善中,最终实现传统企业的电子化运营。专业汽车网站与传统汽车产业,二者若能借鉴国外在这方面的成功经验,并很好地结合企业本身在人才、资金、技术方面的实际优势,完善网络技术与交易手段,为汽车消费者提供切实的服务,开展多种服务方式的有益探索,那么中国汽车电子商务一定会有一个较好的发展前景。

**(五)汽车金融公司将在汽车信贷中占主导地位**

1995年中国开始对汽车信贷进行研究,上汽集团首次与国内金融机构联合推出汽车贷款消费。在此之后,一汽集团、长安汽车、天津汽车等纷纷成立各自的汽车金融机构,开展汽车贷款业务。

截至2016年3月,中国共有25家汽车金融公司获批,保持着平均一年成立2家的节奏。总资产规模也由2005年年末的62.71亿元变为2015年年末的4 190.06亿元,10年间增长约70倍。2016年称得上"中国融资租赁的元年"。专家预计,到2020年,我国汽车金融规模将达万亿元。

我国汽车融资租赁市场发展仍处于早期阶段,但市场规模正迎来快速增长,未来市场发展潜力巨大。汽车融资租赁领域的市场潜力吸引了各路资本重金投入,专业汽车租赁公司、整车厂、经销商以及银行系融资租赁公司、互联网融资租赁平台正积极加入这个市场。汽车金融公司在汽车信贷市场的份额将越做越大。

### (六) 汽车体验营销

体验营销建立在服务营销和品牌营销的基础上,旨在从服务、产品、购物环境这几方面为客户提供全方位、专业化的服务以及品牌体验,可让客户切身体验产品的性能和特点。体验营销可让客户实地体验所选车型的性能,这能帮助客户深入感受所选车型的独特魅力,最终达到客户满意。伴随着市场竞争形势的不断升温,客户在消费过程中变得更加理性和专业,而体验营销可较好地满足客户这一购物心理,它能让客户更加清楚自己的需求,选到理想车型,最终达成交易。

## 第三节 汽车消费信贷

### 一、汽车消费信贷概述

汽车消费信贷是指对申请购买汽车的借款人发放的人民币担保贷款,是银行与汽车销售商向购车者一次性支付车款所需的资金提供担保贷款,并联合保险公司为购车者提供相应的信用保险。汽车消费信贷对汽车销售各环节提供金融信贷服务。

自 1993 年国内第一次提出汽车消费分期付款概念以来,早期的汽车消费信贷服务主要有两种模式:一是经销商自筹资金向消费者提供分期付款服务;二是厂家提供车辆,经销商向厂家还贷。这两种方式要求经销商要具备较强的资本实力、资本运营能力和较强的风险承受能力,因此市场总的信贷规模非常有限。加入 WTO 后,我国有关规范汽车消费信贷业务的法律法规不断完善,银行、外资金融机构、合资汽车金融公司汽车消费信贷力度加大,使得我国的汽车消费信贷出现了"井喷"式的发展。

汽车消费信贷发放的机构目前主要有两类:一类是银行机构,包括四大国有商业银行和国内其他商业银行;另一类是汽车企业设立的财务公司和经销商,其在汽车消费信贷业中只占有极小份额。2004 年,中国人民银行颁布了《汽车贷款管理办法》,银行随之加大了汽车消费贷款的审核力度,缩小汽车消费贷款规模,财务公司和经销商在汽车消费信贷业中占有的比例有所上升。

汽车消费信贷开展模式目前主要有三类:一是财务公司贷款,即由汽车企业设立的财务公司向汽车消费者发放贷款的模式;二是经销商贷款,是一种以汽车经销商为信贷中介的模式;三是经销商、银行、保险公司贷款,可简称为银商保模式,即由银行选择实力较雄厚的经销商合作,再由保险公司介入,逐步形成这三者联手共同承担贷款风险的信贷模式,是目前汽车消费信贷业务开展的主要模式。

汽车消费信贷的期限按《汽车贷款管理办法》的规定,目前汽车消费贷款的期限不得超过 5 年,二手车贷款的贷款期限(含展期)不得超过 3 年,经销商汽车贷款的贷款期限不得超过1年。

从申请汽车消费信贷的条件来看，目前我国对申贷者条件的规定比较严格。根据《汽车贷款管理办法》第9条的规定，借款人申请个人汽车贷款，应当同时符合以下条件：一是中华人民共和国公民，或在中华人民共和国境内连续居住一年以上（含一年）的港、澳、台居民及外国人；二是具有有效身份证明、固定和详细住址且具有完全民事行为能力；三是具有稳定的合法收入或足够偿还贷款本息的个人合法资产；四是个人信用良好；五是能够支付本办法规定的首期付款；六是贷款人要求的其他条件。关于借款人的首付款，《汽车贷款管理办法》在第22条中规定，发放自用车贷款的金额不得超过借款人所购汽车价格的80%；发放商用车贷款的金额不得超过借款人所购汽车价格的70%；发放二手车贷款的金额不得超过借款人所购汽车价格的50%。

## 二、我国个人汽车消费信贷的发展

国外汽车金融服务在20世纪初就已经出现了，而我国的汽车金融服务起步较晚。我国个人汽车消费信贷从1993年萌芽到2017年的稳步发展，其发展历程可以概括为四个阶段。

### （一）萌芽阶段（1993—1998年）

1993年国内第一次提出汽车消费分期付款的概念，1995年美国福特汽车财务公司派专人来到中国进行汽车信贷市场研究，国内汽车厂商首次与商业银行联手开展了关于汽车贷款的试验工程，为国内的机构和个人购车者分期付款。这时，中国才刚刚开始进行汽车消费信贷理论上的探讨和业务上的初步实践。

1996年5月8日，中国建设银行率先开办汽车按揭贷款，并下发了《关于开展一汽捷达汽车按揭贷款的通知》，开始向捷达汽车的终极用户和经销商发放贷款。同年8月22日，工商银行和上汽集团签署了银企合作协议，工行正式开办购车抵押贷款业务，以推动桑塔纳轿车的销售。但后来，考虑到当时我国居民的收入水平和交通状况，中国人民银行于1996年11月要求立即停办汽车消费贷款业务。

1998年我国银行系统恢复汽车消费贷款业务。从9月1日起，中国人民银行允许汽车消费信贷在四家国有独资商业银行进行试点，同时颁布《汽车消费贷款管理办法》，批准中、农、工、建四大国有商业银行开展汽车销售信贷业务。同年10月，中国人民银行发布了《汽车金融管理条例》，对开展汽车消费信贷进行了较为严格的规范与要求。

### （二）爆发阶段（1999—2003年）

这一阶段商业银行纷纷进入市场，私人购车快速升温，车贷业务量猛增，2003年汽车消费贷款金额达到1839亿元，年均复合增长率超过200%。

1999年4月出台了《关于开展个人消费信贷的指导意见》，至此，汽车信贷业务已成为国有商业银行改善信贷结构、优化信贷资产质量的重要途径。2000年年初，中国人民银行又发布了《个人消费贷款指导方针》，这时我国参与汽车消费信贷的金融机构除四大国有银行外，其他股份制商业银行也不同程度地参与了该项业务，并且推出了汽车消费贷款信用（保证）保险。此时，银行、保险公司、汽车经销商三方合作的模式，成为推动汽车消费信贷高速发展的主流作法。2002—2003年，我国汽车消费信贷市场由汽车经销商之间的竞争、保险公司之间的竞争上升为银行之间的竞争。2003年10月3日和11月12日，《汽车金融公司管理办法》及《汽车金融公司管理办法实施细则》出台后，原中国银行业监督管理委员会（简称银监会，现为中国银行保险监督管理委员会）先后批准了上汽通用、大众、丰田、福特、戴－克5家汽车金融公司成立。

### （三）萎缩低迷阶段（2004—2008年）

2004年集中爆发车贷风险，假车贷、一车多贷等现象屡屡发生，2004年3月中华人民共和国保险监督管理委员会（简称中国保监会）会下发了《关于规范汽车消费贷款保证保险业务有关问题的通知》，正式叫停了汽车消费贷款保证保险，商业银行汽车消费信贷业务锐减，此后汽车消费信贷市场开始回归理性。各家保险公司从2004年4月1日起，销售获得批准的新车贷险产品。由于此时汽车消费信贷的风险全部由银行承担，各家商业银行望着汽车消费信贷这块大蛋糕，却不得不小心翼翼。

2004年10月1日，新的《汽车贷款管理办法》开始施行。同年大量汽车金融公司的成立和新办法的实施意味着我国的汽车消费信贷业务进入新的纪元。

上汽通用汽车金融有限责任公司、大众汽车金融（中国）有限公司、丰田汽车金融（中国）有限公司已分别于2004年8月6日、2004年8月15日和2005年1月15日成立。

2008年，银监会发布了新的《汽车金融公司管理办法》，汽车金融行业重新开始发展。

### （四）稳步发展阶段（2009年至今）

2009年3月国务院出台了《汽车产业调整和振兴规划》，明确指出支持符合条件的国内骨干汽车生产企业建立汽车金融公司；促进汽车消费信贷模式的多元化；推动信贷资产证券化规范发展；支持汽车金融公司发行金融债券等。2009年4月商务部出台了《关于促进汽车消费的意见》，指出加强汽车金融服务配套制度建设，稳步发展汽车消费贷款保证保险业务，推动保险机构与汽车消费信贷机构进一步合作，促进汽车消费市场发展。

2009年我国的汽车产量超过1 000万辆，成为全球第一大汽车消费市场，超过了美国，当年，我国汽车市场的信贷规模为177亿元。2014年，我国汽车市场信贷规模达到660亿元，年均增速为30%。

2016年3月中国人民银行与银监会共同发布了《中国人民银行银监会关于加大对

新消费领域金融支持的指导意见》，允许汽车金融公司在向消费者提供购车贷款（或融资租赁）的同时，根据消费者意愿提供附属于所购车辆的附加产品的融资，同时放宽新能源车与二手车首付比例至15%和30%。

### 三、改善汽车消费信贷环境的主要措施

**1. 建立健全的个人信用体系**

不健全的个人信用体系是个人汽车消费信贷风险存在的重要因素之一，严重制约了我国个人汽车消费信贷的发展。建立健全和完善个人信用体系是当务之急。要建立健全和完善个人信用体系主要应做到以下三方面：

（1）培育新的个人信用文化。个人信用是一种风险较高的信用品种，它的可持续运作和发展必须有良好的社会信用制度环境作保证。树立新的信用文化观应认识到，首先，信用是一种美德，因此，我们要增强全民信用意识，加强以诚信为本的宣传，提倡诚信守约的道德规范，把诚信问题列入学校德育教育范畴，使公民从小就树立诚信意识，树立守信为荣、失信为耻的理念，树立正确的信用观念。其次，信用又是一种商品，信用的商品化是市场经济发展的客观要求。守信者将获得种种收益，享受生活的便利，失信者将遭到市场经济的淘汰。信用破产者将面临经济制裁和道德、舆论谴责。要通过学习、宣传有关信用的知识和理论，通过舆论的力量和知识的力量培养和提高个人的信用知识水平，树立个人信用观念。最后，还要优化社会信用环境。良好的社会信用环境对个人信用观念的形成有重大的示范作用，是个人信用观念成长的基础条件。培育信用文化是建立个人信用制度的前提，是发展和完善社会主义市场经济的当务之急，要形成"有信走遍天下，无信寸步难行"的社会环境。

（2）成立信用评估机构，建立信用评估体系。国际上最典型的信用评分模式是"FICO信用分"模式。FICO是美国Fair Isaac Corporation的简写，由该公司所创立的消费者信用分，称为FICO信用分，目前为美国三大信用局（Equifax、Experian和Trans Union）所接受和使用。我们应借鉴国外的信用评分模式，结合我国国情和国民经济的发展状况，建立一套具有科学性、民族性和可操作性的指标体系，对个人信用进行准确评价。考虑目前我国的现实情况，组建我国个人信用信息机构宜采取以政府和中央银行为主导，以会员制为核心，以股份有限公司为主体的模式。政府应在借鉴各国建立个人信用制度经验的基础上，采取有效措施，在发展的初期通过制定政策、协调有关部门开放数据、组织建立统一的数据检索平台等措施，积极推动个人信用体系的发展，争取在较短的时期内，以较低的成本初步建立个人信用管理体系，并提供制度上的保障。

（3）建立个人信用查询系统，实现个人信用信息共享。充分利用现代化的科技成果，成立全国性个人信用数据交换中心，建立健全社会信用网络查询系统。依据

客观、公正、独立的原则，培育个人信用调查与评价的中介机构，建立起个人信用记录档案，以对整个信用做出整体评价。全社会每个有经济活动的人都将拥有一个信用记录号码，这个号码可以对应一张或多张信用卡，人们的每一笔收入、纳税、借贷、还款等都将通过这一号码记录在案。人们在从事求职、领取工资、租房、纳税等经济活动时都要出示和登记这个号码，以强调个人的信用行为，这将是一个人的"经济信用身份证"。当个人需要贷款时，只要出示号码，银行和其他金融机构就可以通过这一"经济信用身份证"查询所需资料，起到防范金融风险的作用。同时，应建立一个全社会共享的、公正的个人资信咨询网络，使跨行业、跨系统的资源实现共享。采取有效措施，将我国银行、证券公司、保险公司、工商、税务等部门的开放数据建立起统一的数据检索平台，使个人的经济活动、资产负债情况都能迅速得到查证。实现全国个人信用信息共享，建立起一个社会共享，覆盖全国，联系所有银行网点的庞大计算机个人资信征询网络，使个人信用信息网络化，实行全国联网、全国监控。

汽车消费信贷必须强调以个人信用管理为业务核心，要具备一整套完整的、有效的个人信用管理技术和办法，通过社会专业分工，切实保障资金的安全性。建立一套完善、科学的个人信用管理系统，健全风险监控体系，是汽车消费信贷业务发展的关键。

**2. 制定与个人信用体系相配套的法律、法规**

汽车消费信贷的主要服务对象为个人，但目前我国对个人消费信贷尚未有一套完整的法律法规与之配套。根据国外发展消费信贷的经验，健全的消费信贷法律法规体系，对消费信贷业务的全面发展具有极其重要的作用。目前我国现有的相关法律法规无法满足汽车消费信贷业务的发展要求，迫切需要尽快出台新的相关规定，为各金融机构开展业务提供切实可行的法律标准和行为规范，重新树立市场行为规则。

2003年10月3日和11月12日，《汽车金融公司管理办法》及《汽车金融公司管理办法实施细则》颁发，2004年10月1日，新的《汽车贷款管理办法》开始施行。以此来明确银行、汽车经销商、保险公司、担保公司及个人的权利与义务，规范各自的行为，保护各方合法权益，促使汽车消费信贷业务的操作做到有法可依、违法必究。有了我国个人汽车消费信贷的法律和法规，但还需继续完善，在借鉴国外分期付款制度的基础上，结合我国目前汽车消费市场的实际情况，应逐步制定和完善与分期付款购车相关的法律法规。如《民法通则》《经济合同法》《担保法》《商业银行法》以及汽车管理条例，商品分期付款销售法则条例，汽车分期付款管理办法和旧车回收拍卖法等。

增强法律意识，加强执法力度，提高执法效率，解决管理低效问题，也是完善法律制度建设的重要保障。

**3. 平衡汽车价格，减少相关赋税**

我国加入 WTO 后，根据协议，我国的汽车关税税率每年分阶段削减。就是说，随着关税的逐步降低，进口车和国产车的价格都会下降，汽车价格会越来越低。为了让中国的汽车生产商在竞争环境中学会生存，要改革汽车价格的生产成本定价方式，引入竞争机制，通过引进技术，提高劳动生产率和增加技术含量，努力生产拥有自主知识产权的民族品牌汽车，以降低生产成本，逐步实现根据市场需求定价的方式，并以此与国外汽车抗衡。这是对汽车生产企业最好的保护，也是扩大汽车消费信贷的重要步骤。

目前私人购车在车外手续和费用方面面临诸多限制和不便，由于汽车消费信贷条件和手续繁多，私人购车在付款方面受到一定制约。为此，需要对购车所需的各种繁杂的费用和手续进行一定减免，并鼓励各商业银行积极开展汽车消费信贷业务，放宽贷款条件，简化贷款手续。针对汽车消费中的高额税费负担问题，实行养路费、附加费、运管费等改为燃油税，我国已从 2009 年 1 月 1 日起实行燃油税，改一次高额支付为长期性支付，减轻购车者负担，从而使各种限制消费的措施变为鼓励消费的政策。积极培育汽车消费市场，为汽车消费信贷的开展营造良好的社会环境，扩大汽车需求。

## 第四节 汽车保险

### 一、汽车保险的发展

汽车保险是近代发展起来的，它最早起源于英国，随后在美国、日本、欧洲的其他国家得到快速发展。汽车保险的承保业务是在早期的水险、火险、盗窃险和综合责任的承保实践中逐渐形成和完善的。

汽车保险业务的发展对于汽车工业的发展起到了有力的推动作用，车主给汽车投保，在一定程度上减轻了车主在使用汽车的过程中对可能出现风险的担心，也可以提高车主遭遇汽车事故时可能出现的承担对第三者责任赔偿的能力。从某种意义上来说，汽车保险稳定了社会关系和公共秩序。

随着世界汽车业的飞速发展，汽车保险已成为世界保险业的主要业务险种之一。目前，美国是世界上汽车保费收入最多、保险市场发育最完善的国家；日本的汽车保有量仅次于美国，汽车保费收入居世界第二位。20 世纪 70 年代末期，汽车保险费用已占到整个财产保险费用的 50% 以上。

我国的汽车保险业务经历了一个曲折的发展过程。20 世纪 50 年代初，刚成立不久的中国人民保险公司开办了汽车保险业务。不久，国内对第三者责任保险产生争议，有观点认为：对肇事者予以经济补偿，会导致交通事故增加，产生负面影响。1955年，中国人民保险公司停止了汽车保险业务的开展。直到20世纪70年代中期，为了满足各国驻华使领馆等外国人对汽车保险业务的需要，国内开始办理以涉外业务为主的汽车保险。1980年我国恢复国内保险业务，汽车保险也随之恢复，并于1983年11月将汽车保险更名为机动车辆保险，使其具有更广泛的适用性。

国内保险业务恢复后，我国国内和涉外汽车保险业务都有了迅速发展。1986年10月，我国第一家股份制银行——交通银行成立不久，其在上海的分行开始经营保险业务，从而打破了我国保险市场上独家经营保险业务的局面。1991年4月，中国太平洋保险公司在上海成立。1988年3月，经中国人民银行批准，我国第一家股份制保险企业——平安保险公司在深圳成立；1992年9月，公司更名为中国平安保险公司，经营区域扩大到全国，成为我国第三家全国性、综合性的保险公司。20世纪90年代以后，我国保险市场主体发展迅速。大众、华安、新华、泰康、华泰等十几家全国性或区域性的专业保险公司进入保险市场。1992年，随着我国改革开放的力度进一步加大，中国保险业开始对外开放。美国友邦保险公司、日本东京海上火灾保险公司等多家外资保险公司获准在我国营业。截止到2007年年底，我国保险公司数量为107家，保险中介机构2 331家，保险代理机构1 688家，保险经纪机构318家，保险公估机构250家，保险从业人员近200万人，保险总资产超过3万亿元。

1980年至1999年的20年间，全国保险市场承保的汽车从7 922辆迅速上升到1 494.47万辆，总保险费也从728万元猛增到306.8亿元。到1999年，汽车保险保费已经占到总保险费的58.8%，赔款支出人民币170.9亿元，赔付率为55.7%。2000年以来，汽车保险费收入已占财产保险费收入的60%以上。与此同时，我国汽车保险的条款、费率及管理也日益完善。1998年11月中国保监会成立以后，进一步完善了汽车保险的条款，加大了对于费率、保险单证以及保险人经营活动的监管力度，加速建设并完善了汽车保险中介市场，对全面规范保险市场，促进汽车保险业务的发展起到了积极的作用。

2014年7月，保监会向各财险公司发布了《关于深化商业车险条款费率管理制度改革的指导意见（征求意见稿）》，拟将商业车险费率分为基准纯风险保费、基准附加费用、费率调整系数三个部分计算，并要求保险行业协会按照大数法则，建立商业车险损失数据的收集、测算、调整机制，动态发布商业车险基准纯风险保费表。商业车险费率市场化改革已于2015年4月1日正式在黑龙江、山东、广西、重庆、陕西和青岛6个保监局所辖地区试点运行。

## 二、汽车保险的特点与作用

汽车保险属于财产保险的一种，它是以机动车辆本身及机动车辆的第三者责任为保险标的的一种运输工具保险。

汽车保险的特点主要有：机动车辆的对象具有广泛性和差异性；机动车辆保险标的具有流动性；相对于其他的财产保险而言机动车辆保险出险频率高；机动车辆保险的第三者责任险的目的在于维护社会公众的利益。

汽车保险的作用表现在：解除企业与个人对使用汽车过程中可能出现的风险的担心，一定程度上提高了消费者购买汽车的欲望，一定程度上扩大了对汽车的需求；汽车保险既有利于社会稳定，又有利于保障保险合同当事人的合法权益；出于汽车保险业务经营管理成本考虑，一定程度上促进了汽车安全性能的提高。

## 三、汽车保险的种类

我国汽车保险又称为机动车辆保险，不仅是运输工具保险中最主要的险种，也是整个财产保险中最重要的业务来源。1988年11月1日我国开始执行统一的《机动车辆保险条款》。为履行我国加入WTO的承诺，保监会宣布从2003年1月1日起，停止执行《机动车辆保险条款》，而由各保险公司根据自身的实际情况，自行制定并执行各自的机动车辆保险条款和费率。

2003年启用的机动车辆保险条款具有细分市场需求、细分客户群体、细分风险特性，实行个性化产品、差别化费率等特点，以满足客户的多元化需求。条款中，既有按客户种类和车辆用途划分的家庭自用、非营业、营业三大类客户群为主的汽车损失主险条款，又有按车辆类型划分的特种车辆、摩托车、拖拉机专用条款。2003年机动车辆保险条款和费率开放后，各保险公司为了满足机动车辆保险客户的需求，扩大市场份额，提高市场占有率和服务质量，也纷纷推出新的附加险品种，使机动车辆保险附加险大为增加。

2006年7月1日，机动车交通事故责任强制保险（简称交强险）实施后，商业车险随之变化。根据保障的责任范围，目前我国车险行业产品体系可分为交强险和新商业车险两大类。除附加险种仍由各财产保险公司差异化经营外，商业车险市场上施行行业协会统一条款。

2012年3月8日，保监会发布《关于加强机动车辆商业保险条款费率管理的通知》，开启了商业车险改革进程。2014年7月，保监会向各财险公司发布了《关于深化商业车险条款费率管理制度改革的指导意见（征求意见稿）》。2015年2月，保监会印发《关于深化商业车险条款费率管理制度改革的意见》，提出以行业示范条款为主体，创新型条款为补充，建立标准化、个性化并存的商业车险条款体系；以大数法则为基础，市场化为导向，逐步扩大财产保险公司商业车险费率厘定自主权；以动态监管为重点，偿付能力监管为核心，加强和改善商业车险条款费率监管的目标。2015年3月，保监会印发《深化商业车险条款费率管理制度改革试点工作方案》，提出商业车险改革的时间表和路线图。我国商业车险费率市场化改革正式启动。今后，保监会将在总结商业车险改革试点经验的基础上，修订完善车险改革方案，并分步骤、分阶段放开企业定价自主权。

**1. 交强险**

交强险是我国首个由国家法律规定实行的强制保险制度。《机动车交通事故责任强制保险条例》规定：交强险是由保险公司对被保险机动车发生道路交通事故造成受害人（不包括本车人员和被保险人）的人身伤亡、财产损失，在责任限额内予以赔偿的强制性责任保险。交强险是责任保险的一种。目前现行的商业机动车第三者责任保险（简称三者险）是按照自愿原则由投保人选择购买。在现实中，商业三者险投保比例比较低，根据2005年的统计约为35%，致使发生道路交通事故后，有的因没有保险保障或致害人支付能力有限，受害人往往得不到及时的赔偿，也造成大量经济赔偿纠纷。因此，实行交强险制度就是通过国家法律强制机动车所有人或管理人购买相应的责任保险，以提高三者险的投保面，在最大程度上为交通事故受害人提供及时和基本的保障。

**2. 机动车损失保险**

机动车损失保险又称车辆损失险，简称车损险，是保险人对于被保险人承保的汽车，因保险责任范围内的事故所致的毁损予以赔偿的保险。由于涉及保险汽车的意外事故很多，各国为扩大对被保险人的保障，一般提供综合保险。针对一些损失频率很高的危险事故，有时会被列为独立险种。例如，美国和日本的车辆损失险包括碰撞损失险和汽车综合损失险（非碰撞损失险），全车盗抢险作为车辆损失险的附加险单独列出。

**3. 机动车第三者责任保险**

机动车第三者责任保险是指被保险人或其允许的合格驾驶员，在使用保险汽车过程中发生意外事故，致使第三者遭受人身伤亡或财产的直接损毁，依法应当由被保险人支付的赔偿金额，保险人依法给予赔偿的一种保险。由于汽车的第三者损失对象既有人身伤亡又有财产损失，所以汽车责任保险又分为第三者伤害责任保险和第三者财产损失责任保险。机动车第三者责任保险有代替被保险人承担经济赔偿责任的特点，是为无辜的受害者提供经济保障的一种有效手段。对于以"过失主义"为基础的汽车保险制度，一般遵循"无过失就无责任，无损害就无赔偿"的原则，所以当被保险人负有过失责任，或者第三者有由过失直接造成的损害发生时，保险人才能依据保险合同予以赔偿。

**4．机动车上人员责任保险**

机动车上人员责任保险是指发生意外事故，造成保险车辆上人员的人身伤亡，依法应由被保险人承担的经济赔偿责任，保险人负责赔偿。另外，保险车辆发生意外事故，导致车上的驾驶员或乘客人员伤亡造成的费用损失，以及为减少损失面支付的必要合理的施救、保护费用，由保险公司承担赔偿责任。目前，在投保车险时，被保险人大多选择投保机动车损失险、第三者责任险以及盗抢险，但对自身的安全隐患认识不足，对车上人员责任险较少投保，一旦发生交通事故导致驾驶员或车上人员受伤，将无法得到保险公司赔偿。因此，应考虑车上人员责任险或者人身意外伤害保险，以更有效地使驾驶员及同车人员拥有保险保障。

**5．附加险**

为了满足被保险人对与汽车有关的其他风险的保险要求，保险人常提供附加险供被保险人选择。附加险不能单独承保，必须在购买了相应主险的基础上，根据被保险人的意愿选择性地投保。这些附加险种一般包括玻璃单独破碎险、盗抢险、自燃损失险、车身划痕损失险、不计免赔特约险、可选免赔额特约险、机动车停驶损失险、新增加设备损失保险、发动机特别损失险、代步机动车服务特约险、更换轮胎服务特约险等附加险供被保险人选择。商业保险条款主险和附加险关系如表11-4所示。

表 11-4 商业保险条款主险和附加险关系

| 主险 | 车损险 | 三者险 | 车损险 + 三者险 | 三者险 + 车上人员责任险 |
|---|---|---|---|---|
| 附加险 | 玻璃单独破碎条款<br>盗抢险条款<br>自燃损失险条款<br>车身划痕损失险条款<br>不计免赔率特约条款<br>可选免赔额特约条款<br>机动车停驶损失险条款<br>新增加设备损失保险条款<br>附加换件特约条款<br>送油、充电服务特约条款<br>拖车服务特约条款<br>更换轮胎服务特约条款<br>代步机动车服务特约条款<br>发动机特别损失险条款<br>随车行李物品损失保险条款<br>新车特约条款 | 不计免赔率特约条款 | 附加油污染责任保险条款、附加机动车出境保险条款、异地出险住宿特约条款 | 附加交通事故精神损害赔偿责任保险条款 |

## 四、汽车保险业务的运行原则

汽车保险与理赔的过程中，要遵循的基本准则是汽车保险业务的运行原则，它集中体现了汽车保险的本质和精神，既是汽车保险立法的依据，又是汽车保险活动必须遵循的准则。汽车保险业务的运行原则包括保险利益原则、最大诚信原则、近因原则、损失补偿原则、分摊原则及代位追偿原则六个方面。

保险利益原则是指投保人或被保险人对保险标的具有法律上承认的经济利益，保险利益原则在汽车保险合同的订立、履行过程中有不同的适用要求。投保人必须要对保险标的具有保险利益才能投保相应的险种，否则保险人可单方面宣布保险合同无效；当保险合同生效后，若被保险人对保险标的不具备保险利益，则保险合同失效；发生保险事故时，被保险人不得获得高于保险利益的赔偿。

最大诚信原则是要求双方当事人对于与保险标的有关的重要事实，不隐瞒、不虚报、不漏报或欺诈，以最大诚信的态度全面履行各自的义务，以保证对方权利的实现。所谓的重要事实是指那些足以影响保险人判别风险大小、确定保险费率或影响其决定承保与否及承保条件的每一项事实。遵守最大诚信原则，在投保人一方体现为投保人的告知、保证义务；在保险人一方体现在弃权、禁止反言等方面，违反最大诚信原则要受到相应的处理。若投保人违反如实告知义务，则保险人可以视情况决定是否从违约开始废止保险合同或拒绝赔付。若保险人违反如实说明义务，则责任免除条款不发生效力。如果保险人已经弃权，那么其后果是保险人将丧失基于被保险人的某特定违约行为而产生的合同解释权和抗辩权。

近因原则是指造成保险标的损害的直接、有效、起决定性作用的危险因素或危险事故。损害结果必须与危险事故的发生具有直接的因果关系，若危险事故属于保险人责任范围的，保险人就赔偿或给付。在实际生活中损害结果可能由单因或多因造成，因此需要理赔人员很好地运用近因原则，做出公正合理的判断。

损失补偿原则是财产保险特有的原则，是指保险事故发生后，保险人在其责任范围内，对被保险人遭受的实际损失进行赔偿的原则。损失补偿原则限制了保险理赔的金额必须以保险价值或实际损失为限额，促进保险费的合理性，防止和减少道德危险因素与赌博行为。汽车的损失赔偿方式一般有货币赔偿、修复或重置。

分摊原则是损失补偿原则的派生原则，仅适用于财产保险业务中的重复保险。分摊原则是指投保人对同一标的、同一保险利益、同一保险事故分别与两个以上保险人订立保险合同的，构成重复保险。分摊的方式一般采用比例责任制和超额赔偿制。

代位追偿又称权利代位，是保险损失补偿原则的一派生原则。代位追偿是指在财产保险中，由于第三者的过错致使保险标的发生保险责任范围内的损失，保险人按照保险合同的约定给付了保险金后，保险人取得被保险人作为受害人的地位，行使向致害人进行民事侵权索赔的权利。代位追偿权的产生应具备三大条件：其一，保险标的的损失必须是由第三者造成的；其二，造成保险标的的损失是保险责任范围内的风险因素；其三，保险人向被保险人给付保险金之后。代位追偿的对象和范围方面也有具体规定。

# 第十二章　二手车与汽车再生

## 第一节　二　手　车

### 一、二手车定义

二手车，英文译为"Second Hand Vehicle"或"Used Car"，意为"第二手的汽车"或"使用过的汽车"。二手车概念的定义依据来源于2005年10月1日由商务部、公安部、国家工商总局、国家税务总局联合发布的2005年第2号《二手车流通管理办法》。在《二手车流通管理办法》总则的第二条中首次提出了二手车的概念：二手车是指从办理完注册登记手续到达到国家强制报废标准之前进行交易并转移所有权的汽车（包括三轮汽车、低速载货车，即原农用车）、挂车和摩托车。

《二手车流通管理办法》取代了1998年出台的《旧机动车交易管理办法》。在以往的国家正式文件上，一直没有出现过"二手车"，有的只是"旧机动车"。在《二手车流通管理办法》中，首次明确了"二手车"的内涵与"旧机动车"相同。尽管只是提法上的不同，但是"旧机动车"容易使人觉得车辆破旧，在一定程度上影响了购车人的消费情绪；而"二手车"的提法则更中性，不但通俗易懂，而且与国际惯例接轨。

### 二、二手车交易

公安部交管局统计数据显示，截至2017年年底，全国汽车保有量达2.17亿辆，随着我国汽车产销量的持续递增，二手车市场潜力巨大。

**1. 我国二手车市场的发展历程**

我国二手车市场从20世纪80年代发展至今，已经有30多年的历史，其发展历程大体上可分为六个阶段：

第一阶段为市场孕育阶段（1985年以前）。我国处于计划经济时期，国家对汽车生产、分配和消费实行计划管理，产量和保有量很低，党、政、军机关、国有企业、事业单位为消费主体。由于汽车消费主体单一，在车辆使用方面基本上是从新车开始一直使用到报废，二手车交易少，市场化交易方式尚未形成。

第二阶段为市场形成阶段（1985—1992年）。国家经济体制由计划经济向有计划的商品经济过渡，一部分率先富裕起来的人加入汽车消费群体，二手车流通需求出现，二手车交易量呈缓慢上升趋势。

第三阶段为市场规范化阶段（1993—1998年）。党的十四届三中全会通过了《中共中央关于建立社会主义市场经济体制若干问题的决定》，以市场为导向的经济体制改革的步伐加快，人民生活水平得到较大幅度提高，社会购买力大大增强，汽车消费已成为高收入阶层的消费时尚。与此同时，二手车的高额经营利润，吸引了大批企业进入二手车流通领域，极大地激发了二手车市场的活力。为了加强二手车流通管理，规范二手车交易行为，1997年和1998年，原国内贸易部先后出台了《关于加强旧机动车流通行业管理的意见》（内贸函机字〔1997〕第559号）和《旧机动车交易管理办法》（内贸机字〔1998〕第33号），初步实现了由分散交易向集中交易、无序交易向有序交易的转变。

第四阶段为市场调整阶段（1998—2005年）。在扩大内需、刺激消费的政策鼓励下，国家加大了对二手车市场的扶持力度，规范了车辆交易秩序和登记管理，调整了私人车辆使用年限和二手车税收政策，二手车交易量以高于25%的增长率逐年递增。据国家统计局有关数据显示，2004年，全国二手车交易市场共有427家，共交易二手车134.08万辆，同比增长20.21%，交易量约占当年新车交易量的30%，交易额突破500亿元。这一时期全国二手车市场的分布情况是：30%的二手车市场位于省会城市，41.5%位于地级城市，28.5%位于县级城市；各级市场的二手车交易量分别占总交易量的65%，32%，3%。全国约有8 000人从事二手车交易管理工作，4万人从事二手车经营活动。

第五阶段为市场提升阶段（2006—2015年）。鉴于二手车市场在我国极具发展潜力，培育和发展好这一市场，既可拉动二手车的消费，服务于民众，同时又能增加国家税源，是一项利国利民的大事。在《旧机动车交易管理办法》经过几年的运行和调整后，国家商务部、公安部、工商总局、税务总局根据二手车市场在调整时期积累的经验，于2005年8月29日出台了《二手车流通管理办法》（简称《办法》）。新《办法》从根本上解决了过去在二手车市场经营过程中出现的经营主体单一、交易行为不规范、鉴定评估随意性大、缺乏完善的市场网络信息等问题。新《办法》的颁布和实施，有效地推动了我国二手车市场的健康、有序发展。

第六阶段为市场蓬勃发展阶段（2016年至今）。鉴于二手车交易不便利、信息不透明等问题制约了二手车消费。为便利二手车交易，繁荣二手车市场，为新车消费创造更大的市场空间，同时带动汽配、维修、保险等相关服务业发展，2016年3月14日国务院办公厅出台了《关于促进二手车便利交易的若干意见》，要求营造二手车自由流通的市场环境，各地人民政府不得制定实施限制二手车迁入政策，开展一站式服务，加快完善二手车流通信息平台，加强二手车市场主体信用体系建设，优化二手车交易税收政策，加大金融服务支持力度，积极推动二手车流通模式创新，完善二手车流通制度体系建设等。而"限迁"政策在部分省市的取消带动了二手车市场的蓬勃发展。2016年全年中国二手车交易量累计同比增长10.33%，达1039.07万辆，首次突破千万级大关。随着中国汽车普及率和平均车龄的提高，未来中国二手车交易量将以远超过新车交易量增加的速度增长。在政策层面，调整二手车增值税降低了二手车业务经营赋税，进一步激发二手车市场的释放。同时，国家二手车检测标准、临时产权制度等制度的出台，对规范二手车市场的车况检测、过户规范、简化交易过户流程等方面，均起到了较好的促进作用。根据中国汽车流通协会预计，到2020年中国二手车交易规模有望与新车交易量持平，达到2920万辆，超过万亿元的市场规模。

**2. 我国二手车交易市场存在的问题**

尽管我国二手车交易市场已发展到一定规模，但目前仍存在八大方面的问题：

（1）二手车交易市场缺乏高起点、全方位的规划和规范管理，市场的功能单一，仅仅是办理过户的场所，缺乏必要的服务功能、服务设施和服务手段，而有的几乎没有任何售后服务，造成二手车的交易无任何保证，消费者的利益得不到保障，群众认为有市场和无市场效果都一样，反馈的各种意见层出不穷。

（2）受新车频繁降价的影响，二手车经营风险增加。生产厂商还是应该按照市场发展规律来制订促销计划，而不是大幅降价来吸引消费者，尽量减少对二手车交易的影响。

（3）二手车法规严重滞后，实效性不足。各地二手车交易政策措施不够统一，既没有较科学、较统一的收费标准，甚至也没有较统一的交易凭证，形成各自为政的现象。

（4）行业诚信缺乏有效监督，由于各种原因形成的同一地方多家二手车交易市场之间恶性竞争，相互压价现象十分严重，不利于二手车市场的整体发展。

（5）交易不规范，缺乏相关行业标准。虽然各城市都有合法的二手车交易市场，但二手车流通的渠道仍十分复杂，场外交易、私下交易，甚至违法交易的行为仍十分普遍。

（6）二手车价值评估随意性较大，中国目前没有完整统一的二手车价值评估标准和汽车残值发布制度，二手车鉴定估价师的素质参差不齐，许多人对汽车并没有较为深刻的了解，车辆评估仅仅是玩弄一种数字游戏，停留于靠电脑打单的水平，许多评估结论并不能真正反映车辆的价值，评估没有充分体现公开、公平、公正的原则，给二手车交易的成功带来阻碍。

（7）缺乏真正意义上的二手车经销商，目前的相关政策限制了大部分汽车经销商开展二手车经营业务。

（8）尚无完善的全国二手车交易市场信息网络系统。二手车市场缺乏统一的市场网络，致使二手车信息资源闭塞，无法进行全国性、地区性的资源调剂，使各地二手车市场无法开展交流合作，阻碍了二手车市场的发展。

### 三、二手车评估

为了促进我国二手车市场的发育和发展，确保二手车交易市场的正常运作，使消费者买到放心的二手车，二手车评估已成为二手车市场不可缺少的功能项目，起着重要作用。

**1. 二手车评估定义**

二手车评估是指依法设立，具有职业资质的二手车评估机构和二手车评估人员，接受国家机关和各类市场主体的委托，按照特定的目的，遵循法定或公允的标准和程序，运用科学的方法，对经济和社会中涉及的二手车所进行的技术鉴定，并根据鉴定结果对二手车在鉴定评估基准日的价值进行评定估算的过程。

**2. 二手车评估的特点**

二手车作为一类资产，既是生产资料，也是消费资料。作为生产资料是用于生产或经营的车辆，其特征是有明显的价值转移，对产权所有者产生收益，如营运载货车、客车，工厂用于生产使用的叉车，工程上用于生产使用的挖掘机等。作为家庭的消费资料是一般家庭中仅次于房产的第二大财产，用于生活和生产服务，以交通代步为主的车辆，其特征是没有明显的价值转移，对所有者不产生经济收益，车辆价值随使用年限及使用里程数的增加而消费掉。

二手车自身有着这样几个特点：

（1）其单位价值大、使用时间长。

（2）和房地产一样，有权属登记，其使用管理严格，税费附加值较高。

（3）其使用强度、使用条件、维护保养水平差异较大，并有较高的技术含量。

由于二手车有其自身特点，从而决定了二手车评估的特点，主要特征如下：

（1）二手车评估以技术鉴定为基础。由于机动车本身具有较强的工程技术特点，其技术含量较高。机动车在长期的使用中，由于机件的摩擦和自然力的作用，而处于不断磨损的过程中。随着使用里程和使用年数的增加，车辆实体的有形损耗和无形损耗加剧；其损耗程度的大小，因使用强度、使用条件、维修保养等水平而差异很大。因此，评定车辆实物和价值状况，往往需要通过技术检测等技术手段来鉴定其损耗程度。

（2）二手车评估都以单台为评估对象。由于二手车单位价值相差比较大、规格型号多、车辆结构差异很大，为了保证评估质量，对于单位价值大的车辆，一般都是分整车、分部件逐台、逐件地进行鉴定评估；为了简化鉴定评估工作程序，节省时间，对于以产权转让为目的、单位价值小的车辆，也不排除采取"提篮作价"的评估方式。

(3) 二手车评估要考虑其手续构成的价值。由于国家对车辆实行"户籍"管理，使用税费附加值高。因此，对二手车进行鉴定评估时，除了估算其实体价值以外，还要考虑由"户籍"管理手续和各种使用税费构成的价值。

**3. 二手车评估程序**

二手车评估作为一个重要的专业领域，情况复杂、作业量大。在进行二手车评估时，应分步骤、分阶段地实施相应的工作。从专业评估角度而言，二手车评估大致要经历八个阶段，二手车评估基本阶段如图 12 – 1 所示。

**4. 二手车评估方法**

对二手车进行评估，按照国家规定，通常有重置成本法、现行市价法、收益现值法和清算价格法四种方法。

图 12 – 1  二手车评估基本阶段

(1) 重置成本法。重置成本法是指在现时条件下重新购置一辆全新状态的被评估车辆所需的全部成本（即完全重置成本，简称重置全价），减去该被评估车辆的各种陈旧贬值后的差额作为被评估车辆现时价格的一种评估方法。

重置成本法的基本计算公式可表述为：

被评估车辆的评估值 = 重置成本 – 实体性贬值 – 功能性贬值 – 经济性贬值

或者

$$被评估车辆的评估值 = 重置成本 \times 成新率$$

重置成本法的理论依据是：任何一个精明的投资者在购买某项资产时，它所愿意支付的价钱，绝对不会超过具有同等效用的全新资产的最低成本。如果该资产的价格比重新建造或购置一全新状态的同等效用的全新资产的最低成本高，投资者肯定不会购买这项资产，而会去新建或购置全新的资产。也就是说，待评估资产的重置成本是其价格的最大可能值。

采用重置成本法的优点是：比较充分地考虑了车辆的损耗，评估结果趋于公平合理；有利于二手车的鉴定评估；在不易计算车辆未来收益或难以取得市场参照物条件下可广泛应用。缺点是工作量较大，且经济性贬值不易准确计算。

(2) 现行市价法。现行市价法又称市场法、市场价格比较法，是指通过比较被评估车辆与最近售出类似车辆的异同，并将类似车辆的市场价格进行调整，从而确定被评估车辆价值的一种评估方法。现行市价法是最直接、最简单的一种评估方法。

现行市价法的基本思路是：通过市场调查选择一个或几个与被评估车辆相同或类

似的车辆作为参照物,分析参照物的构造、功能、性能、新旧程度、地区差别、交易条件及成交价格等,并与被评估车辆——对照比较,找出两者的差别及差别所反映的在价格上的差额,经过调整,计算出旧机动车辆的价格。

采用现行市价法的优点是:能够客观反映旧机动车辆目前的市场情况,其评估的参数、指标直接从市场获得,评估值能反映市场现实价格,其结果易于被各方面理解和接受。

采用现行市价法的缺点是:需要公开及活跃的市场作为基础,然而我国二手车市场发育不完全、不完善。寻找参照物有一定的困难,可比因素多而复杂,即使是同一个生产厂家生产的同一型号的产品,同一天登记,由于不同的车主使用,其使用强度、使用条件、维护水平等多种因素的作用,其实体损耗、新旧程度都各不相同。

现行市价法要求评估人员经验丰富,熟悉车辆的评估鉴定程序、鉴定方法和市场交易情况,这样采用现行市价法评估时间会很短。因此,该方法特别适合于成批收购、鉴定和典当。单件收购估价时,还可以讨价还价,达成双方都能接受的交易价格。

(3) 收益现值法。收益现值法是将被评估的车辆在剩余寿命期内的预期收益,折现为评估基准日的现值,借此来确定车辆价值的一种评估方法。也就是说,现值在这里被视为车辆的评估值,而且现值的确定依赖于未来预期收益。

收益现值法的原理是基于这样的事实,即人们之所以占有某车辆,主要是考虑这辆车能为自己带来一定的收益。如果某车辆的预期收益小,车辆的价格就不可能高;反之车辆的价格肯定就高。投资者投资购买车辆时,一般要进行可行性分析,其预计的内部回报率只有在超过评估时的折现率时才肯支付货币额来购买车辆。应该注意的是,运用收益现值法进行评估时,是以车辆投入使用后连续获利为基础的。在机动车的交易中,人们购买的目的往往不是在于车辆本身,而是车辆获利的能力。因此,该方法较适用于投资营运的车辆。

采用收益现值法的优点是:与投资决策相结合,容易被交易双方接受;能真实和较准确地反映车辆本金化的价格。

采用收益现值法的缺点是:预期收益额预测难度大,受较强的主观判断和未来不可预见因素的影响。

(4) 清算价格法。清算价格法是以清算价格为标准,对二手车进行的价格评估。所谓清算价格,是指企业由于破产或其他原因,要求在一定的期限内将车辆变现,在企业清算之日预期出卖车辆可收回的快速变现价格。

清算价格法的原理基本与现行市价法相同,所不同的是迫于停业或破产,清算价格往往大大低于现行市场价格。这是由于企业被迫停业或破产,急于将车辆拍卖、出售。

## 第二节 汽车再生

### 一、汽车再生简介

我国的汽车保有量正在迅速增加，每年的汽车报废量也随之增加，因此，报废汽车的再生利用问题也就越来越紧迫。汽车工业要可持续发展，需要解决材料的循环再生利用问题，这是 21 世纪对汽车工业发展提出的新的战略要求。近年来，全球每年报废汽车为 5 000 万～6 000 万辆，汽车报废与回收不仅是实现汽车产业循环经济的一个重要环节，而且也是具有潜力的可循环利用的再生资源。报废汽车的回收利用是一个涉及面很广的系统工程，既需要政府通过完善的法规加强宏观调控，又需要市场合理配置资源。面对当今的汽车工业，汽车回收已成为一个必然面对的问题。

**1. 汽车再生含义**

汽车再生是汽车再生资源利用工程的简称，是对废旧汽车进行资源化处理的活动。它主要包括对废旧汽车所进行的回收、拆解及再利用等生产过程。

在汽车工业发达的西方国家，汽车制造商及环保部门已日益重视废旧汽车的回收，并正在形成一个颇为诱人的新兴产业。诚然，西方发达国家的汽车制造商对报废汽车回收业格外"青睐"，除了回收零部件再制造可获得丰厚利润外，很大程度上是基于各国环保政策的约束。随着各国"生产者负责法"的制定与实施，制造商担负起双重职责：既要对汽车的生产制造负责，也要对汽车的报废回收负责。因此，制造商做研发时必须考虑产品的可回收利用性，以保证上万个零部件都易于再利用。

随着中国经济快速持续发展，人们消费水平提高，汽车产品更新换代的频率将加快。但是，必须面对自然资源日益匮乏和汽车等机电产品报废量激增的现实。同时，如果废旧汽车等产品不能及时有效地实现资源化，也将成为环境公害之一。汽车行业作为国民经济的支柱产业，其循环经济的发展已引起社会的高度关注。汽车再生工程以汽车再生资源综合利用为目的，是汽车行业发展循环经济的重要途径之一。

**2. 汽车再生的现实意义**

随着我国汽车产业的发展，产品制造消耗大量资源，因此，资源的减少和环境的污染，势必将制约汽车工业的长足发展。对废旧汽车零部件和材料的再使用（reuse）、再制造（remanufacture）和再利用（recycling），实现汽车再生可以很好地保护环境和节约资源。汽车消费逐年增加，每年将有占保有量 7%～10% 的车辆达到报废期限。如果这些废旧车辆不能被有效地处置，将形成对自然环境十分有害的固体污染源。废旧汽车中可再使用、再制造和再利用的零部件，是数量巨大的再生资源。如果这些部分不能有效地再生利用，将是资源的浪费。为此，各国政府都发布了相应的技术标准和指令，鼓励废旧汽车回收利用企业积极开展汽车再生资源利用活动。

## 二、废旧汽车回收

**1. 汽车回收特性**

废旧汽车回收作为汽车寿命周期的一个阶段，对整个汽车寿命周期过程具有重要影响。

（1）回收利用的初始性。产品回收是指废旧产品的收集过程，称为废旧产品收购或废旧产品收集。收集或收购报废汽车的活动是汽车再生资源利用物流过程的开始，决定着可进行资源化的废旧汽车数量。

（2）回收物流的逆向性。产品回收业被称为"静脉产业"，这形象地反映出废旧汽车回收是"多对一"和"分散到集中"的物流过程。它与汽车产品的销售物流过程相反，是逆向物流过程。

（3）回收活动的约束性。废旧汽车的回收活动受到法律法规的制约。我国国务院于2001年颁布了《报废汽车回收管理办法》，规定对报废汽车的回收行业实行特种行业管理，报废汽车回收利用企业资格认定制度，并规定报废车只能由指定的回收企业收集和解体。

（4）回收效益的市场性。尽管报废汽车回收活动具有直接的社会效益，但是其回收经济效益又取决于市场规律。

**2. 汽车回收付费机制**

（1）交易制。政府对报废汽车回收付费方式无强制规定。有关报废汽车的回收是采取有偿回收或报废的交易方式，即视回收车辆的状态来决定是由车主付费报废，还是由企业付费回收。在英国、法国和德国等国曾经实行交易制回收方式。

（2）基金制。政府通过制定法律或管理文件的形式，对有关报废汽车回收的方法、内容、程序和付费方式等做出规定，所有汽车报废回收处理费用在车主购车或注册时以基金方式支付，并由基金会依法进行管理。在日本、荷兰和瑞典等国实行基金制回收方式。

（3）补偿制。财政支出汽车报废补贴资金，对按规定报废的车辆进行补偿，车主可以获得一定数量的财政补贴资金。目前，只有我国采用这种制度。

（4）无偿制。无偿制也是生产者责任制。例如，按欧盟报废汽车回收指令的规定，对于2002年7月1日以后的新车及2007年7月1日以后的全部报废汽车，在交给加盟国认定的处理设施处理时，最终所有者不负担回收处理费用，由生产者负担回收处理费用的全部或大部。

### 三、废旧汽车拆解

废旧汽车拆解业务主要包括废旧汽车接收、废旧汽车存放、废旧汽车拆解、拆解物品存储和拆解车体压实,其中,废旧汽车拆解是汽车拆解企业的核心业务。

(1)废旧汽车接收。废旧汽车拆解企业所接收的应是具有《机动车报废证明》的废旧汽车,对报废车辆进行检查确认后才能接收。从接收废旧汽车时起,就必须建立废旧汽车拆解文档。拆解文档的内容应包括车辆识别信息、车辆状态信息、报废证明、拆解日志以及废旧汽车再生利用情况等。

(2)废旧汽车存放。废旧汽车拆解企业必须有足够的区域存放废旧车辆。企业整个区域的面积及其划分应与拆解废旧汽车的数量和拆解车型相协调,一般被分成以下区域:运输区、待拆解区、预处理区、拆解区、零部件存储区、压实区以及辅助区。

废旧汽车存放时,不允许直接地堆放、侧立和倒放。如果采用堆放方法存放车辆,必须确保堆放的稳定性。如果没有保护装置,堆放的数量不得超过 4 辆。车辆放置时,应避免损坏盛装液体的器件及可拆解部件。

拆解企业的运输区、待拆解区、预处理区和拆解区的地面应按照标准进行矿物油污染防护,设置沉井,以符合水保护要求。如果这些区域有篷盖,可以不设置沉井。废旧汽车存放场地必须隔离,未经授权者不能进入。此外,场地必须有足够的灭火器。汽车拆解企业规范存放实例如图 12-2 所示。

图 12-2 汽车拆解企业规范存放实例

(3)废旧汽车拆解。废旧汽车拆解是拆解企业主要的业务内容,包括预处理、拆解和分类三个工作过程。拆解人员必须经过拆解技术培训,获得相应的职业资格。遵守相关的法律法规,掌握拆解作业安全知识,了解环保要求;拆解设备的操作者必须具有劳动部门颁发的操作许可。拆解设备的设计、使用和维护必须满足回收、再生和废弃物填埋要求，以保证公共利益的要求。拆解人员必须按照操作规范手册进行拆解。

预处理作业主要是解决对环境有污染或危害的物质、材料和零部件而进行的无害化和安全化处理。例如，各种废液的集中抽取、安全气囊的处理和氟利昂的回收等。预处理液体抽排如图12-3所示。

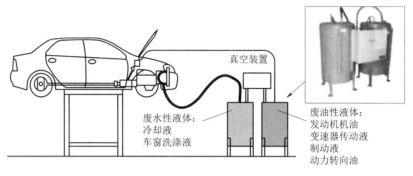

图12-3　预处理液体抽排图

（4）拆解物品存储。拆解物品存储区一般分为可再用件存储区、循环材料存储区、液体存储区、含液体部件存储区、固体废弃物存储区及液体废弃物存储区等。应该有具体的措施保证可回收的部件处于自然状况，并对环境没有任何损坏。这种状态可通过封闭、覆盖、压实等方法进行处理，以保证对土壤和水没有污染。电池应存放在耐酸的容器中，或没有泄漏及排放的耐酸地面上。

（5）拆解车体压实。报废汽车拆解下来的零部件和材料被分类存储后，将剩余的车体压实，以便于将剩余的车体运输到破碎处理厂或剩余物处理场。

## 四、废旧汽车回收利用

### 1. 废旧汽车资源化内涵

废旧汽车资源化是以废旧汽车为再生资源开发对象，在符合法律规章要求及获得合适经济效益的前提下，通过采用新技术与新工艺，最大限度地回收利用可使用零部件、可利用材料及能源物质等具有使用价值财富的工程活动。其目的是节约资源、减少能耗和保护环境，从而支持社会的可持续发展。

汽车制造不仅消耗大量的资源，而且汽车报废还会造成环境污染和资源的浪费。当资源枯竭和环境污染成为制约社会发展的主要问题时，必然对国民经济的增长和人类生活质量的提高产生影响。当以科学发展观开始重新思考资源有效利用问题时，废旧产品的资源化就成为人们必然的选择。废旧物资回收系统被西方发达国家发展成一个集回和收利用为一体的独立产业——再生资源产业，也称为"第四产业"，巨额资金的投入、优惠政策的导向、前沿科技的支持，使其成为全球发展最快的朝阳产业。废旧物资是全球唯一在增长的资源，迟早要取代地下矿物，而成为俯拾即是的"富矿"。

**2. 汽车再生资源利用方式**

废旧汽车资源化及其利用方式主要有再使用、再制造、再利用及能量回收4种。再使用和再制造是废旧汽车产品资源化的最佳形式。虽然受汽车产品设计、制造等多种因素的影响，整车的再使用和再制造的比例还较低，但是某些总成的可再使用和再制造零部件比例还是较高的。再利用即零部件材料的回收是目前整车回收利用的主要方式，是获得资源效益的首选途径。而能量回收是在当前循环利用技术水平低或回收利用经济效益差的条件下，不得已采取的回收利用方式，应尽量限制。根据文献资料统计，3 000台斯太尔WD615型废旧发动机可采用的不同资源化方式的统计结果如表12-1所示。

表12-1 废旧发动机采用的不同资源化方式统计结果（%）

| 资源化方式<br>统计标准 | 再使用 | 再制造 | 再利用 |
|---|---|---|---|
| 零件价值 | 12.3 | 77.8 | 9.9 |
| 零件重量 | 14.4 | 80.1 | 5.5 |
| 零件数量 | 23.7 | 62.0 | 14.3 |

**3. 废旧汽车零部件再使用**

（1）可再使用零部件。根据GB/T 19515—2004/ISO 22628：2002《道路车辆可再利用性和可回收利用性计算方法》术语的定义，再使用是对报废汽车零部件进行的任何针对其设计目的的使用。简单地说，可再使用零部件就是从废旧汽车上拆解下来的，可直接用于同型或同类产品的维修或制造的零部件。

在欧盟报废汽车指令2000/53/EC的第七章"再使用和回收"中，特别强调欧盟成员国应采取必要措施，鼓励零部件的再使用。我国《汽车产品回收利用技术政策》也规定鼓励在汽车装饰、维修和保养中使用可再使用零部件。

（2）可再使用零部件特点。回收拆解后，经检测其技术性能指标仍保持原设计要求，如起动机、动力转向总成和后视镜等总成部件。

回收拆解后，经检测其技术性能主要指标符合原设计要求，并不影响其继续使用，如车门、发动机罩等钣金件。

回收拆解后，其表面虽然有轻微损伤，但结构要素仍保持完整，如前后保险杠、前照灯、组合式尾灯和挡泥板等装饰件。

回收拆解后，经检测其技术性能指标符合原设计要求，并且剩余使用寿命满足使用条件，如传动轴、连接件等零部件。

### 五、汽车再制造

汽车零部件再制造产业的发展有着巨大的市场潜力。2005 年，国务院发布了《关于加快发展循环经济的若干意见》和《做好建设节约型社会近期重点工作的通知》，明确提出要积极支持发展旧机电产品再制造。2006 年 3 月，全国人大审议批准了《国民经济和社会发展第十一个五年规划纲要》，提出"十一五"期间要建设若干汽车发动机等再制造示范企业。国家发展改革委对发展再制造产业一直非常关注和重视，在对国内外再制造产业发展状况深入研究的基础上，提出了中国汽车零部件再制造产业发展对策。商务部、公安部和国务院法制办等有关部门就加快推进再制造产业发展也制定了相关政策。汽车零部件再制造无论是技术成熟性、经济合理性，还是产业规模都具有发展优势。再制造作为新兴产业，不仅能够提升传统产业的竞争力，而且还能提供大量的就业机会。实践证明，发展再制造产业具有显著的经济效益、环境效益和社会效益，是发展循环经济、建设资源节约型和环境友好型社会的途径。

**1. 汽车再制造内涵**

汽车再制造是以汽车产品全生命周期理论为指导，以优质、高效、节能、节材和环保为目标，采用先进技术和产业化生产方式，进行修复或改造废旧汽车产品的一系列技术措施或工程活动的总称。

汽车再制造是废旧汽车产品循环利用最重要的措施，是再生资源利用的高级形式。汽车再制造通过运用先进的清洗技术、修复技术和表面处理技术，使废旧汽车产品达到与新产品相同的性能，延长了汽车产品的使用寿命。同时，还充分利用了废旧汽车产品中蕴含的二次资源，节约了制造汽车新产品所需要的能源和原料，降低了生产成本，方便了汽车维修。

**2. 汽车再制造意义**

汽车再制造工程是以废旧汽车的再生资源利用为目标，通过产品化的生产组织方式，对可再用的总成、零部件运用先进的再制造技工技术、严格的质量控制和系统的利用管理，使汽车再生资源得到高质量再生的生产过程和充分利用的系统性工程活动。

汽车再制造具有以下重要意义：

（1）充分发挥废旧汽车零部件的使用价值。由于一部分废旧汽车总成和零部件没有达到它的物质寿命，可以再使用或通过再制造成为新型零部件。

（2）有利于提取废旧汽车零部件的附加值。再制造是直接以废旧零部件做毛坯的，所以能充分提取报废零部件的附加值。汽车再制造是一种从部件中获得最高价值的合理方法，其产品的平均价格约为新品的 40%～60%。再制造作为从旧产品中获取最高价值的方法，是对产品的二次投资，更是使废旧产品升值的重要手段。再制造零部件借助专用设备和特殊加工工艺，不仅能够充分挖掘、利用旧零部件的潜在价值，而且再制造过程采取专业化、大批量的流水线生产方式，提高了生产效率，降低了生产成本。

（3）使汽车全寿命周期延长。传统的汽车寿命周期是由论证、设计、制造、使用和报废环节组成，而现代的汽车全寿命周期是"从研制到再生"，即汽车报废后通过回收利用，零部件的寿命被延长，并形成资源的循环利用系统。

（4）使汽车产业链得到延伸。在汽车全寿命周期延长的同时，汽车产业链也得到延伸，即形成了汽车再制造产业。

（5）可节约能源和降低污染。虽然传统的废品回收利用也具有再生利用的意义，但是这种回收利用的层次较低。重新利用废旧产品的材料需要消耗较多的能源，并可能造成环境的二次污染。与此相反，汽车零部件再制造不仅能节约能源消耗，还降低了零部件在制造过程中对环境的污染。

# 参 考 文 献

[1] 陈家瑞. 汽车构造［M］. 6 版. 北京：人民交通出版社，2013.
[2] 金国栋，等. 汽车概论［M］. 北京：机械工业出版社，1998.
[3] 王隆太. 现代制造技术［M］. 北京：机械工业出版社，1998.
[4] 董安，等. 世界商标趣谈［M］. 北京：北京理工大学出版社，1998.
[5] 李卓森，等. 汽车知识纵览［M］. 北京：机械工业出版社，2000.
[6] 徐维新，等. 现代汽车新技术［M］. 上海：上海科学技术出版社，1999
[7] 余志生. 汽车理论（第5版）［M］. 北京：机械工业出版社，2009.
[8]《汽车工程手册》编辑委员会. 汽车工程手册（试验篇）［M］. 北京：人民交通出版社，2001.
[9] 肖生发，等. 汽车工程学基础［M］. 北京：人民交通出版社，2002.
[10] 肖国普，等. 现代汽车营销［M］. 上海：同济大学出版社，2002.
[11] 史文库. 现代汽车新技术［M］. 北京：国防工业出版社，2005.
[12] 周云山，钟勇. 汽车电子控制技术［M］. 北京：机械工业出版社，2004.
[13] 孙仁云，等. 汽车电器与电子技术［M］. 北京：机械工业出版社，2007.
[14] 林平. 汽车佳话——著名汽车公司传奇［M］. 北京：电子工业出版社，2006.
[15] 董恩国，张蕾. 汽车保险与理赔实务［M］. 北京：机械工业出版社，2007.
[16] 国家国内贸易部. 旧机动车鉴定估价［M］. 北京：人民交通出版社，2000.
[17] 姜正根. 二手车鉴定评估实用技术［M］. 北京：中国劳动社会保障出版社，2007.
[18] 王秀芳，于树圣. 建立健全汽车金融服务体系［J］. 消费经济，2004（2）：36 - 38.
[19] 粟勤. 汽车信贷市场的问题与出路［J］. 汽车工业研究，2004（4）：13 - 15.
[20] 国务院关于印发《中国制造2025》的通知. 中华人民共和国人民政府网，2015 - 05 - 08. http://www.gov.cn.
[21] 节能与新能源汽车技术路线图战略咨询委员会，中国汽车工程学会. 节能与新能源汽车技术路线图［M］. 北京：机械工业出版社，2016.
[22] 崔胜民. 智能网联汽车新技术［M］. 北京：化学工业出版社，2016.
[23] 鲁植雄. 汽车评估［M］. 北京：北京大学出版社，2009.
[24] 储江伟. 汽车再生工程［M］. 北京：人民交通出版社，2007.
[25] 肖生发，等. 汽车构造［M］. 2 版. 北京：北京大学出版社，2012.

［26］周述积，等. 汽车制造工艺学［M］. 北京：北京理工大学出版社，2013.

［27］朱林，等. 先进制造技术［M］. 北京：北京大学出版社，2013.

［28］王宝玺，等. 汽车制造工艺学［M］. 3版. 北京：机械工业出版社，2007.

［29］孙康宁. 现代工程材料成形与机械制造基础（上册）［M］. 北京：高等教育出版社，2005.

［30］赵思博. 浅析汽车市场营销模式及发展趋势［J］. 科技创新与应用，2016（15）：264.

［31］陈其超. 我国汽车销售模式研究［J］. 成都航空职业技术学院学报，2012，28（1）：50-53.

［32］解读《汽车销售管理办法》七大变化. 中国汽车三十人智库，2017-04-06. http://www.sohu.com/a/132289980_121787.

［33］深度解读新《汽车销售管理办法》. 新浪汽车，2017-04-14. http://auto.sina.com.cn/news/hy/2017-04-14/detail-ifyeimqc3706192.shtml.

［34］行业重磅：2016中国汽车金融报告. 达示数据，2016-12-26. http://www.daas-auto.com/newsDe/379.html.

［35］马传茂. 汽车金融过去10年规模增长70倍你还没贷款买车么？［N］证券时报，2017-02-06. http://news.cnfol.com/chanyejingji/20170206/24242159.shtml.

［36］汽车消费信贷：兴起发展20余年，互联网将改变其格局？零壹新金融智库，2016-12-05. http://www.sohu.com/a/120721910_556892.

［37］黄丽. 高分子材料［M］. 2版. 北京：化学工业出版社，2012.

［38］刘道春. 聚氨酯材料开拓汽车轮胎市场的新蓝海［J］. 化学推进剂与高分子材料，2012，10(5)：46-52.

［39］李杨，刘汉武，等. 汽车用先进高强钢的应用现状和发展方向［J］. 材料导报，2011，25(7)：101-104.

［40］徐秉金，欧阳敏. 中国汽车史话［M］. 北京：机械工业出版社，2017.

［41］中国汽车工程学会，丰田汽车公司. 中国汽车技术发展报告（2015—2016）［M］. 北京：机械工业出版社，2016.

［42］过学迅，黄妙华，肖生发，等. 车辆工程（专业）概论［M］. 2版. 武汉：武汉理工大学出版社，2013.

［43］吴怡. 汽车运行材料［M］. 北京：人民交通出版社，2017.

［44］肖生发，郭一鸣. 汽车构造（上册）［M］. 北京：北京大学出版社，2017.

［45］肖生发，郭一鸣. 汽车构造（下册）［M］. 北京：北京大学出版社，2018.